*Breve historia
de las sociedades secretas*

John Lawrence Reynolds

Breve historia de las sociedades secretas

De los Illuminati a la Yakuza

temas 'de hoy.

Título original: *Shadow People. Inside History's Most Notorious Secret Societies.*

© John Lawrence Reynolds, 2006
© Key Porter Books Limited, Toronto, de la edición en lengua inglesa, 2006
© Gerardo Gambolini, 2006, por la traducción
© Ediciones Temas de Hoy, S.A. (T.H.), 2006
Paseo de Recoletos, 4. 28001 Madrid
www.temasdehoy.es
Primera edición: marzo de 2006
ISBN: 84-8460-519-1
Depósito legal: M. 7.319-2006
Compuesto en J.A. Diseño Editorial, S.L.
Impreso en Artes Gráficas Huertas, S.A.
Printed in Spain–Impreso en España

Índice

*Para Ana P.,
por supuesto.*

La crueldad tiene corazón humano
y rostro humano los celos;
el terror la divina forma humana
y atuendo humano el secreto.

WILLIAM BLAKE

Cuantas más cosas sabes, o alegas saber,
más poderoso eres.
No importa si las cosas son ciertas.
Lo que cuenta, recuerda, es poseer un secreto.

UMBERTO ECO

Locuras, miedos y fanatismos

Estaban entre las más aterradoras de las sociedades secretas, un grupo furtivo temido y odiado por los ciudadanos del Imperio romano. Muchos sugerían matar a todos sus miembros: hombres, mujeres y niños. Otros desaconsejaban la idea, al haber escuchado historias de sangrientas venganzas sufridas por los enemigos del grupo. A algunos les preocupaba que sus propios vecinos pudieran ser miembros de esa sociedad, contagiándoles ideas peligrosas a sus hijos e iniciándolos en prácticas horrendas. A unos pocos les fascinaban las infamantes extravagancias atribuidas a esa organización secreta; picada su curiosidad y dejando correr la imaginación, se preguntaban, *¿puede esa gente ser en verdad tan depravada?*

Las historias que circulaban entre los romanos eran casi increíbles. Los miembros de ese grupo secreto, se decía, eran caníbales que comían carne humana y bebían sangre humana en rituales secretos, y sus festines sangrientos solían incluir bebés recién nacidos. Fomentaban orgías sexuales entre hermanos y hermanas, realizaban ceremonias extrañas, se reunían en lugares clandestinos, evitaban el contacto con la sociedad respetable y se identificaban entre ellos mostrando fugazmente la imagen de un instrumento de tortura cuando se encontraban.

Un niño cubierto con comida, para engañar a los incautos —escribió un romano—, es puesto delante de aquel que ha de mancharse con sus ritos. El niño es asesinado por el joven pupilo, que es alentado a hacerlo con heridas secretas y oscuras, como si golpeara inofensivamente la superficie de la comida.

¡Oh, horror! Con avidez lamen su sangre, ansiosamente se reparten sus miembros. Por esa víctima están juramentados; con esa conciencia pactan el silencio común. Los ritos sagrados de ese género son más viles que cualquier sacrilegio.

Durante el primer siglo del primer milenio, en toda la región del Mediterráneo, especialmente entre los romanos, que valoraban la nobleza sobre todas las cualidades, esas historias les resultaban tan repulsivas como fascinantes. Los políticos romanos comenzaron a exigir la eliminación de la secta, sin vacilaciones ni excepciones. Los ciudadanos estaban en su mayoría de acuerdo, y empezaron a reunirse en el mercado, donde intercambiaban historias, confirmaban evidencias y embellecían los aspectos más desagradables del comportamiento de la sociedad secreta. Con el tiempo, se llegó a un consenso: había que hacer algo para desarticular los vínculos del culto y frenar a esos villanos, a esos pervertidos, a esos insurgentes, a esos... cristianos.

Desde nuestra perspectiva, dos mil años más tarde, las historias de prácticas cristianas deleznables suenan a propaganda creada por los miembros del Senado romano como estrategia para eliminar la secta. Tal vez al difundir historias abyectas entre la población, suponemos, se disuadiría a los ciudadanos de unirse a las filas de los cristianos y se respaldaría el rudo tratamiento impuesto por Roma a los seguidores de la nueva religión.

En realidad, el Senado romano tuvo poco que ver con las historias infamantes. Aunque la población general pudiera haberse escandalizado por los relatos de canibalismo e incesto, su opinión era de poca importancia para los políticos, que se preocupaban por cuestiones más prácticas. Una de las quejas más graves del Senado contra los cristianos era que la secta se negara a adorar al emperador, lo que en tiempos del Imperio se consideraba un acto de deslealtad. Tolerante en general con la discrepancia religiosa, la principal objeción de Roma estaba dirigida a esa conducta inaceptable en particular. Cuando los cristianos comenzaron a convertir a otros, haciéndolos por ende adoptar su punto de vista, sus acciones pasaron a representar una insurgencia que no podía ser ignorada; en ese punto, los líderes romanos alentaron los informes de su comportamiento escandaloso, usándolos como un arma para eliminar el movimiento.

Pero el Senado romano y otros líderes no generaron las historias de la conducta estrafalaria de los cristianos. Esos inventos, tramados por la imaginación de los ciudadanos comunes, se basaban en información provista por los mismos cristianos, información sujeta a la exageración y la malignidad surgidas directamente de las fuentes gemelas del desconocimiento y la desconfianza. Consideremos las claves que inspiraban las historias:

El secreto. Los cristianos eran muy reservados, no admitían extraños en sus ceremonias sin la aprobación de un miembro conocido y exigían que los nuevos miembros se sometieran a una prueba de fe antes de ser admitidos. Pero había razones válidas para todas esas actitudes. Después de la crucifixión de Cristo, la declaración pública de adhesión a la fe cristiana equivalía a firmar la propia sentencia de muerte. No obstante, cuando los cristianos comenzaron a ocultar sus actividades, la paranoia respecto de sus objetivos y sus prácticas se agudizó y se generalizó aún más, provocando entre los miembros del culto una necesidad más imperiosa de enmascarar su identidad. Y así se hilvanaba el ciclo de una opresión que conducía a una reserva más profunda y que daba lugar a una mayor paranoia, que a su vez desembocaba en más opresión.

El canibalismo. ¿Acaso los cristianos no realizaban ceremonias en las que comían la carne de un hombre y bebían su sangre? Por supuesto que sí. Para los cristianos, el sacramento de la comunión representaba una alegoría de unidad con el espíritu. A los no creyentes escépticos, eso les parecía algo repulsivo.

Comer bebés. Al carecer de métodos de anticoncepción y de aborto efectivos, los romanos pobres aplicaban una solución práctica al problema de los bebés no deseados: los dejaban a la intemperie hasta que muriesen de hambre y de frío. Por horrendo que esto pueda parecer a la sensibilidad moderna, era una práctica aceptable en una cultura en la que las bocas que alimentar no deseadas significaban una carga importante para la familia. Cuando los cristianos comenzaron a recoger a esos niños rechazados, rescatándolos de una muerte segura, los romanos se sintieron perplejos. ¿Por qué alguien querría criar al hijo de otra persona? La idea desafiaba la lógica. Tal vez, sugerían las especulaciones, en realidad no los estaban criando. Tal vez, dada su práctica admitida de consumir carne y sangre, los cristianos recogían a esos bebés abandonados como una reserva de materia prima para sus ceremonias aborrecibles. El hecho de que esos niños estuvieran siendo cuidados y criados como cristianos no se consideraba verosímil. Y, por supuesto, tampoco resultaba, ni con mucho, una explicación tan intrigante.

Las orgías sexuales y el incesto. Nuestra fascinación por las actividades sexuales prohibidas no es algo moderno, como tampoco lo es nuestra repulsión por la práctica del incesto. Cuando comenzaron a difundirse entre los romanos historias de cristianos que participaban en Fiestas de Amor, fue fácil pasar a suponer que el «amor» en cuestión no era de naturaleza sólo espiritual. Además, se sabía que ciertos gnósticos, otra sociedad secreta, practicaban el sexo ritual y que incluso veían el semen como un fluido sagrado, usándolo para consagrar con él la jerarquía de cada miembro. Los cristianos y los gnósticos se diferenciaban profundamente en sus prácticas y creencias, pero es fácil imaginar a un ciudadano romano común encogiendo los hombros y comentando en latín: «Cristianos, gnósticos, ¿cuál es la diferencia? Son todos lo mismo».

¿El elemento incestuoso? Surgió de la práctica de los cristianos de referirse unos a otros como «hermano» y «hermana», a modo de expresiones de apoyo y cariño. En otras culturas, los hermanos y hermanas nacían de los mismos padres, un hecho indiscutido, y a ello no se le otorgaba ninguna referencia alegórica.

Un instrumento de tortura como símbolo y como identidad. Para los cristianos de hoy, la cruz representa el sacrificio hecho por Cristo para salvar a la humanidad, un importante símbolo unificador. En tiempos de Roma, la cruz no era ningún símbolo unificador; era un instrumento de tortura y muerte de uso muy extendido. Para los romanos, no había nada tranquilizador en mostrar una cruz o en trazar su forma en el aire con la mano, un gesto que podía interpretarse como una amenaza. Pensemos en un grupo clandestino moderno que usara un lazo de horca, una guillotina o una silla eléctrica como símbolo de unidad y de valores, e imaginemos nuestra reacción.

Esa visión de los cristianos como una sociedad secreta amenazante sigue constituyendo una enseñanza sobre el miedo colectivo y el rechazo tan aplicable hoy como lo fue hace dos mil años. A pesar de los avances de la tecnología y las comunicaciones, nuestra fascinación por las sociedades secretas es tan fuerte y perdurable como siempre. Cuando es estimulada e inspirada por la descripción distorsionada de organizaciones esotéricas emanada de la cultura popular, como sucede en películas y novelas, nuestra creencia en su existencia y sus peligros puede igualar o superar la idea errónea que los romanos tenían de la cristiandad.

Como muestra el ejemplo de los cristianos, las reacciones más comunes de la gente de afuera frente a las sociedades secretas son la desconfianza y el miedo, surgidos del principio según el cual *lo que es bueno no debe ser secreto, y lo que es secreto no puede ser bueno.*

Toleramos y hasta requerimos secretos, con sociedades que los mantengan y perpetúen, tanto como deseamos la franqueza y la honestidad en nuestro trato con los demás. Damos por descontado que cuestiones importantes y decisiones militares se resuelven en secreto. Sabemos que estrategas políticos toman decisiones en materia de candidatos y de política asegurándose de mantener el anonimato. Y nosotros mismos guardamos secretos de nuestros amigos, nuestros hijos y las personas que amamos. Al mismo tiempo, la idea de que debemos tratar de comprender todos los misterios que afectan nuestra vida se ha mantenido sin cambios a lo largo de siglos de historia conocida. Si nos están ocultando secretos, insistimos, deben ser compartidos. Y si están siendo compartidos sólo por un grupo definido, los motivos del grupo deben ser sospechosos.

Las sociedades secretas han cambiado, gradual pero significativamente. En la antigüedad, eran principalmente de naturaleza filosófica y religiosa. Hacia la época medieval, la política comenzó a reemplazar al factor filosófico, aunque la religión seguía siendo el elemento dominante. Para mediados del siglo dieciocho, las sociedades habían evolucionado en una de dos direcciones: o hacia asociaciones políticas y fraternas que conservaban restos de las vestiduras filosóficas y religiosas del mundo antiguo, o en la dirección del delito liso y llano, usando el secreto para lograr fines clandestinos y obtener grandes riquezas.

Los diferentes objetivos afectaban la forma como se constituían y funcionaban las sociedades, porque su secreto se volvió necesario, ya fuera como medio de asegurar exclusividad para sus miembros o como defensa contra el descubrimiento y la persecución. Entre los miembros de las fraternidades, la exclusividad añadía distinción; para las organizaciones sujetas al hostigamiento de la policía o de la sociedad en su conjunto, el secreto pasaba a ser una herramienta de autopreservación. En cualquiera de los casos, se generaba desconfianza entre los nomiembros. La desconfianza conducía a suposiciones, las suposiciones eran invariablemente negativas, las percepciones negativas suscitaban hostilidad, la hostilidad reforzaba el secreto de la organización, y el ciclo se repetía ad infinitum. Poco ha cambiado.

Ese círculo de sospecha y reacción genera una fiebre de suposiciones que resiste los intentos de introducir una dosis de realidad, un proceso tan poderoso y predecible hoy como lo era cuando

Nerón tomaba lecciones de música. Las sociedades secretas, nos sermonearán los que se adhieren a las teorías conspirativas, controlan el destino del mundo. Las declaraciones de guerra, el ataque de epidemias globales, la elección de los líderes nacionales y la presencia de vida extraterrestre en nuestro planeta son controlados por sociedades cuyo poder y cuyos objetivos son tan inmensos y malignos como los de cualquier villano de James Bond inventado por Hollywood. Los fanáticos se sacan de la manga y presentan pruebas con toda la autoridad de un fiscal que expone sus argumentos ante un jurado, al tiempo que las objeciones son convertidas en prueba de que el poder del demonio es tan grande que puede convencernos de que no existe.

Es un excelente entretenimiento para aquellos que sospechan que su vida es manipulada por poderes invisibles. Buscan la evidencia como las plantas de almácigo buscan la luz, aunque la fuente de luz sea un poco menos directa que el sol. Según los amantes de las teorías conspirativas, todas las decisiones relacionadas con nuestro bienestar económico, nuestra posición en la sociedad, el estado de nuestra salud y las instituciones que gobiernan nuestra vida están en manos de hombres enigmáticos —casi siempre son hombres— cuya identidad o bien se oculta de la vista o se esconde detrás de una máscara de función pública benigna. Nada que uno piense o haga será únicamente por decisión propia, se nos dirá. El destino del mundo está determinado por los masones o los gnósticos, los *wiccanos* o los druidas, por el Grupo Bilderberg o por los Illuminati, por la Mafia o por los miembros de Calavera & Huesos. ¿Desastres económicos? ¿Recursos que se agotan? ¿Guerras y hambre? Sólo los tontos creen que esas cosas ocurren naturalmente. Para los teóricos de la conspiración, esos hechos son el producto de medidas conscientes tomadas por grandes maestres de túnica, caudillos sicilianos, rosacruces conspiradores, adeptos de la cábala o algún otro grupo amenazante

Los creyentes más fervorosos sostienen que todos los grupos están involucrados por igual y que intercambian responsabilidades como comerciantes de un mercado oculto de planificadores. La mayoría de las personas son más optimistas. Muchas sociedades secretas, señalan, son benignas o hasta benéficas. Otras pueden ser engañosas, aunque eso no significa que sean peligrosas, sino sólo cerradas. Algunas, hay que reconocer, son muy amenazantes en sus objetivos, pero el riesgo que representan quizás es mínimo. ¿Deberíamos preocuparnos por el Ku Klux Klan, por ejemplo, una temida pandilla de linchadores en el pasado, convertida ahora en un grupo de imbéciles racistas? Muy probablemente no.

Pero sería extremadamente tonto tratar a todas las organizaciones clandestinas como si no fueran más que un grupo de adultos que juegan juegos de niños. Si el precio de la libertad es de hecho la vigilancia, los prudentes entre nosotros deberían estar al corriente de grupos que pudieran estar actuando en su interés y en contra del nuestro. El desafío está en saber quién es quién. O qué.

Adoptando un enfoque abarcador, este libro examinará las sociedades secretas más importantes que han perdurado a través de los siglos. En todos los casos, su influencia, y por lo menos vestigios de algunas acciones conocidas, existen todavía hoy. Como veremos, la mayor parte son hermandades benignas, varias siguen siendo ambiguamente sospechosas, y otras merecen que se les arranque su manto oscuro de secreto con una luz brillante, mientras se retuercen y escurren bajo la exposición a un haz desconocido.

Capítulo I

Los asesinos

Nada es cierto. Todo está permitido

En 1191 d. C., Conrado de Montferrat ascendió al trono como rey de Jerusalén, designado para ese alto cargo por el célebre héroe de las cruzadas, Ricardo Corazón de León. Después de ordenarle a Conrado que reconstruyera las fuerzas cristianas para preparar su regreso, Ricardo partió a casa, destinado a alcanzar la inmortalidad como un ídolo de rubia cabellera en las historias de Robin Hood y otras fábulas de grandes guerreros.

Conrado, que había peleado por el trono contra Enrique, conde de Champagne, planeaba glorificar su reinado como monarca de Jerusalén expulsando para siempre a los musulmanes de Tierra Santa y ganándose con ello un lugar sagrado en la historia como héroe cristiano y un asiento en el cielo a la derecha de Dios.

Tuvo muy poco tiempo para hacerlo. Poco después de que Ricardo abandonara Tierra Santa, tres monjes cristianos entraron al campamento de Conrado, inclinando la cabeza y haciendo la señal de la cruz ante los que veían. Su actitud piadosa hizo que Conrado y sus guerreros bajaran la guardia, un error fatal. Tan pronto como los monjes se acercaron a Conrado, extrajeron dagas que ocultaban bajo sus mantos y lo cortaron en pedazos, tajándolo y apuñalándolo en una violenta demostración de carnicería antes de que los guardias pudieran intervenir. Despachado Conrado, los jóvenes, que no eran monjes cristianos sino fervientes musulmanes, no hicieron el menor intento de escapar. Rindiéndose a los guardias de Conrado, soportaron callados una espantosa ordalía que supuso primero despellejarlos vivos, para matarlos luego quemándolos lentamente. Ésos eran los castigos en aquel mundo implacable.

Más tarde, mientras lloraban la pérdida de su líder, los seguidores de Conrado comentaron en voz baja el comportamiento singular de sus homicidas, en especial su pasividad una vez cometido el hecho. Era extraño cómo habían dejado caer sus armas y aguardado simplemente la captura mientras la vida del rey se apagaba. Aunque sabían el destino que les esperaba, los jóvenes realmente parecían aceptar a gusto la terrible experiencia de una muerte tortuosa. Nadie había visto antes una conducta así. Nadie podía explicarla. Nadie sabía qué significaba.

Enrique, conde de Champagne, no perdió mucho tiempo pensando en el comportamiento de los jóvenes homicidas. La muerte prematura de Conrado podía haber sido una tragedia para algunos, pero era una oportunidad para Enrique, quien, si hubiera nacido ocho siglos más tarde, podría haber sido un destacado director general de empresa. Poco después de arrojada sobre el féretro de Conrado la última palada de tierra santa, Enrique tomó la medida estratégica de casarse con la viuda de Conrado, esperando heredar el título que lo había eludido y que le había costado la vida al monarca. Acaso por falta de apoyo entre la corte de Conrado, o simplemente por mala suerte, Enrique no pudo obtener la corona de rey de Jerusalén, conformándose con un cargo administrativo que le exigió hacer algunos viajes desde Jerusalén a Persia. En uno de esos viajes se topó con la fuente que originó la muerte de Conrado y descubrió una de las sociedades secretas más espeluznantes de la historia.

Ocurrió cuando Enrique y su séquito atravesaban por una ruta muy poco utilizada los escarpados montes Elburz, al norte de Teherán, en lo que hoy es Irán. Durante las cruzadas, ese territorio estaba ocupado por musulmanes chiítas que les permitían a los cristianos pasar con relativa seguridad. Cuando se acercaban a una gran fortaleza erigida en la cima de un risco elevado, Enrique y sus guardias fueron abordados por emisarios del señor del castillo, el *dai-el-*

kebir. Aprehensivos en un primer momento, los cristianos se tranquilizaron cuando los sirvientes mostraron todas las señales de respeto ante ellos antes de extenderles la invitación que les hacía su señor para conocer la fortaleza y descubrir la hospitalidad del *dai-el-kebir.* No se podía rechazar una invitación como ésa sin ofender al huésped. Por otra parte, la imponente fortaleza atrajo el interés de Enrique; la perspectiva de visitar una construcción fascinante y de disfrutar de una buena comida resultaba irresistible.

Enrique y sus hombres siguieron a los sirvientes hasta la entrada del castillo, donde su huésped los recibió con calidez y fanfarria. Al *dai-el-kebir,* un hombre de evidente riqueza y poder, le gustaba mostrar la fortaleza a sus invitados, acompañándolos por los extensos jardines y señalándoles las numerosas torres de piedra que se alzaban sobre el valle rocoso. En un momento, hizo un gesto hacia la torre más alta y le preguntó a Enrique si su altura y magnificencia no lo impresionaban.

Enrique convino en que la torre era una vista imponente, pues se alzaba casi cien codos sobre el borde de un risco empinado. En la cima de la torre, dos centinelas vestidos con una inmaculada túnica blanca vigilaban cada movimiento del *dai-el-kebir.* Enrique había visto jóvenes similares apostados en otras torres de la fortaleza, cada uno sonriendo y saludando con un gesto a su señor y sus invitados, todos aparentemente felices y contentos.

—Esos hombres —dijo el *dai-el-kebir*— me obedecen mucho mejor de lo que los súbditos cristianos obedecen a sus señores.

El invitado pareció confundido ante las palabras de su anfitrión. No habían hablado de nada relacionado con los ejércitos o la obediencia.

—Observad —dijo el *dai-el-kebir* al ver la expresión perpleja de Enrique, y movió los brazos haciendo una señal obviamente pactada de antemano. Inmediatamente, los hombres que estaban en la cima de la torre más alta se arrojaron desde la cornisa al vacío, estrellando sus cuerpos contra las rocas de abajo.

Enrique estaba horrorizado. Los dos jóvenes estaban contentos y físicamente sanos, pero habían muerto sin vacilación ante el capricho de su señor.

—Si lo deseáis —dijo el *dai-el-kebir*—, ordenaré al resto que hagan lo mismo. Todos los hombres que están en mis torres harán lo mismo a una señal mía.

Enrique declinó dando las gracias, consternado por la visión de aquel desperdicio inútil de vida.

—¿Algún príncipe cristiano podría esperar esa obediencia de sus súbditos? —preguntó el *dai-el-kebir*.

El conde le respondió que ningún líder cristiano que él conociera podía ejercer ese poder sobre sus hombres. Sus propios guerreros, como los guerreros de otros líderes, marcharían a la batalla sacando valentía de su dedicación al honor, de su devoción y su lealtad, dispuestos a sacrificarse por un bien mayor. Morirían, si era necesario, defendiéndose y defendiendo su honor, con la posibilidad de la victoria y de la gloria. Pero ninguno actuaría con esa aparente alegría de la forma en que lo habían hecho los dos jóvenes, respondiendo a un simple gesto de la mano de su señor.

—Por medio de esos fieles sirvientes —dijo el *dai-el-kebir* con un aire de inequívoca superioridad— libro a nuestra sociedad de sus enemigos.

Enrique, conde de Champagne, había descubierto la organización que había matado a su rey y que sembraría el terror desde Persia hasta Palestina durante más de cien años. Había descubierto a los *asesinos*.

Los *asesinos* no se cuentan ni entre las primeras ni entre las más extendidas y duraderas de las sociedades secretas. Su poder real duró poco más de cien años, desvaneciéndose con el avance de las hordas mongoles, y para el siglo XIV ya no eran una fuerza viable en la política de Oriente Próximo. Pero su reputación de crueldad fue tan terrorífica que muchas naciones europeas consideraron a la secta responsable de asesinatos políticos hasta bien entrado el siglo XVII, y cierta evidencia sugiere que descendientes de los *asesinos* se mantuvieron activos en India hasta 1850. Su legado se extiende hasta la actualidad de dos maneras significativas.

Una es su nombre mismo. En inglés, la palabra *asesino* identifica a aquel que mata a una persona prominente, generalmente de modo violento.[1] La otra parte brinda una ocasión oportuna para sondear sus orígenes, porque los métodos y motivaciones de los *asesinos*, comenzados hace casi un milenio, sirven de modelo para el más letal y poderoso grupo terrorista de nuestros días. Descendientes espirituales del *dai-el-kebir* y de los hombres sonrientes que alegremente se arrojaron a la muerte han formado una pequeña sociedad secreta que aterroriza el planeta. Sus miembros se mueven por las colinas y *waddis* de Afghanistán, se reúnen en células clandestinas desde Karachi hasta Colonia y amenazan a la única superpotencia que queda en el mundo. El grupo se llama Al Qaeda.

Los *asesinos* surgen en el siglo VII como consecuencia de un cisma entre los musulmanes del que emergieron dos facciones enfrentadas, los chiítas y los sunitas. Ningún hecho en ninguna otra religión, ni siquiera la Reforma cristiana, iguala la enemistad generada por esa división producida por la muerte de Mahoma.

Nacido en 570 d. C., Mahoma es considerado por los musulmanes el último mensajero de Dios en la cadena formada por Adán, Abraham, Moisés y Cristo. Sus visiones y sabiduría, adquiridas en una cueva cerca de La Meca alrededor del año 610, son la base del Corán y constituyen los fundamentos del islamismo. Expulsado de La Meca por sus creencias, en 622 escapó a Yathrib, llamada ahora Medina («La ciudad del profeta»), y regresó para conquistar La Meca en 630 en nombre del islam. Los musulmanes fijan su calendario a partir de la llegada del profeta a Medina. En el momento de la

---

1. Cabe señalar que, en castellano, la palabra *asesino* tiene un carácter más general, aplicándose a aquel que mata cuando ello constituye un delito. [*N. del T.*]

muerte de Mahoma, ocurrida en 632, el islam se había extendido por Arabia, llegando a Siria y Persia.

Muerto Mahoma, sus seguidores debieron enfrentar la cuestión de nombrar a su sucesor. A los sunitas, que toman su nombre de la frase árabe *ahl as-sunnah wa-l-ijma* («gente de la Sunna y el consenso»), se los considera hoy la rama ortodoxa del islam. Los sunitas creían que debía conferirse la autoridad a los califas, o asesores más cercanos y más leales del profeta. Los chiítas («seguidores de Alí») insistían en que se debía mantener rigurosamente la línea de sangre y proponían al primo de Mahoma, Alí, que también era su yerno, como sucesor del profeta.

Es imposible exagerar el impacto de esa brecha entre los musulmanes, porque excede la cuestión de la sucesión legítima. Los grupos discrepan en muchas costumbres sociales y culturales, incluyendo la fecha y el significado de ceremonias religiosas, la legitimidad de los matrimonios temporales y el uso del compromiso religioso para escapar de la persecución y la muerte (los chiítas lo aceptan, los sunitas lo consideran una apostasía).

Las guerras de la Reforma cristiana fueron apenas escaramuzas comparadas las batallas entre chiítas y sunitas, batallas que habitualmente terminaban en derrota para los chiítas, siempre superados en número en una proporción aproximada de diez a uno. Poco después de la muerte de Alí, su nieto Husain y todos los miembros de su familia fueron brutalmente asesinados por los umayyads, una facción enemiga. Todos los musulmanes se horrorizaron ante este hecho, que fortaleció aún más la división entre sunitas y chiítas; la matanza les proporcionó además a los chiítas un sentido de la tragedia y la persecución que tiñe sus creencias y que inspiró su humor melancólico hasta el día de hoy. En lenguaje occidental, los chiítas se ven a sí mismos como desamparados, una minoría oprimida dispuesta a sacrificarse por sus convicciones, si es necesario. Y, como lo demuestran sucesos actuales, a menudo lo hacen.

En el período que va hasta las cruzadas, los chiítas que vivían entre sunitas se arriesgaban a la muerte en caso de ser descubiertos. Obligados a vivir de manera clandestina para sobrevivir, se volvieron expertos en mantener el secreto y exigir que los miembros del grupo fueran absolutamente obedientes en lo relativo a las órdenes de sus líderes.

Con el tiempo, los chiítas se organizaron en facciones, diseminadas por todo Oriente Próximo, para promover sus creencias y proteger a sus adeptos, y aunque las diferencias entre ellas puedan parecer menores, alimentaron la enemistad y la desconfianza que contribuyó a dar lugar a los *asesinos*.

Dos de las facciones más importantes eran los duodecimanos y los ismaelitas. Los duodecimanos creían que en la fe musulmana existieron solamente doce imanes («imán» significa «jefe» en árabe) y que el duodécimo imán ha permanecido vivo y oculto durante los últimos mil años. Los ismaelitas están divididos en varias ramas, como los septimanos, que sólo creen en siete imanes, y los nizaritas, que insisten en que los imanes nunca desaparecerán de la tierra e identifican al Agha Khan como su imán. Mientras que los duodecimanos son sustancialmente más numerosos que los ismailitas, constituyendo el 90 por ciento de la población actual de Irán y quizás el 60 por ciento de los iraquíes, los ismaelitas han tendido a ser más violentos en respuesta a su condición de minoría dentro de una minoría más grande.

Esas divisiones, desconocidas y confusas para los no musulmanes, fueron ganando insistencia incluso sobre las distinciones más mínimas entre acciones y filosofía, a menudo hasta el punto de la discrepancia violenta. Antes de rezar, por ejemplo, deben realizarse rituales de purificación. Los chiítas consideran suficiente frotarse los pies con las manos mojadas, pero los sunitas insisten en que es necesario un lavado completo. Cuando se reza de pie, los chiítas creen que las manos deben tenerse a los lados del cuerpo; los sunitas (con excepción del grupo malikí) insisten en que se deben juntar las manos. ¿Temas menores? No para los verdaderos musulmanes. Esas y decenas de otras cuestiones siguen siendo discutidas hoy;

en el mundo islámico de hace un milenio, llevaron a enemistades a menudo resueltas en enfrentamientos a muerte, un hecho que debemos comprender para apreciar cómo desarrollaron y mantuvieron su implacable carácter los *asesinos*.

Alrededor del año 1000, un grupo de ismaelitas de El Cairo fundó la Morada del Conocimiento y comenzó a atraer acólitos con promesas de técnicas secretas que les permitirían a los creyentes llevar a cabo misiones divinas en nombre de Alá. El movimiento se conoció como ismaelismo, y los maestros de la Morada del Conocimiento actuaban bajo las órdenes directas del gobernante de Egipto, el califa de los fatimitas, un descendiente directo de Mahoma.

Muchos de los maestros de la Morada del Conocimiento provenían de la propia corte del califa, y el cuerpo docente incluía al comandante en jefe del ejército y a varios ministros. Para asegurar el éxito de la Morada, el califa obsequió un conjunto de avanzados instrumentos científicos y le asignó una donación anual de mil monedas de oro. En sus primeras etapas, el grupo aceptó el ingreso tanto de hombres como de mujeres en su movimiento, aunque los géneros se mantenían separados.

Junto con la oportunidad de adquirir una educación, a los estudiantes de la Morada se les aseguraba que alcanzar los grados más altos de conocimiento les reportaría un nivel de respeto similar a aquel del que gozaban sus maestros. En una cultura donde los funcionarios de gobierno y los maestros provenían de la misma clase, esa oportunidad era enormemente atractiva para los jóvenes de baja condición ansiosos de ascender en la escala social, y la perspectiva de mejorar su suerte mientras aprendían a devolver el golpe a sus torturadores sunitas debió de ser particularmente excitante para los jóvenes impetuosos.

Cualesquiera que fueran los objetivos que hubiera tenido el califa para la Morada del Conocimiento, no pudo lograrlos directamente. La existencia de la Morada del Conocimiento no cambió nada en el mundo musulmán. Pero su impacto sigue resonando hasta nuestros días, y la estructura de la que fue pionera y que puso en práctica se convirtió en un modelo empleado, con variantes menores, por muchas sociedades secretas a lo largo de los siglos.

Los organismos de gobierno y las grandes corporaciones tradicionalmente se estructuran en forma piramidal, con un individuo en la cima. Inmediatamente debajo de esa posición hay un grupo de asesores pequeño y generalmente unido —piénsese en el gabinete de un gobierno o la junta de directores de una corporación—. Desde la cúspide, en niveles de influencia y autoridad que decrecen gradualmente, los estratos de burocracia se extienden hacia la base, conformada por los trabajadores peor pagados y menos reconocidos. Ese método común de acorralar y controlar el poder sigue resultándonos hoy familiar y comprensible. Pero no es el único método de estructurar una organización, y, en el caso de las sociedades secretas, dista mucho de ser el más apropiado.

En lugar de pirámides, muchas sociedades secretas y cultos religiosos tienden a organizarse en una serie de círculos concéntricos, estando la máxima autoridad en alguna parte del centro. Las organizaciones circulares no son ni con mucho tan fáciles de comprender o de descifrar como las estructuras piramidales, porque su mecanismo interno permanece oculto. Además, el número de círculos puede variar, lo que significa que la gente de afuera nunca sabe lo cerca que puede estar del verdadero centro del poder. Desde la base de una pirámide, podemos ver su cima, pero desde un punto cualquiera de una organización circular nunca podemos medir exactamente nuestra cercanía a la autoridad. De esa manera, las organizaciones circulares ocultan y protegen sus centros de forma más efectiva que las estructuras piramidales.

La configuración circular de la Morada del Conocimiento, copiada a lo largo del tiempo por sociedades secretas de tipo religioso, empezaba por grupos de estudio llamados Asambleas de Sabiduría, diseñados para descartar a los candidatos sin suficiente dedicación.

Los graduados de las Asambleas de Sabiduría comenzaban entonces un proceso de iniciación de nueve etapas forjado sobre la estructura circular característica. Ese proceso de iniciación constituye un método clásico de asegurar la lealtad a la causa del grupo y sentar una base de obediencia sin cuestionamientos.

En la primera etapa de iniciación, se planteaban dudas en la mente de los estudiantes con respecto a los valores y conceptos que les habían enseñado a lo largo de su vida. Aplicando falsas analogías, los maestros comenzaban a desmantelar todo el sistema de creencias de los estudiantes, y todo el que fuera incapaz de negar sus creencias y valores era echado. Los que aceptaban las enseñanzas —esencialmente la de vaciar su mente— eran efusivamente felicitados por sus instructores. Hoy en día, a esa técnica la llamamos «lavado de cerebro». Sin ningún sistema de valores en su lugar, los estudiantes estaban obligados a confiar en sus maestros como fuente del conocimiento y como medio con el que poder poner éste en práctica. Los estudiantes más dedicados hacían un juramento de obediencia ciega a sus maestros, ascendiendo con ello al segundo grado.

A los estudiantes que llegaban al segundo grado se les enseñaba que siete grandes imanes encarnaban la fuente de la sabiduría y el conocimiento transmitidos por el profeta Mahoma, y que esos imanes les habían comunicado personalmente tales conocimientos a los maestros. Los maestros de la Morada del Conocimiento eran todos altos funcionarios de la administración del califa, y eso significaba que los estudiantes podían seguir la pista de la inspiración divina directamente desde el profeta hasta la misma gente que les estaba transmitiendo Su sabiduría. Sabiendo eso, los estudiantes cursaban el segundo grado con entusiasmo.

En el tercer grado de iniciación les eran revelados los nombres de los siete imanes, junto con palabras secretas para invocarlos a fin de obtener su ayuda y protección.

Las revelaciones continuaban en el cuarto grado, cuando los maestros agregaban a los siete imanes los nombres de los dadores de las Siete Leyes Místicas. Éstos eran Adán, Noé, Abraham, Moisés, Jesús, Mahoma e Ismael, y tenían siete ayudantes místicos: Set, Sem, Ismael,

Aarón, Simón, Alí y Mohammed, hijo de Ismael. En lecciones posteriores se revelaban otros nombres, incluidos los de los doce apóstoles que venían debajo de los siete profetas, junto con sus funciones y poderes mágicos individuales. Por último, los estudiantes se enteraban de la existencia de un misterioso lugarteniente conocido como el Señor del Tiempo, que hablaba solamente a través del califa.

Los estudiantes aprobados pasaban al quinto grado de iniciación, donde adquirían la capacidad de influir en los demás mediante el poder de la concentración personal. Los documentos sugieren que esto era en realidad una forma de meditación profunda en la que a los estudiantes se les exigía repetir durante largas horas una sola palabra: AK-ZABT-I. La meditación puede ser un método eficaz de relajación, porque efectivamente bloquea el proceso de pensamiento. No obstante, si la técnica se extiende lo suficiente en términos de tiempo e intensidad, daña severamente la capacidad del individuo de pensar por sí mismo, que era el objetivo del quinto grado.

El sexto grado consistía en el aprendizaje de la argumentación analítica y destructiva, precisamente la técnica usada por los maestros para desarmar a los estudiantes en el primer grado. La aprobación de un examen calificaba a los estudiantes para el séptimo grado, donde se les enseñaba que toda la humanidad y toda la creación eran una unidad, incluidos tanto los poderes positivos como los negativos. Los estudiantes podían usar su poder para crear o para destruir, pero sólo podían obtener el poder del misterioso Señor del Tiempo.

Ahora estaban preparados para aceptar las enseñanzas de los grados octavo y noveno, aunque, para nosotros, *las enseñanzas parecen en total contradicción con los valores espirituales que inspiraron el movimiento.*

Para alcanzar el octavo grado, los estudiantes debían admitir que todas las religiones y todas las filosofías eran fraudulentas; en el mundo, la fuerza primaria era la voluntad y la dedicación del individuo; y los individuos sólo podían lograr la verdadera realización sirviendo a los imanes. Eso preparaba a los estudiantes para el noveno grado, cuya enseñanza era que no existía la creencia; todo lo que importaba en la vida era la acción, efectuada en respuesta directa a las instrucciones del líder, el único que conocía las razones para dictar esas órdenes.

A lo largo de los niveles de instrucción, la lección de los nueve grados podría resumirse en una sola declaración: *nada es cierto. Todo está permitido.*

La Morada del Conocimiento creó una organización poblada de miembros dispuestos a realizar cualquier tarea que sus líderes les asignaran. Su logro más importante fue la toma de Bagdad, efectuada en 1058 por un graduado de la Morada, que se nombró a sí mismo sultán y acuñó moneda en nombre del califa egipcio. Ningún otro logro de un estudiante de la Morada del Conocimiento se compara con esa hazaña, pero la gloria demostró tener poca vida, como el propio graduado: poco tiempo después fue asesinado por los turcos, quienes juraron que todo el que tuviera relación con la Morada del Conocimiento pagaría con su vida. Esto unido a otros hechos, entre los que se incluye la merma del apoyo moral y financiero por parte de los descendientes del califa, hizo que las actividades de la sociedad comenzaran a perder fuerza, hasta que, en 1123, la Morada cerró definitivamente.

El cierre de la Morada puede haber puesto fin al sistema de entrenamiento formal del movimiento, pero no terminó con la sociedad secreta, cuyos miembros se refugiaron en la clandestinidad por muchos años, cada uno de ellos describiendo las operaciones y los logros de la Morada a la generación siguiente. Uno de los que escucharon con asombro fue un hombre notable llamado Hasan, hijo de Sabbah, cuya familia provenía de Khorasán, las vastas regiones abiertas del este de Irán que limitan con Afganistán. Sabbah, un político prominente y un hombre erudito, descendía de miembros de la Morada que habían alcanzado el noveno grado de ismaelismo, y le pasó al menos parte de esos conocimientos a su hijo.

Siendo joven, Hasan fue enviado a estudiar con el imán Muwafiq, que sólo instruía a los estudiantes más destacados, enseñándoles además los secretos para lograr poder. Debió de haber algo en las técnicas de enseñanza del imán, porque entre los compañeros de Hasan en la escuela estaban el futuro poeta y astrónomo Omar Khayyam y un joven brillante llamado Nizam al-Mulk, que llegó a ser visir de Persia. Mientras estudiaban con el imán, los tres jóvenes pactaron que el primero de ellos que obtuviese un cargo de importancia ayudaría a los otros dos.

Nizam mantuvo su promesa. Tras alcanzar un puesto de poder e influencia entre los persas, le aseguró una pensión a Khayyam, permitiéndole al poeta llevar una vida cómoda en su amada región de Nishapur, donde compuso las *Rubaiyat*. A su amigo Hasan le consiguió un puesto ministerial en el palacio del sha.

Hasan demostró ser un excelente administrador, ganándose primero el favor y luego la confianza del sha, quien le asignó la responsabilidad de manejar la riqueza del régimen. Si Hasan fue ladrón desde el principio o si su ética se cegó por el brillo del oro y las joyas, el hecho es que la confianza del sha estaba puesta en un mal lugar cuando Hasan malversó una gran cantidad de las riquezas del reino. Huyendo justo delante de los guardias del sha, Hasan escapó a El Cairo, recordando los relatos de su padre sobre la Morada del Conocimiento, donde estaría a salvo de una ejecución segura. Allí conoció a un grupo de ismaelitas que eran el núcleo restante de la vieja sociedad. Habían esperado durante generaciones una oportunidad y un líder que restaurara su poder. Hasan era ese hombre.

Carismático, astuto, implacable e inteligente, Hasan reunió un grupo de seguidores, convenciéndolos de que poseía poderes mágicos otorgados por el profeta en persona. La devoción que le mostraban se hizo más fuerte cuando, en un viaje por mar a África, Hasan y sus prosélitos enfrentaron una violenta tormenta repentina. En un instante, las olas se cernían sobre el pequeño barco, destellaban los relámpagos, rugían los truenos, y los vientos amenazaban con estrellar la embarcación contra las rocas, si el agua no se tragaba antes la nave con sus ocupantes.

A todos les entró el pánico y comenzaron a llorar y a rezar. Todos menos Hasan, que permanecía sereno, imperturbable. Cuando los demás le preguntaron cómo podía estar tranquilo estando abocado a una muerte casi segura, Hasan sonrió y respondió: «Nuestro Señor prometió que ningún mal caerá sobre mí».

Y no le cayó ningún mal. La tormenta pasó pronto, el mar se calmó y los devotos de Hasan lo miraron con admiración y respeto aún más grandes. De regreso en El Cairo, el relato de la naturaleza estoica de Hasan fue repetido una y otra vez. Hasan era un hombre bendito protegido contra el mal, un hombre al que escuchar, un hombre al que seguir. El propio Hasan cultivaba la historia con todo el cuidado y la paciencia de un agricultor listo que prevé una rica cosecha.

Mientras tanto, seguía empapándose de las técnicas empleadas por la Morada del Conocimiento, advirtiendo que el poder que podría manejar cualquiera que refinase los métodos de la Morada se podría aplicar en un contexto diferente, con objetivos diferentes. Unos pocos meses más tarde, Hasan, acompañado por sus seguidores más leales, volvió a la región donde había nacido su padre. Había encontrado su destino. Invirtiendo las riquezas que le había robado al sha, y aplicando los métodos de lavado de cerebro de la Morada, crearía una sociedad criminal en torno a un espectacular engaño.

El plan de Hasan se basaba en generar confianza y lealtad entre un puñado de jóvenes seguidores, adaptando procedimientos ideados por primera vez en la Morada. Al llegar a los montes Elburz, se dirigió hacia una imponente fortaleza protegida por los altos picos que se elevan al norte y el oeste de la actual ciudad iraní de Qazvin. El terreno es allí sumamente escarpado, con el monte Damavand, de casi seis mil metros de altura, creando una barrera natural entre el mar Caspio y las suaves planicies de la región central de Irán. Durante muchos años, los chiítas que escapaban de la persecución sunita huían a los montes Elburz en busca de seguridad. Teherán, la capital, puede estar a cien kilómetros de distancia, pero la región sigue siendo un área remota hasta el día de hoy.

Coronando una escarpada cresta de casi un kilómetro de largo y, en algunos lugares, de sólo unos metros de ancho, la fortaleza se veía de lejos como una pared de roca natural, deslumbrantemente blanca en el sol de la tarde, gris azulada en la luz del anochecer y rojo sangre al alba. Al acercarse a la construcción, los viajeros se toparon con una abrupta pendiente de grava que frustraba cualquier intento de llegar hasta sus muros verticales. De hecho, la fortaleza era inaccesible salvo por una empinada escalera de caracol diseñada para que pudiera ser defendida por un solo arquero que vigilaba su cima.

Hasan conocía bien tanto el terreno como el castillo, y sabía que muchos de sus guardias simpatizaban con los extremistas chiítas. Con la cooperación de esos guardias, Hasan consiguió entrar en la fortaleza y se presentó ante el dueño, exigiéndole que le cediera la propiedad. Sorprendentemente, considerando los hechos posteriores, Hasan le pagó al hombre una suma razonable por su castillo y lo despachó, ganando el control total del bastión sin desenvainar la espada. Rebautizó la fortaleza con el nombre de *Alamut*, que significa «nido de águila», y comenzó a convertirla en un lugar de entrenamiento y centro de operaciones consagrado a la eliminación de los enemigos designados por Hasan.

Los restos del bastión original de los asesinos, Alamut, en el norte de Irán. En un determinado momento, más de veinte fortalezas como ésas poblaban el paisaje.

El paso siguiente de Hasan fue transformar un rincón solitario del valle en un jardín amurallado, fuera de la vista del castillo. Desviando arroyos por el jardín, construyó numerosas fuentes e instaló allí a hermosas huríes. Según las *Siret-al-Hakem* (*Memorias de Hakem*), un romance medieval árabe de esa época, Hasan

... mandó hacer un inmenso jardín en el que hizo encauzar agua. En el medio de ese jardín construyó un pabellón de cuatro pisos de altura. En cada uno de los cuatro lados había ventanas finamente decoradas, unidas por cuatro arcos en los que había pintadas estrellas de oro y plata. Tenía con él veinte esclavos, diez hombres y diez mujeres, que habían venido con él desde la región del Nilo, y que apenas habían alcanzado la edad de la pubertad. Los vestía con sedas y las telas más finas, y les daba brazaletes de oro y plata...

Dividió el jardín en cuatro partes. En la primera de ellas había perales, manzanos, vides, cerezos, moras, ciruelos y otros árboles frutales. En la segunda parte había naranjas, limones, olivas, granadas y otras frutas. En la tercera había rosas, jazmines, tamarindos, narcisos, violetas, lilas y anémonas...

Marco Polo pasó por la región unos años más tarde, y describió la escena en detalle:

En un hermoso valle había un lujoso jardín lleno de todas las frutas deliciosas y arbustos fragantes de las que uno podía procurarse. En distintas partes de los terrenos se levantaban palacios de diferentes formas y tamaños, adornados con trabajos de orfebrería, pinturas y decorados de seda fina. Torrentes de vino y miel pura fluían por todas partes. La única entrada al jardín era un pasaje secreto que salía de la fortaleza.

Habitaban esos lugares doncellas elegantes y bellas, consumadas en las artes de cantar, tocar instrumentos musicales y bailar y, especialmente, en los juegos del coqueteo y la seducción amorosa. Envueltas en finos vestidos, jugaban y se divertían entre ellas en los jardines y pabellones.

El objeto del jefe era éste: Mahoma había prometido que todos aquellos que obedecieran su voluntad disfrutarían eternamente los placeres del Paraíso. En el Paraíso habría toda clase de gratificación sensual, incluida la compañía de hermosas y complacientes ninfas. El jefe, que afirmaba ser un descendiente de Mahoma y por ello también un profeta, tenía el poder de dejar entrar al Paraíso, cuando morían, a aquellos a quienes otorgaba su favor, lo que abarcaba a aquellos que hubieran sacrificado su vida en esta tierra en el cumplimiento de sus órdenes.

Con su apropiado paraíso terrenal, Hasan atraía al castillo de Alamut a jóvenes de entre doce y veinte años que veía con posibilidades de convertirse en homicidas. También les compraba hijos a padres que no los deseaban, criándolos con toda la determinación de un entrenador de caballos contemporáneo que moldea un futuro ganador del Derby. Junto con técnicas sacadas de la Morada del Conocimiento que incentivaban a los estudiantes a alcanzar un puesto prometido

Algunos historiadores cuestionan su afirmación, pero Marco Polo describió con precisión el escalofriante control que Hasan tenía sobre sus jóvenes discípulos musulmanes.

dentro de la estructura de mando circular, Hasan aumentaba la motivación entre los jóvenes mediante reiteradas descripciones de los placeres del Paraíso. Cuando la curiosidad de los jóvenes estaba suficientemente exacerbada, Hasan les revelaba que podía transportarlos al Paraíso durante un breve tiempo, para que pudiesen tener una muestra de sus placeres sin tener que sufrir el inconveniente de morir antes.

Los que parecían creer su cuento eran drogados con hachís y otros narcóticos hasta que caían en un sueño profundo, casi comatoso. En ese estado, eran llevados por un pasaje secreto hasta el pabellón del jardín oculto. Cuando Hasan y sus asistentes de confianza volvían a la fortaleza, las huríes, obedeciendo instrucciones de Hasan, salpicaban a los jóvenes con vinagre para despertarlos. Entonces les decían que se hallaban en el Paraíso, una idea que, estando drogados, parecía posible. Con frutas y vino en abundancia, los jóvenes se echaban en mullidos cojines de satén mientras las huríes cumplían —y probablemente excedían— todas sus fantasías adolescentes. Las doncellas, según se cuenta, suspiraban al oído de cada aspirante: «Sólo estamos esperando tu muerte, porque este lugar te está destinado. Este es sólo uno de los pabellones del Paraíso, y nosotras somos las huríes y las hijas del Paraíso. Si murieras, estarías aquí eternamente con nosotras. Pero sólo estás soñando, y pronto despertarás».

Tras un día de esa ilusión, los jóvenes serían nuevamente drogados hasta la inconsciencia y devueltos a la fortaleza, donde se les permitía despertar lentamente.

Cuando Hasan, y los líderes que lo sucedieron, les preguntaban dónde habían estado, los jóvenes respondían: «En el Paraíso, por el favor de Su Alteza». Entonces, alentados por su líder, describían su experiencia a los demás, con gran detalle. La envidia de los que escuchaban esas historias repletas de testosterona, de muchachas hermosas y complacientes y de reservas inacabables de frutas y de vino debió de ser espectacular.

«Tenemos la palabra del profeta», les prometían Hasan y sus sucesores a los jóvenes, «de que aquel que defienda a su señor heredará el Paraíso eternamente, y si os mostráis obedientes a mis órdenes, esa suerte es vuestra». Los más crédulos apenas si podían esperar.

¿Cómo de convincente era este subterfugio? Lo suficiente como para que algunos seguidores se suicidaran creyendo que serían instantáneamente transportados al Paraíso y a todas las delicias aludidas, una práctica que Hasan suprimió explicando que sólo aquellos que muriesen obedeciendo sus órdenes recibirían la llave del Paraíso. Ésos eran los jóvenes que, haciéndose pasar por monjes cristianos, mataron a Conrado de Montferrat y soportaron en silencio horribles torturas tras ser capturados. Eran los hombres que se arrojaban desde elevadas torres a la orden de su líder, como una demostración de su firme obediencia. Y fueron los primeros en ser conocidos como los *hashshashin* o *asesinos*, instrumentos de venganza y conveniencia política a lo largo y a lo ancho del Medio Oriente.

Algunos historiadores han cuestionado la probabilidad de que hombres del siglo XII pudieran ser tan crédulos y confiados, sugiriendo que la crónica es alegórica o apócrifa. En respuesta, otros observan que se trataba de jóvenes impresionables, y señalan los relatos de Enrique, conde de Champagne, y de Marco Polo como evidencia de que el engaño de Hasan realmente funcionaba. Desde la perspectiva actual, hechos recientes sugieren que las técnicas de Hasan no sólo funcionaban, sino que siguen siendo efectivas de forma habitual, casi

Hasan Sabbah. Con los asesinos, *su creación, se inauguró un tipo de terrorismo que todavía hoy es válido.*

diaria. En las calles de Bagdad, Beirut y Tel Aviv, hombres jóvenes —y, cada vez más, también mujeres jóvenes— llevan a cabo actos terroristas sacrificándose como bombas humanas, muchos de ellos en la creencia de que serán instantáneamente transportados al Paraíso. Sabiendo eso, difícilmente podamos dudar de la autenticidad de esas historias de Hasan y de sus fanáticos partidarios. Los jóvenes musulmanes de hace un milenio casi nunca veían mujeres núbiles fuera de su propia familia. Una tarde con una muchacha apenas vestida y dispuesta a envolverlo en las delicias de la carne habría tenido el impacto habitual en un adolescente, intensificado aún más por el estado mental que provocaban los narcóticos.

La manipulación que hacía Hasan de sus jóvenes seguidores generó algo más que una eficaz máquina de matar. También generó otras historias que pueden o no tener raíces en la realidad.

Como se describe en un texto antiguo, *El arte de la impostura*, escrito por Abdel-Rhaman de Damasco, Hasan cavó en sus aposentos, para fortalecer el poder que tenía sobre sus discípulos confiados, un pozo profundo y de poco diámetro. Dentro del pozo acomodó a un joven, que nadie más conocía en la fortaleza, de modo tal que sólo sobresaliera del suelo su cabeza. Luego, tras rellenar el espacio que quedaba vacío, unió alrededor del cuello del muchacho dos mitades de una fuente circular con un agujero en el medio, como si la cabeza estuviera en un plato. Para reforzar el subterfugio, derramó en el plato sangre fresca, completando la impresión real de una cabeza cortada.

Un grupo de reclutas, tal vez drogados con hachís, fueron llevados entonces a la sala y, ante ellos, la «cabeza» les explicó que había seguido las instrucciones de su señor, ganándose un lugar en el Paraíso. Mientras sus atónitos compatriotas escuchaban, el joven describió todos los placeres que estaba disfrutando allí: frutas y vino en abundancia, entornos lujosos y jóvenes vírgenes, bellas y serviciales.

«Habéis visto la cabeza de un hombre que murió mientras cumplía mis órdenes», les dijo Hasan a los espectadores, sin duda boquiabiertos. «Es un hombre que todos conocéis. Quise que contara con sus propios labios los placeres que su alma está disfrutando en este mismo momento. Id y cumplid mis órdenes.» Fue un cuento muy persuasivo, vuelto más verosímil cuando, al irse los reclutas, Hasan cortó la cabeza que hablaba —para sorpresa de su dueño, sin duda— y la exhibió en el parapeto de la fortaleza para que todos la viesen. Su colega, creían los seguidores de Hasan, estaba disfrutando los placeres del Paraíso mientras ellos seguían en la tierra. ¿Cuándo podrían unírsele?

Ninguna de las técnicas descritas empleadas por Hasan y sus sucesores sorprenden a los expertos contemporáneos. El psiquiatra Robert Jay Lifton, en su libro *Thought Reform and the Psychology of Totalism [Reforma del pensamiento y psicología del totalitarismo]*, subraya tres características primarias de las sociedades secretas que son tan efectivas hoy como lo fueron en tiempos de Hasan:

1. Un líder carismático que se convierte en objeto de veneración cuando los principios generales que originalmente sostenían el grupo pierden su poder.
2. Un proceso como la persuasión coercitiva o la reforma del pensamiento.
3. Explotación de los miembros del grupo —económica, sexual y de otros tipos— ejercida por el líder y el círculo dirigente.

Los *asesinos* no eran demasiado selectivos para elegir a sus víctimas. Durante las cruzadas, apoyaban a cualquier bando que conviniera a sus propósitos mientras perpetuaban una *vendetta* contra los sunitas. Por lo menos en una ocasión, combinaron fuerzas con los caballeros templarios, enemigos odiados de Saladino y sus defensores islámicos de Jerusalén. Y cobrando honorarios por efectuar operaciones de homicidio por encargo, amasaron una importante riqueza en el curso de los años.

Cuando el reinado del terror contra blancos seleccionados llegó a un punto culmen, el mero rumor de que un individuo había ofendido a Hasan de alguna forma o de que había sido elegido como víctima bastaba para que el sujeto huyera tratando de salvar su vida. Pocos lograban escapar.

Sumada a la certeza de la muerte estaba la incertidumbre de su momento y lugar. El propio visir del sultán, Nizam al-Mulk, fue apuñalado mientras lo llevaban en palanquín a su harén, probablemente pensando en placeres carnales cuando la daga de un *asesino* vestido de derviche se hundió en su pecho. El *atabeg*[2] de Hims, avisado de que los *asesinos* habían resuelto matarlo, mantenía permanentemente a su lado un contingente de guardias armados. Cuando el *atabeg* entró en una mezquita a decir sus oraciones, los guardias relajaron la vigilancia, pues ¿quién osaría ofender a Alá cometiendo un crimen en ese momento? En un abrir y cerrar de ojos, el *atabeg* fue rodeado por *asesinos* que lo despedazaron. Y cuando se eligió como víctima a un cristiano, el marqués Corrado di Montefeltro, dos *asesinos* que se hacían pasar por monjes lo atacaron mientras se hallaba en un banquete ofrecido por el obispo de Tiro. Sólo consiguieron herir al marqués antes de que uno de los agresores fuera muerto. El otro logró escapar y ocultarse en la capilla, sabiendo que el marqués iría allí a dar gracias por haberse librado de una muerte segura. Eso hizo, y cuando se arrodilló para rezar, el *asesino* superviviente salió de detrás del altar y terminó la faena antes de morir gozoso a manos de los guardias.

Si podían sacar provecho, los *asesinos* elegían la intimidación en lugar del homicidio directo. Cuando los *asesinos* despacharon con sus dagas al hijo de Nizam al-Mulk, éste declaró que reuniría un ejército como jamás había habido en la historia y que marcharía hasta el Alamut y destruiría el castillo con todos sus habitantes. Una noche, ya con la fortaleza a la vista, el ejército acampó al pie de los montes Elburz y

---

2. *Atabeg* era un título de nobleza usado comúnmente en Mesopotamia a partir del siglo XII. El término designaba al gobernador de una nación, por debajo de un rey o un emperador en jerarquía, pero por encima de un *khan*, como así también al consejero militar de un príncipe joven e inexperto. [*N. del A.*]

el Nizam al-Mulk se fue a dormir confiando en que se levantaría al día siguiente para conducir a sus hombres contra los *asesinos*, borrándolos de la faz de la tierra. Cuando se despertó por la mañana, halló una daga enterrada hasta la empuñadura en la arena, al lado de su cabeza. La hoja atravesaba una nota donde se le advertía que a él y a su ejército no les aguardaba otra cosa que la masacre.

Nadie del entorno de Nizam al- Mulk supo explicar cómo habían aparecido allí la daga y la nota. No se había visto a nadie acercarse a su tienda. ¿Habían sido fantasmas o espíritus? Lo que fuera que hubiese sido, Nizam al-Mulk decidió renunciar a su ataque, ordenando a sus fuerzas que evitaran la región en el futuro y dándole a Hasan y sus partidarios vía libre para hacer lo que quisieran en todo el mundo musulmán.

A medida que Hasan aumentaba su poder y su riqueza, fue extendiendo su autoridad, adquiriendo y reforzando fortificaciones en los riscos de los montes Elburz, todas ellas inexpugnables excepto para los ejércitos más grandes y aguerridos. Y con el paso de los años, Hasan adquirió un apodo que hoy suena paternal a nuestros oídos. Él y cada uno de los sucesores que comandaron un grupo de *asesinos*, incluido el *dai-el-kebir*, pasaron a conocerse como «el Viejo de la Montaña».

Los *asesinos* no se limitaban a las figuras políticas o espirituales, y conocían muy bien el poder de la psicología para lograr sus objetivos, como lo demostraron con su intimidación del sultán. El imán Razi, uno de los grandes intelectuales musulmanes de su tiempo, fue lo bastante necio como para insultar a los *asesinos* declarando que no eran teólogos calificados, hasta que lo visitó un enviado del grupo ofreciéndole una elección: la muerte por daga o una pensión anual de mil monedas de oro. La condena del imán pronto cesó, haciendo que un colega le preguntara por qué ya no desaprobaba a los *asesinos*. El anciano miró rápidamente a su alrededor y respondió en voz baja: «Porque sus argumentos son muy agudos. Y afilados».

El miedo a los *asesinos* se debía no sólo a su crueldad, sino también a lo impredecibles que eran sus acciones y a la casi imposibilidad de impedir un ataque una vez que la orden era dada. Hasan y sus sucesores crearon y perfeccionaron la estrategia de las «células durmientes», criminales resueltos enviados a comunidades a cientos de millas de distancia con instrucciones de infiltrarse en la sociedad local hasta que les ordenaran actuar. Esos devotos podían esperar años hasta ser contactados por un enviado. Para entonces, podían acercarse a la víctima sin despertar sospechas sobre su identidad o sus intenciones. El comportamiento del *asesino* hacía aún más difícil su identificación: calmo, casi agradable, sin temor a la represalia sino, de hecho, aceptándola con júbilo como su billete al Paraíso.

Los *asesinos*, bajo la dirección de Hasan y sus lugartenientes, aterrorizaron el Oriente Próximo hasta entrado el siglo XIII. El hijo de Hasan y sus leales seguidores asumieron el liderazgo después de la muerte del fundador, y al menos tres generaciones de sus descendientes continuaron su obra. Pero ni siquiera los *asesinos* pudieron resistir la brutalidad de los mongoles.

El nieto de Hasan fue el primero en romper con la tradición sanguinaria. Cuando ascendió al puesto de imán, en 1210, Hasan III hizo lo impensable al convertirse a la fe sunita, restableciendo la ley islámica e invitando incluso a maestros sunitas a visitar Alamut. La aparente conversión no tuvo tanto que ver con la teología como con el sentido práctico y la supervivencia: hordas de mongoles, cuya legendaria ferocidad hacía temblar de aprehensión inclusive a los *asesinos*, comenzaban a llegar a Persia a través de las estepas. Ante un enemigo común, chiítas y sunitas dejaron de lado sus diferencias, al menos temporalmente, para poner en marcha una defensa mutua.

La prudencia de Hasan III, lamentablemente para sus seguidores, no fue heredada por su hijo, Muhammad III, también llamado Aladdin («Cima de la fe»). Muhammad volvió a llevar al grupo a las creencias chiítas y excedió en crueldad a todos los líderes *asesinos* anteriores, a tal punto que la mayor parte de los historiadores lo consideran loco. Era tan insufrible que sus partidarios pronto transfirieron su lealtad a su hijo Khursha, quien trató de negociar un acuerdo con los mongoles, que ahora se infiltraban fuertemente en la zona montañosa.

Era muy tarde. A mediados del siglo XIII, el líder mongol Hulagu Khan comenzó a atacar metódicamente las fortalezas de los *asesinos*. Usando el engaño, la brutalidad y la fuerza de armas abrumadoras, los mongoles tomaron una por una todas las fortalezas, matando salvajemente a los habitantes y arrasando con el cuidadosamente concebido Paraíso en la Tierra.

Los *asesinos* eran demasiado devotos, demasiado fanáticos y demasiado numerosos para ser eliminados de manera completa, ni siquiera por los mongoles que asolaron la región como un tsunami exterminador. Algunos lograron escapar a India, donde fueron conocidos como los *khojas* (conversos honorables) y retomaron sus prácticas en una escala limitada. Se dice que aún hay restos de la secta en Irak, Irán y Siria, pero sólo son grupos escindidos de militantes chiítas.

Los *asesinos* fueron más que un prototipo temprano de Murder Inc., la organización de asesinos a sueldo que operó en Estados Unidos desde el final de la Prohibición hasta los años cincuenta. Tanto en versión benigna como en versión maligna, su influencia se extiende hasta el día de hoy. La construcción circular concéntrica de la Morada del Conocimiento, adaptada por Hasan, se convirtió en un prototipo de organizaciones restringidas y sociedades secretas. La más famosa es la de los masones, que organizaron su estructura inspirándose en los caballeros templarios, presuntos aliados de los *asesinos* durante las cruzadas.

Los seguidores más leales y extremistas de Hasan y sus sucesores pasaron a conocerse como los *fedayín*. Su nombre continúa asociándose a fanáticos islámicos que combaten a los enemigos del profeta, sean éstos infieles occidentales o musulmanes que siguen un camino equivocado. Para la mayoría de ellos, incluidos los jóvenes fanáticos que secuestraron y estrellaron el avión de American contra el World Trade Center el 11 de septiembre de 2001, la motivación sigue siendo la promesa de eternidad en el Paraíso, un incentivo que parece funcionar aún sin la persuasión de las artificiosas escenificaciones de Hasan.

La táctica de insertar en una sociedad elegida como blanco seguidores «durmientes», fanáticos suicidas preparados para matar tanta gente como sea necesario en nombre de su causa, es otro elemento heredado de hace un milenio. Tanto la promesa del Paraíso como los seguidores inmersos durante años en la cultura misma que han jurado destruir resultan familiares para todo el que tenga conocimiento de Al Qaeda.

Al Qaeda no reproduce de forma exacta el diseño original que establecieron los *asesinos*. Su líder Osama bin Laden es un sunita, no un chiíta, aunque elementos extremistas de ambas facciones están unidos contra gran parte del mundo occidental. Y mientras que los *asesinos* reclutaban jóvenes ejecutores suicidas con la promesa del envío inmediato al Paraíso y a los brazos de las huríes que los estaban esperando, las facciones musulmanas violentas han logrado en los últimos años reclutar mujeres jóvenes para llevar a cabo misiones similares sin que en este caso exista otra motivación que la de contribuir al éxito del grupo. Claramente, sin embargo, el vínculo entre los asesinos de Hasan y la red Al Qaeda de Bin Laden se mantiene intacto. Si Hasan, el Viejo de la Montaña, se encontrara con Bin Laden, el líder de Al Qaeda, se verían entre ellos como compatriotas, como hermanos de espíritu.

Capítulo II

Templarios y masones

La sede secreta del poder

¿Cuáles son los miembros más peligrosos de entre las diversas sociedades que merodean por el planeta, la gente con poder para cam-
biar nuestra vida y dirigir el curso de la historia? Según fuentes que
alegan conocer el verdadero propósito del grupo, son los masones.
Los conspiradores masónicos eligen a líderes internacionales, decla-
ran las guerras, controlan las divisas y se infiltran en la sociedad,
entre otros usos de sus poderes ocultos. O, al menos, eso sugieren
los relatos. Ante cualquiera que cuestione esa premisa, los teóricos
de la conspiración salen con un impresionante muestrario de pruebas, empezando por una enumeración de personajes históricos influyentes que estaban sin lugar a dudas relacionados con la masonería,
incluidos muchos firmantes de la Declaración de Independencia de
Estados Unidos. ¿Quién ocupa en el panteón norteamericano de
héroes y grandes pensadores un puesto más alto que Benjamin Franklin, George Washington y Andrew Jackson? Los tres eran masones.
De hecho, al menos veinticinco presidentes y vicepresidentes estadounidenses han sido activos y entusiastas partidarios de la masonería. Dos de ellos, Harry Truman y Gerald Ford, podían alardear de
haber alcanzado el Grado 33, el más alto nivel de reconocimiento
dentro de la organización.

Es un logro notable, el paso de ser de club privado con rituales
secretos a ser una incubadora de líderes, visionarios e intelectuales.
Al parecer, los masones atraen muchos más hombres con aptitudes

Los masones dominaron la política y la cultura occidental durante años. Entre sus miembros estaban los presidentes de Estados Unidos George Washington y Harry S. Truman, el primer ministro inglés Winston Churchill y el elegante Duke Ellington.

excepcionales que cualquier otra organización, desde los Boys Scouts hasta los Becarios Rhodes. ¿Qué tienen sus valores y sus sistemas para engendrar esos talentos?

Para algunos historiadores fanáticos —casi todos ellos masones— la base de sus logros es un vínculo histórico e inspirador con los caballeros templarios, que empezaron como defensores de la fe cristiana y se convirtieron luego en los banqueros de la Europa medieval, sucumbiendo a las maquinaciones de un rey codicioso y un papa cómplice. En su día aclamados y admirados por sus hazañas caballerescas y por sus buenas obras hechas en nombre del cristianismo, los templarios salvaguardaban a los peregrinos en su viaje a Tierra Santa y combatían a los ejércitos islámicos por el control de Jerusalén. Genuinos caballeros en una época en que el título acarreaba respeto y admiración, seguían reglas de caballería y ascetismo, dedicando su vida a la gloria de Dios y la protección de los peregrinos cristianos.

Ése era el lado admirable de la sociedad. El lado más oscuro ocultaba rumores sobre asociaciones entre los templarios y los *asesinos*, la sustitución de la moral templaria por la codicia lisa y llana, un deterioro de las características encomiables de la orden y el ejercicio de diversas prácticas obscenas y blasfemas. Esas cualidades no son un modelo para ninguna organización importante que busque respeto, mucho menos para una que se precia de proporcionar líderes mundiales y de beneficiar a la colectividad. Pero la oscura complejidad y la sospecha le proporcionaron la intriga y el color necesarios a un grupo posterior cuyo objetivo original consistía en proteger los secretos de los comerciantes. Dicho sea de paso, el líder espiritual de los templarios logró que lo comparasen —y quizás hasta lo confundiesen— con el propio Cristo.

En contra de lo que se cree comúnmente, los templarios fueron un producto de las cruzadas y los cruzados; no fueron el resultado de un propósito caballeresco ni de una consagración a la fe cristiana, sino de una obligación feudal.

Los historiadores, como es su costumbre, vacilan tanto sobre la definición de feudalismo como lo hacen con respecto a su estructura, y algunos rechazan la idea de una «época feudal». Cualquiera que sea el título que se le ponga, los europeos que vivieron en el período que va del 800 al 1300 de nuestra era conocieron un modo de vida que unía un barbarismo incipiente y las raíces de la democracia. En esa época, los reyes podían reclamar amplios derechos sobre las tierras que ahora conocemos como Francia, Alemania o Gran Bretaña, pero, en la práctica, la campiña no era gobernada por los reyes, sino por señores y barones particulares. Ejerciendo el dominio sobre las tierras que abarcaban sus propiedades, los señores dispensaban justicia, cobraban impuestos y peajes, acuñaban su propia moneda y exigían servicio militar a los ciudadanos que vivían en sus territorios. La mayoría de los señores, de hecho, podían reunir un ejército más grande que el del rey, que a menudo no era más que un gobernante decorativo.

La estructura social tenía varios estratos claramente definidos. Los siervos constituían el nivel más bajo, haciendo el trabajo básico sin tener derecho a ninguna riqueza que generaran. Los vasallos trabajaban la tierra en nombre de los señores; los caballeros, cuyas principales cualidades incluían el tener fondos suficientes para poseer un caballo y una armadura, cumplían servicios en nombre de los señores; y el clero administraba ayuda espiritual cuando hacía falta. Los señores, a su vez, se consideraban vasallos de gobernantes más poderosos, y todos eran formalmente considerados vasallos del rey.

La lealtad feudal corría en dos direcciones. Los ciudadanos hacían un juramento de lealtad al señor, asistían a la corte cuando eran convocados y pagaban sus impuestos. La obligación del señor era proteger de intrusos a los vasallos, lo que obviamente le convenía tanto al señor como a los vasallos.

De ese orden lineal, sometido a la influencia del cristianismo, surgió el concepto de caballería. Acatando los derechos y la propiedad de su señor feudal, vasallos y caballeros sublimaron la idea con términos tales como «orgullosa sumisión» y «digna obediencia», inspirados quizás por los relatos bíblicos de los actos de Cristo. Formulado de esa manera, un comportamiento que parece reflejar la relación de amo y esclavo fue convertido en algo más respetable y edificante. Por contradictorio que pueda sonar, las personas podían elevar su estatus rebajando su posición en nombre de algún objetivo espléndido. De la literatura popular se desprende que el incentivo para el comportamiento caballeresco era un interés romántico en una elegante dama que había robado el corazón del caballero y a la que éste le juraba eterna reverencia. En realidad, la «orgullosa sumisión» del caballero era para con Dios o con el señor que controlaba el destino del caballero; el aspecto romántico de la conducta caballeresca, que glorificaba a la mujer de un modo que combinaba la adoración de la Virgen con el deseo sexual reprimido, continúa siendo una fuente de inspiración para mucha ficción, pero básicamente fue un subproducto de una motivación más profunda.

Las exigencias caballerescas eran rígidas. Se esperaba que las obligaciones fueran cumplidas, y los vasallos y caballeros aceptaban el deber sagrado de defender con las armas el honor y la propiedad de la clase que estaba por encima de ellos. Dado que la estructura piramidal de la sociedad medieval ponía a Cristo en la cúspide, señores, caballeros y vasallos estaban todos por igual obligados a defender Sus derechos y Su honor.

Con el feudalismo sólidamente establecido en toda Europa, los señores y caballeros, acompañados por un séquito de sirvientes, iniciaron la práctica de hacer peregrinaciones a Jerusalén como una forma de expresar su fe cristiana. Reviviendo una idea que databa de los antiguos griegos, quienes iban a pie hasta Delfos para escuchar el oráculo divino, los cristianos europeos comenzaron a peregrinar a la Tierra Santa, primero para honrar a Cristo, luego como una manera de limpiar sus pecados y más tarde en respuesta a órdenes directas del papa.

Entre los primeros peregrinos importantes en busca de un alma inmaculada estuvieron Frotmond de Bretaña, quien mató a su tío y a su hermano menor, y Foulques Nerra, conde de Anjou, quien quemó viva a su mujer, lo que era prueba de graves discordias y abusos maritales ya en aquellos tumultuosos tiempos prefeministas. Ambos hombres buscaron el perdón con una peregrinación a la Tierra Santa, y ambos tuvieron éxito, aunque en distinta medida.

Tras recorrer durante años las costas del mar Rojo y buscar en las montañas de Armenia los restos del Arca de Noé, Frotmond regresó a casa envuelto en el calor del perdón por la muerte de sus parientes y pasó el resto de sus días en el convento de Redon. Por sus pecados, Foulques Nerra recorría las calles de Jerusalén acompañado por un séquito de sirvientes que lo golpeaban con varas mientras repetía las palabras: «Señor, ten piedad de un cristiano infiel y perjuro, de un pecador que está errando lejos de su hogar». Su aparente sinceridad impresionó tanto a los musulmanes que le permitieron la entrada a la sala del Sagrado Sepulcro, normalmente prohibida a los cristianos, donde se postró en el suelo adornado con joyas. Mientras gemía pidiendo por su alma malvada, se las ingenió para despegar algunas piedras preciosas que se llevó a casa.

Los ejemplos de Frotmond, Nerra y otros tuvieron su impacto en los cristianos devotos. Alrededor del 1050 d. C., la peregrinación a Tierra Santa se consideraba un deber de todo cristiano en condiciones de hacerlo, entendido como una manera de aliviar la culpa y aplacar la ira de Dios, y la Iglesia comenzó a asignar una peregrinación como una forma común de penitencia. Para 1075, las rutas de los peregrinos estaban tan definidas y eran tan transitadas como las rutas comerciales.

El viaje de los peregrinos, que habitualmente bordeaban la costa adriática para dirigirse luego a Constantinopla y atravesar Asia Menor hasta Antioquía, no era ni más ni menos peligroso que cualquier otro viaje de similar extensión. No obstante, la ruta establecida demostró ser una cuestión importante en 1095, cuando el emperador bizantino Alejo Comneno le pidió ayuda al papa Urbano II para derrotar a un grupo de tribus musulmanas conocidas como los turcos selyúcidas. Tras tomar Anatolia, la provincia más rica del imperio bizantino, los selyúcidas ocuparon Antioquía, Trípoli y, finalmente, Jerusalén. Entonces, o eso parecía, pusieron su vista en Constantinopla. Si el papa podía organizar un ejército de cristianos valerosos para ayudar a las tropas de Bizancio, le prometió Alejo, juntos podrían retomar Antioquía y devolver la misma Jerusalén al dominio cristiano.

La promesa del dominio cristiano de Tierra Santa, reforzada por las expectativas de obtener riquezas del propio tesoro del emperador bizantino, fue estímulo suficiente para que Urbano II declarase la primera guerra santa sancionada por el papado. Así, casi doscientos años de espantosa matanza en ambos bandos comenzaron con un objetivo tan mercenario como espiritual, y en 1096 partió la primera de las nueve cruzadas, inspirada por el grito de Urbano, *Deus vult!* (¡Dios lo quiere!).

Decidir tomar parte en una cruzada era un asunto serio, incluso para los cristianos más devotos. Significaba por lo menos dos años de viaje a través de territorio escarpado y a menudo hostil, si bien las cruzadas posteriores redujeron ese tiempo al navegar por el Mediterráneo hacia el este desde Provenza. Para buscar comida y refugio durante la larga travesía de ida y vuelta entre Europa y Palestina, peregrinos y cruzados debían hacer frente a la abierta hostilidad tanto de los musulmanes como de los administradores griegos ortodoxos. En respuesta a eso, el monje (y más tarde santo) Bernardo de Claraval fundó un hospital en Jerusalén para que sirviese como refugio. El lugar, conformado por doce mansiones unidas, incluía jardines y una magnífica biblioteca. Pronto los mercaderes locales crearon un mercado contiguo para comerciar con los peregrinos, pagándole al administrador del hospital dos monedas de oro por el derecho de instalar puestos.

Eso era demasiado bueno para ser ignorado por los empresarios feudales. Cuando el flujo de peregrinos se convirtió en un torrente incesante, un grupo de mercaderes italiano de la región de Amalfi estableció cerca de la iglesia del Santo Sepulcro un segundo hospital, administrado por monjes benedictinos, con su propio mercado lucrativo. En poco tiempo el segundo hospital comenzó a verse desbordado, lo que impulsó a los monjes a construir un nuevo hospital, puesto bajo la advocación de san Juan el Limosnero.

Los hombres de san Juan el Limosnero llevaron la idea a una nueva dimensión espiritual. Dedicaban su vida a brindar seguridad y asistencia a los peregrinos, tratando a los enfermos como si éstos fueran sus amos, y crearon con ello un prototipo para todas las organizaciones de beneficencia que los sucedieron, aunque ninguna igualó su dedicación y humildad. Esa práctica, por supuesto, reflejaba los verdaderos orígenes y propósitos de la caballería, atrayendo a muchos caballeros que dejaron de lado sus objetivos militares para emular las enseñanzas de Cristo, más caritativas. No obstante, nunca abandonaron del todo su porte y su disciplina militares. Con aquellos a quienes servían, los caballeros eran generosos y compasivos; consigo mismos eran rígidos y austeros. Hacían votos de pobreza, castidad y obediencia, y su atuendo pasó a ser una túnica negra con una sencilla cruz blanca en el pecho. El nombre completo de la orden era Soberana Orden Militar del Hospital de San Juan de Jerusalén, de Rodas y de Malta, y se los conocía simplemente como *los hospitalarios*.

Los votos de pobreza, castidad y obediencia podían haberle ido bien a su obligación de tener una conducta caballeresca (y, como sin duda habían previsto, facilitaban su entrada al cielo), pero protegían poco a los hospitalarios contra el peligro de ataques de las distintas facciones que había en Tierra Santa. Con el tiempo, los hospitalarios se concentraron en sus acciones militares en defensa de la orden casi tanto como lo hacían en sus actos de benevolencia. Después de todo, la mayoría eran caballeros armados, de noble cuna, y cumplían con las elevadas pautas de la verdadera caballería.

Eran además tan humanos como todo el mundo, de aquella época o de la nuestra, y cuando poderosos duques europeos expresaban su admiración por los hospitalarios, recompensándolos con extensas tierras en Europa, los miembros de la orden aceptaban con gusto las donaciones. Además de esa fuente de ingresos, daban por sentado el derecho de reclamar el botín tomado de los guerreros musulmanes que derrotaban. Para cuando murió el hermano Gerardo, fundador y primer jefe de la orden, en 1118, los hospitalarios habían recibido de sus protectores una considerable cantidad de bienes y gozaban de una excepcional independencia con relación a la autoridad de la Iglesia.

Lo que empezó como una sociedad de abnegada dedicación a los pobres, heridos y enfermos se había transformado en una organización más emparentada con un club profesional de hoy, cuyos miembros adinerados estaban por lo menos tan interesados en la asociación fraternal y el estatus público como lo estaban en ayudar a sus vecinos.

Los hospitalarios podían ser militares competentes, pero su *raison d'être* seguía siendo el servicio público. Combatir a los musulmanes mientras cumplían sus obligaciones los distraía de su objetivo primario, y hacían falta otros que pusieran tanta energía en combatir al enemigo como la que invertían los hospitalarios en cuidar a los cristianos.

Tal vez sea cínico insinuar que la riqueza acumulada por los hospitalarios como resultado de sus servicios caritativos inspiró a sus hermanos más famosos, pero la historia sugiere que algo tuvo que ver. En cualquier caso, menos de diez años después de la muerte de Gerardo se fundó una nueva sociedad. Compuesta originalmente por nueve caballeros dirigidos por Hugo de Payens, los seguidores reivindicaban las mismas características ascéticas y devotas que distinguieron a los primeros hospitalarios. Pero ese nuevo grupo centró su atención en los peligros enfrentados por peregrinos y cruzados —para entonces, la distinción se estaba volviendo confusa y casi sin sentido— durante su viaje a Tierra Santa y su permanencia en Jerusalén.

Los peligros provenían de múltiples amenazas. A los egipcios y los turcos les molestaban la intrusión y el paso por sus tierras, los residentes islámicos de Jerusalén objetaban la presencia de los peregrinos, las tribus nómadas árabes atacaban y robaban a los viajeros y los cristianos sirios eran hostiles con los extranjeros.

Buena parte de la reputación inicial de humildad y valor que envolvía al grupo tenía que ver con la personalidad de Payens, quien fue descrito como «de buen carácter, totalmente decidido, y despiadado en nombre de la fe». Para la sensibilidad moderna, la idea de ser de buen carácter y despiadado puede parecer contradictoria, pero para los observadores medievales esos atributos eran absolutamente compatibles. Un curtido veterano de la Primera Cruzada, a De Payens le encantaba contar una y otra vez el número de musulmanes que había matado sin que se le agriara, al parecer, su habitual humor caritativo. ¿Y por qué iba a agriársele? El aún más devoto Bernardo de Claraval había declarado que la matanza de musulmanes no era homicidio, sino *malicidio*, la matanza del mal. Miles de musulmanes muertos en Tierra Santa probablemente disintieran, pero casi nunca se les pedía su opinión.

Pues bien, De Payens, decidido a la exclusión de todo lo que no fuera la adoración de Dios y la matanza de musulmanes, reunió en torno a su persona a hombres comprometidos a proteger del peligro a los peregrinos, de la misma manera en que los hospitalarios de Gerardo los curaban y alimentaban. El nuevo grupo, anunció De Payens, combinaría las cualidades de monjes ascéticos y guerreros valientes, viviendo una vida de castidad y piedad y empleando la espada al servicio del cristianismo. Para que los ayudasen a lograr ese objetivo un tanto contradictorio, elegían como patronos a La Douce Mère de Dieu (La dulce madre de Dios) y a san Agustín, jurando vivir conforme a los cánones de este último.

Balduino II, en aquel momento rey de Jerusalén, estaba tan impresionado con el carácter y los objetivos del grupo que les concedió un rincón de su palacio como sede y un estipendio anual para contribuir a su labor. El acceso a sus cuarteles era a través de un pasillo adyacente a la iglesia y convento del templo,[1] de ahí que los miembros se llamaran a sí mismos soldados del Templo, o templarios.[2]

Con el tiempo, los templarios impresionaron a varios nobles que les ofrecieron el mismo tipo de acuerdo financiero que el que disfrutaban los hospitalarios. Cuando un conde francés anunció que contribuiría con treinta libras de plata anuales para apoyar las actividades de los templarios, otros siguieron su ejemplo y pronto el incipiente movimiento se vio inundado por la clase de riquezas que originalmente planeó rechazar.

En su favor debe decirse que, durante los primeros años de existencia, los templarios resistieron la tentación de usar su creciente riqueza para nada más que el apoyo y la defensa de los peregrinos. Siete años después de la fundación del grupo, Bernardo de Claraval escribió sobre los templarios:

---

1. El sitio identificado como emplazamiento del antiguo templo de Salomón. [N. del T.]

2. También se los conoce como los soldados o la orden del Temple. [N. del T.]

Van y vienen a una señal de su maestre. Viven juntos en forma alegre y comedida, sin esposas ni hijos y, para que no falte nada para la perfección evangélica, sin propiedad, en una sola casa, esforzándose en preservar la unidad del espíritu en el vínculo de la paz, de modo tal que parecerían morar en todos ellos un solo corazón y una sola alma. Jamás están ociosos ni andan boquiabiertos detrás de las noticias. Cuando están descansando de la lucha contra los infieles, para no comer el pan de la holgazanería se ocupan de reparar sus ropas y sus armas, o hacen algo que impone la orden del maestre o el bien común.

No se permite pasar sin reprobación ninguna palabra impropia ni burla ligera, ningún murmullo ni risa inmoderada... evitan los juegos del ajedrez y las damas; son adversos a la caza y también a la cetrería, en lo que otros tanto se deleitan.

Aborrecen a todos los impostores y charlatanes, todas las canciones y piezas licenciosas, al igual que todas las vanidades y necedades de este mundo. Se cortan el cabello obedeciendo las palabras del apóstol... casi nunca se lavan; casi siempre se los ve con el cabello desordenado y cubiertos de polvo, marrones por el coselete y el calor del sol...

Están así en extraña unión, al mismo tiempo más mansos que los corderos y más feroces que los leones, de tal suerte que uno puede dudar si llamarlos monjes o caballeros. Pero ambos nombres les convienen, pues suyas son la amabilidad del monje y el valor del caballero.

Ésa no era exactamente una vida de cerveza y bolos. Hasta los monjes cistercienses, que encarnaban un modelo para los templarios, buscaban el placer de la vida mientras procuraban no morir en el campo de batalla. Sólo hombres del más elevado carácter y la más sincera virtud podían soportar la profesión de templario bajo esas circunstancias, pero, entre los jóvenes ambiciosos y devotos, la llamada de la caballería era difícil de ignorar. Un impresionante número de ellos solicitó unirse a la orden, engrosando sus filas y levantando el perfil del grupo entre la nobleza europea, que expresó su apoyo entregando dinero y tierras y, en algunos casos, a sus propios hijos.

Cuando los miembros del Temple aumentaron, se impuso una estructura formal en la organización. Se establecieron tres rangos: los *caballeros*, que eran hombres de familias nobles, ni casados ni comprometidos, y sin deudas personales; los *capellanes*, que debían hacer votos de pobreza, castidad y obediencia, y los *hermanos sirvientes*, hombres de riqueza y talento que no provenían de cuna noble, como se les exigía a los caballeros. Con el tiempo, los hermanos fueron divididos en los *hermanos de armas*, que peleaban junto a los caballeros, y los llamados hermanos o *compañeros de oficios*, que realizaban las tareas domésticas de cocinar y herrar y cuidar a los animales, pero que eran tenidos en la estima más baja dentro de la orden.

Los caballeros y los capellanes debían pasar por una estricta ceremonia de iniciación, y esa práctica, que se extiende con modificaciones hasta el día de hoy, origina que a los templarios y sus descendientes se los considere una sociedad secreta.

La noche de su admisión en la orden, el aspirante era llevado a una capilla, en presencia de otros caballeros. Nadie más podía asistir, y el aspirante no podía divulgar cuándo, dónde o siquiera qué iba a tener lugar en la ceremonia.

El ritual consistía en advertirle de las dificultades que enfrentaría y exigirle que jurase ante Dios su lealtad al propósito de los templarios. Cuando leemos hoy un detalle de la iniciación, nos hace pensar en una suerte de entrenamiento en un campo de reclutas de la marina. Cuando quisiera dormir, le decían, le ordenarían vigilar. Cuando quisiera vigilar, le ordenarían acostarse. Cuando quisiera comer, le ordenarían trabajar. ¿Aceptaría esas condiciones? El aspirante debía responder cada una de esas exigencias diciendo en voz alta y clara: «¡Sí, señor, con la ayuda de Dios!». Debía prometer no golpear ni herir nunca a un cristiano; no aceptar jamás ningún servicio o asistencia de una mujer sin la aprobación de sus superiores;

no besar nunca a una mujer, aunque fuera su madre o su hermana; no ser padrino ni sostener nunca a un niño en la pila bautismal, y no abusar nunca de ningún hombre inocente ni llamarlo con un nombre impropio, sino ser siempre cortés y respetuoso.

¿Quién podía oponerse a una orden consagrada a esa conducta caballeresca y a esos elevados principios cristianos? No la Iglesia; en 1146, el papa Eugenio III declaró que los caballeros templarios, en reconocimiento del martirio que enfrentaban, podían usar una cruz roja sobre su túnica blanca (elegida en contraste directo con los hospitalarios) y que a partir de entonces quedaban libres de la supervisión papal directa, incluido el riesgo de excomunión. Eso generó una afluencia aún mayor de tierras, castillos y otros bienes donados a sus arcas por protectores impresionados.

No existe la resistencia eterna a la tentación permanente, y pronto fueron plantadas las semillas de la caída de la organización. Se esparcieron rumores de que los templarios estaban extorsionando a los *asesinos*. La afirmación surgió con el homicidio de Raymond, conde de Trípoli, que habrían cometido los *asesinos*. En respuesta, los soldados del Temple entraron en territorio controlado por los *asesinos*, pero, en lugar de desafiarlos en batalla, les exigieron un tributo

En sus primeros años, a los caballeros templarios se los conocía por la castidad, la piedad y la valentía. Posteriormente, su reputación se volvió menos admirable.

de doce mil monedas de oro. Aunque no existen registros de que hayan hecho ese pago, un tiempo después los *asesinos* mandaron a un enviado ante Amaury, por entonces rey de Jerusalén, ofreciéndole convertirse al cristianismo si los templarios olvidaban el tributo. Obviamente, se había llegado a alguna clase de arreglo.

Posteriormente, los templarios interceptaron al sultán Abbas de Egipto cuando éste huía al desierto con su hijo, su harén y una considerable porción de tesoros egipcios robados. Después de matar al sultán y apoderarse del tesoro, la orden negoció un trato con los enemigos del sultán para enviar al hijo de vuelta a El Cairo a cambio de sesenta mil monedas de oro. Eso podía ser normal para la época, salvo que el hijo del sultán ya había acordado convertirse al cristianismo, lo que debía haber sido una justificación suficiente para perdonarle la vida. En vez de ello, al cerrar el trato con los egipcios, los templarios lo pusieron en una jaula de hierro y lo mandaron a Egipto, donde, como él y los caballeros sabían, hubo de morir después de una prolongada tortura.

Incidentes como ésos marcaron la caída de los templarios, que, de una orden ascética dedicada a la protección de los pobres y los desamparados, pasaron a ser una organización tan centrada en la ganancia material como cualquier empresa de nuestros días. De hecho, establecieron un extenso sistema bancario expresamente para transferir dinero y tesoros entre Palestina y Europa, un hecho que no guardaba la menor relación con sus pretendidos juramentos de caridad y pobreza.

Su corrupción no terminaba en el dinero, y su paso del ascetismo riguroso al materialismo expansivo se parece a cualquiera de las historias actuales de «de mendigo a millonario» entre personajes de la farándula. En vez de modestos y humildes, los soldados del Templo se volvieron altaneros y rapaces, empleando cualquier engaño a mano para elevar a mayores alturas su impresionante riqueza. En 1204, se esparció por toda Palestina el rumor de que, cerca de Damasco, una imagen de la Virgen estaba soltando un jugo o licor de sus pechos y que beber ese líquido eliminaba los pecados del alma de los devotos. Lamentablemente, el lugar estaba muy lejos de Jerusalén, por una ruta a menudo asolada por bandidos. Los templarios propusieron una solución. Ellos correrían el riesgo de hacer el viaje, le extraerían a la imagen el licor milagroso y se lo traerían a los peregrinos... por un precio, claro está. Tanto la demanda como el precio, como podría esperarse, se dispararon a las nubes, y el elixir mágico le generó sustanciales ingresos a una organización fundada sobre la premisa de mantener una total pobreza.

No toda la riqueza de los templarios podía gastarse en ayudar a los pobres o en combatir a los musulmanes. Una buena cantidad de la misma parece haber sido invertida en vino y otros placeres de la carne. Pronto, «beber como un templario» se convirtió en una frase común para describir a alguien con un gusto excesivo por la uva, y el idioma alemán incorporó una nueva descripción para una casa de mala fama: *tempelhause*.

Con una vida de lujo y comodidad, ¿quién querría usar un cilicio entre los musulmanes de Palestina? No los templarios, que parecían más interesados en adquirir nuevas riquezas que en defender la fe cristiana. Sus hermanos de armas originales, los hospitalarios, también habían desviado sus valores hacia estímulos mercenarios más que espirituales. Ellos también habían soslayado el acento puesto en el sacrificio y la caridad, volviéndose tan efectivos en el campo de batalla como los mismos templarios. Durante varios años, los dos grupos se criticaron recíprocamente, hasta que, en 1259, entablaron una batalla —iniciada por los soldados del Templo, se decía— para apoderarse del tesoro de sus rivales. Más fervorosos (y quizás más numerosos), ganaron los hospitalarios, haciendo pedazos a todo templario que cayó en sus manos. Al poco tiempo, los templarios se retiraron a Europa, donde, después de todo, estaba el dinero.

Para 1306, los templarios estaban cómodamente instalados en Chipre, bastante cerca de Palestina como para mantener la premisa de que seguían comprometidos en su misión original, y lo suficientemente lejos como para no tener que atacar a los musulmanes y poder disfrutar los beneficios de su riqueza. En esos años, el papa

Clemente V, que había asumido el trono papal sólo unos meses antes, decidió encarar los rumores de que los templarios estaban involucrados en «incalificable apostasía en contra de Dios, en detestable idolatría, execrable vicio y muchas herejías». Mandó a llamar a Roma al gran maestre de los templarios, un hombre carismático llamado Jacques de Molay, para que diese una explicación.

De Molay, una de las figuras más coloridas de la historia, superaba los seis pies de altura y tenía un porte y una apariencia que servirían para calificarlo como una celebridad medieval del mundo del espectáculo. Nacido hacia 1240 en Burgundia en el seno de una familia de la nobleza menor, De Molay se unió a los soldados del Templo a los veinticinco años y sirvió valientemente en Jerusalén durante las siguientes dos décadas antes de ser elegido gran maestre a la edad de cincuenta y cinco años.

Llegó a Roma con sesenta caballeros del Temple, llevando además ciento cincuenta mil florines de oro y una considerable cantidad de plata, todo ello obtenido por los templarios en sus diversas incursiones en el Próximo Oriente. Se fue unos días más tarde con el equivalente papal de una disculpa. Clemente explicó que «como no nos pareció probable ni creíble que hombres de esa religiosidad, que (...) mostraron grandes y numerosos signos de devoción tanto en los oficios divinos como en los ayunos (...) hubieran olvidado hasta tal punto su salvación como para hacer esas cosas, no deseamos prestar oído a esa clase de insinuaciones». Puede que De Molay abandonara Roma con la aprobación de Clemente resonando en sus oídos, pero dejó los florines y la plata.

La imagen de los dos templarios a caballo, como se advierte en su sello, era una muestra de confraternidad, pero las generaciones posteriores creyeron ver en ella una referencia sexual.

Sospechando un soborno, Felipe el Hermoso, el rey de Francia, se indignó. Quien fuera una vez protector de los templarios se volvió ahora contra ellos, en parte como reacción a su escandaloso estilo de vida, y en parte por su poder y riqueza crecientes; temía lo primero y codiciaba lo segundo. La orden del Temple, determinó Felipe, sería disuelta, y su tesoro, almacenado en su mayor parte en los dominios de Felipe, sería puesto en manos de la corona. Para lograr eso, Felipe empleó un recurso conocido por el aficionado a las historias policiales contemporáneas: un informante que estaba en prisión.

Squin de Flexian,[3] un ex templario encarcelado por cargos de insurrección y que enfrentaba una segura sentencia de muerte, se enteró de la animosidad de Felipe hacia la organización. Llamando a su carcelero, De Flexian anunció que tenía oscuros secretos de los templarios que contarle al rey. Eso bastó para que De Flexian se ganara un viajecito a París, donde divagó por una letanía de cargos contra los templarios, como alianzas secretas con los musulmanes, ritos de iniciación que incluían escupir la cruz, preñar mujeres y matar a sus recién nacidos, y ceremonias que encerraban diversos actos de libertinaje y blasfemia. Como era de suponer, los cuentos de De Flexian cautivaron al monarca y su corte, que no se cansaban de escuchar los fascinantes detalles. ¿Libertinaje? ¿Blasfemia? ¿Alianzas con el enemigo? ¿Ceremonias secretas? ¿Qué monarca podía negarse a tomar medidas contra esos demonios, sobre todo con varios miles de florines de oro, incontables tesoros de plata y extensas tierras y castillos que esperaban ser confiscados?

El 13 de octubre de 1307,[4] en una acción digna de un comandante militar brillante, en ataques coordinados se arrestó a los templarios en toda Europa, produciéndose en Francia las detenciones más bruta-

---

3. Otras fuentes se refieren al citado personaje como Esquin de Floyran. [N. del T.]
4. Ese día fue un viernes, dando origen a la superstición de que los viernes 13 ocurren hechos desafortunados. [N. del A]

les. Bajo tortura, muchos templarios, incluido De Molay, confesaron actividades similares a las descritas por De Flexian (quien fue colgado por sus cargos). Durante varios años, los templarios encarcelados trataron de defenderse de los viles cargos presentados en su contra por el rey, hasta que, en 1313, el papa anunció la abolición de la orden. Dependiendo de su jerarquía, su admisión de la culpa y su sinceridad en la reprobación de sus pecados, los miembros fueron desterrados o liberados, con excepción de De Molay y tres de sus cómplices más cercanos.

Llevados ante un tribunal papal en un escenario montado frente a la catedral de Notre Dame, los cuatro templarios estaban a punto de ser sentenciados a pasar el resto de su vida en prisión cuando De Molay se levantó para hablar. Con lenguaje directo e inspirado, el gran maestre declaró su inocencia y negó las confesiones hechas bajo tortura, muchas de las cuales incriminaban a otros soldados del Templo. Su firme negativa a admitir que hubiese obrado mal y su petición de una oportunidad para defender su inocencia ante el papa fueron apoyadas por el hermano del delfín de Auvergne, uno de los otros tres templarios acusados de delitos similares.

El tribunal se quedó sin habla. Esperaba que los templarios aceptaran su destino en silencio, agradeciendo que les hubieran perdonado la vida. Al escuchar las noticias, el rey francés no se quedó sin habla en absoluto. Estaba furioso, y ordenó que los dos hombres no sólo fuesen quemados en la hoguera, sino que fuesen quemados despacio, para que sufrieran una agonía tan larga como fuera posible.

Al día siguiente, De Molay y Guy d'Auvergne fueron llevados hasta la punta de la Île de la Cité que mira río abajo, un sitio conocido hoy como el Square du Vert-Galant, uno de los lugares más atractivos de todo París. Todavía declarando su inocencia, fueron desnudados y atados a postes. Entonces, en palabras de un erudito en la historia de la orden:

> Las llamas les fueron aplicadas primero a sus pies y luego a sus partes más vitales. El olor fétido de su carne que se quema-

ba infestaba el aire en derredor y aumentaba sus tormentos; pero seguían insistiendo en sus declaraciones [de inocencia]. Al final, la muerte puso fin a su sufrimiento. Los espectadores derramaron lágrimas ante la vista de su constancia, y a la noche sus cenizas fueron juntadas para ser conservadas como reliquias.

El tesoro de la orden de los Templarios fue confiscado por Felipe, quien reclamó la mayor parte del premio para cubrir los gastos acarreados por el juicio y la ejecución de sus miembros. Lo que sobró lo distribuyó entre los hospitalarios y Eduardo II, el monarca de Inglaterra, quien había aceptado con cierta renuencia desterrar a los templarios de su reino.

La leyenda dice que De Molay, mientras lo ataban al poste para su ejecución, predijo que el papa Clemente lo seguiría en menos de cuarenta días y que el rey se les uniría en menos de un año. Si lo hizo, tenía razón. Clemente murió de cólico al mes siguiente y, mientras su cuerpo yacía en capilla ardiente, un incendio arrasó la iglesia y consumió casi todo su cadáver. Pocos meses más tarde, Felipe cayó de su caballo y se rompió el cuello.

En otro incidente, más contemporáneo, se señaló a De Molay como la fuente de la figura marcada en el misterioso Manto de Turín. Exhibido por primera vez en 1357, se decía que el manto había sido recuperado en Constantinopla por los cruzados que saquearon la ciudad en 1307. La aparente marca de una figura con barba gra-

Jacques de Molay murió como un mártir y contribuyó a limpiar la empañada reputación de la orden.

bada en la tela se atribuyó a Cristo, sugiriéndose que el manto se había usado para envolver su cuerpo tras bajarlo de la cruz. Pero las pruebas de carbono 14 revelaron que la tela de la prenda databa de fines del siglo XIII, dando origen a la hipótesis de que el manto se hubiera usado para envolver a De Molay después de una de las sesiones de tortura que soportó durante sus años de encarcelamiento. El tamaño y la apariencia de la imagen marcada en la tela podrían corresponder a De Molay —tan fácilmente como a cualquier otro—, reforzando el halo de misterio sobre el martirio del gran maestre.

Las acciones de Felipe, Eduardo y otros gobernantes que fueron convencidos de seguir el ejemplo francés no lograron aniquilar a los templarios, y los miembros restantes de la sociedad mantuvieron la estructura de la organización de forma totalmente clandestina, por temor a compartir el mismo destino que De Molay y Guy d'Auvergne. Las actividades secretas conducidas bajo el liderazgo de De Molay fueron realzadas y santificadas. Algunas fuentes sostienen que documentos redactados por De Molay poco antes de su muerte designaron a Bertrand du Guesclin como su sucesor en el cargo de gran maestre de la orden, y que el puesto, a lo largo del tiempo, fue ocupado por una sucesión de ciudadanos franceses prominentes, entre ellos varios príncipes de la casa de Borbón.

Más duradera, sobre todo entre los franceses, fue la sospecha de que Felipe no consiguió apoderarse de todos los tesoros de los templarios. Han abundado durante siglos las historias sobre inmensos tesoros de oro y joyas escondidos a la espera de que alguien los descubra. Una de esas historias se relaciona con la encantadora capilla de Rosslyn, cerca de Edimburgo, cuyos intrincados grabados en piedra, sostienen algunos, son un código secreto comprendido únicamente por templarios y masones. Supuestamente, al ser descifrado, el código identifica el lugar donde están el Santo Grial y la fortuna de los templarios, escondidos ambos en las cercanías. El vínculo de la capilla con los templarios es cuestionable, porque fue construida ciento setenta años después de la muerte de De Molay, pero la historia se mantiene firme, a pesar de que una extensa investigación y una serie de excavaciones no revelaron nada remotamente valioso o de interés ni en los alrededores ni debajo de la capilla. Otra leyenda sugiere que gran parte de la riqueza de los templarios está enterrada en Oak Island, frente a la costa de Nueva Escocia.

Hoy pueden abundar las historias sobre los tesoros templarios, pero no los templarios reales, salvo, quizás, vía un linaje que se extiende hasta los masones de nuestros días. Los masones se han mostrado indecisos con respecto a su vínculo con los templarios. Por un lado, la idea de los masones como descendientes directos de los templarios mártires le agrega un aura de misterio y de grandeza a la organización; cualesquiera que fuesen sus faltas, el bruñido del tiempo benefició la imagen de los soldados del Temple, y ahora se los ve comúnmente como nobles caballeros sacrificados para provecho de un rey ladrón y un papa pérfido. Por el otro, no existe ninguna asociación histórica directa entre los templarios y los masones, lo que, por supuesto, no ha impedido que la especulación desmedida y la fábula exagerada los hayan relacionado. Una organización como la masonería, que busca ser reconocida y admirada por mantener un alto nivel de comportamiento moral, ¿debe alentar una relación que no tiene ninguna base en la realidad? Este último punto dejó de ser una preocupación seria, porque, dadas la merma de miembros y recientes debacles, a los masones podría convenirles bañarse en la gloria irradiada por los templarios.

El movimiento masón ha decaído mucho y violentamente, sobre todo en Estados Unidos, donde una vez tuvieron su mayor fuerza y esplendor. Cualquier análisis de la historia de Estados Unidos muestra a los masones detrás de cada tratado, batalla y estatuto, y a sus miembros ocupando los cargos de secretario de Estado, general del ejército y juez de la corte suprema. Desde George C. Marshall, pasando por los generales John J. Pershing y Douglas MacArthur, hasta los jueces de la corte suprema Earl Warren y Thurgood Marshall, los masones dominaron asientos del poder norteamericano en mayor número que cualquier otra organización. No menos de dieciséis presidentes estadounidenses declararon orgullosamente su condición de masones.

Pero ése no es un fenómeno exclusivamente norteamericano. Sir Winston Churchill, el primer ministro de Canadá, John Diefenbaker, y por lo menos cuatro presidentes de México ocuparon altas posiciones dentro de la masonería. ¿Alguna otra sociedad cerrada puede alegar una influencia tan grande en cargos de poder durante tantos años?

Una prueba más convincente, si uno decide creer a los amantes de las conspiraciones, puede hallarse en bolsillos, carteras y billeteras de todo el planeta. El billete de un dólar norteamericano tiene en el reverso el Gran Sello de Estados Unidos, un símbolo que, muchos creen, confirma el dominio y el control masónicos del país. El sello muestra un ojo dentro de un triángulo, flotando sobre una pirámide aparentemente inconclusa. En la base de la pirámide se lee 1776 grabado en números romanos (MDCCLXXVI), y el dibujo está enmarcado por dos frases en latín: ANNUIT COEPTIS (*La providencia ha favorecido nuestros emprendimientos*) y NOVUS ORDO SECLORUM (*Un nuevo orden de los tiempos*). Según aquellos que temen a los masones, el ojo y la pirámide son símbolos masónicos, y la forma en que se ostenta el emblema indica que su poder no está puesto en entredicho.

¿O sí lo está? Los masones usan desde hace mucho el triángulo como símbolo de su pertenencia a la logia, pero sólo porque representa una escuadra, un instrumento utilizado por los albañiles que fundaron la organización. En cualquier caso, el Gran Sello de Estados Unidos muestra no un triángulo, sino una pirámide, elegida porque representa la fuerza y la estabilidad, cualidades importantes para un país que nace. El ojo representa la visión todopoderosa de Dios, y nada más, y si bien es cierto que está enmarcado en un triángulo, las formas triangulares son comunes entre las sociedades cristianas desde hace siglos, al representar la Trinidad del Padre, el Hijo y el Espíritu Santo.

La evidencia histórica respalda esta interpretación. Escribiendo en

El Gran Sello en el billete de dólar estadounidense. ¿Es prueba de una conspiración masónica?

nombre de los masones en 1821, Thomas Smith Webb señaló que los masones no adoptaron ni el ojo ni el triángulo como símbolos sino hasta 1797, catorce años *después* de que el congreso norteamericano aprobara el Gran Sello. Webbs explica los componentes del sello en fina prosa victoriana de los comienzos: «... aunque nuestros pensamientos, palabras y actos puedan esconderse de los ojos del hombre, ese Ojo que Todo lo Ve, al cual el Sol, la Luna y las Estrellas obedecen, y bajo cuya vigilante atención incluso los cometas decriben sus magníficas revoluciones, penetrará hasta las profundidades más íntimas del corazón humano, y nos recompensará de acuerdo con nuestros méritos». Algunos escépticos le creyeron. La mayoría no.

Los masones llevan dos siglos tratando de quitarse de encima la vinculación con el Gran Sello de Estados Unidos, sin poder conseguirlo. También han tratado de rechazar la teoría según la cual la organización está decidida a realizar actos de venganza en nombre de los templarios por los abusos cometidos contra éstos hace casi ochocientos años. Y niegan además su asociación con los Iluminados, una organización de intelectuales librepensadores cuyo objetivo, doscientos años antes de la CNN, era nada menos que el control global del pensamiento social y político, o haber instalado figuras populares en puestos de poder para llevar adelante estrategias masónicas secretas.

Caballeros cruzados, descendientes movidos por la venganza, la subversión como moneda común, tiranos internacionales, celebridades insurgentes... ¿qué hay realmente detrás del movimiento masónico? Como ocurre con todas las sociedades secretas, la realidad sugiere a un tiempo más y menos de lo que la mirada revela.

Aunque algunos intérpretes excéntricos sostienen que el primer masón fue Adán (los mismos que afirman que los supervivientes del grupo de De Molay escaparon a América adelantándose doscientos años a Colón), el origen de los masones es tan simple y directo como su nombre.[5] En la Inglaterra del siglo XVII comenzaron a formarse organizaciones de artesanos que buscaban ocultar de algún modo los conocimientos especializados de su oficio para evitar que gente ajena a la profesión pudiera sacar provecho de ellos. Los gremios anunciaron que estaban fijando pautas de calidad entre los artesanos; fueron menos directos en cuanto a su objetivo de procurarles un mayor ingreso a sus miembros, restringiendo el número de personas cualificadas para afiliarse y elevando por lo tanto el precio de los trabajos.

Entre los artesanos más poderosos de su época estaban los albañiles, quienes tenían las herramientas y la habilidad necesarias para construir muros sólidos y rectos. La prueba de su destreza puede verse en toda Gran Bretaña, donde muchas construcciones de piedra se mantienen tan sólidas hoy como el día en que fueron hechas, hace cuatrocientos años. La habilidad de los albañiles se clasificaba en tres niveles: aprendiz, oficial albañil y maestro albañil. Cada nivel de habilidad ascendía al albañil a una categoría o grado de reconocimiento más alto, permitiéndole en consecuencia cobrar más por su oficio. El secreto pasó a ser primordial entre los masones, que elegían cuidadosamente a sus colegas y les hacían jurar a los nuevos iniciados absoluta reserva sobre las técnicas que ellos habían aprendido a lo largo de siglos. Para facilitar el control de sus miembros y

---

5. El término inglés *mason* significa albañil. [*N. del T.*]

asegurar que los secretos se mantuvieran ocultos, los masones se organizaron en pequeñas logias comunitarias, eligiendo cada una de ellas un líder o maestro.

Lo que comenzó como una organización de artesanos se transformó en algo totalmente diferente en junio de 1717, cuando los líderes de cuatro logias de Londres se reunieron en la taberna Apple Tree para formar una Gran Logia de Francmasones.[6] Los objetivos de la Gran Logia iban más allá de los del gremio de artesanos original, asumiendo la categoría de una seudorreligión que reflejaba los valores protestantes establecidos. Los miembros juraban trabajar dentro de los principios cristianos, racionalizar las enseñanzas de Cristo y vaciar de misterio el cristianismo mediante la aplicación de la lógica y el análisis científico. Eso marcó el comienzo de la masonería como poder global.

La idea masónica se expandió a Francia y el resto de Europa, y en ese proceso se expandió también su red de reclutamiento para atrapar un espectro más amplio de miembros. Ya no restringida únicamente a colegas del gremio, la masonería comenzó a acoger a hombres de certificada estatura social, proporcionándoles una fraternidad en la que podían intercambiar ideas, buscar intereses comunes y hacer importantes contactos comerciales y profesionales. Conservando el juramento de secreto entre sus miembros, el movimiento agregó una ceremonia de iniciación de carácter místico. Poco después empezó a difundirse la intriga histórica que vincula a los masones con los templarios.

Hace trescientos años, un lazo histórico con mártires románticos les acarreaba a las organizaciones y los individuos tanto prestigio como les acarrea hoy. Añadiendo nuevos detalles y matices a la base fraternal de la agrupación, los masones comenzaron a reivindicar su descendencia de los caballeros templarios. La hipotética combinación transformó una asociación originalmente basada en las pre-

---

6. Literalmente, *masones o constructores libres.* [*N. del T.*]

ocupaciones prácticas de artesanos en una hermandad de comerciantes y profesionales de clase alta.

Cuando la vinculación con los templarios tomó cuerpo, muchos masones entusiastas empezaron a construir un halo de misterio en torno de su grupo. Como todos los misterios, éste adquirió con el tiempo una pátina de autenticidad. Los masones escoceses aseguraron que varios de los más fieles seguidores de De Molay habían escapado a Francia y huido desde allí a Escocia tras la ejecución de su líder. Algunos llegaron más lejos, sosteniendo que el propio De Molay había escapado a la ejecución y llegado a Escocia, donde peleó junto a Robert Bruce en la batalla de Dupplin, en 1332, y en la batalla de Durham, en 1346.[7]

Los masones señalan como primer registro de la conexión entre los templarios y su orden una frase pronunciada en 1737 en la Gran Logia de Francia por un masón llamado Chevalier Ramsay. Ramsay sostenía que la masonería databa de «la estrecha asociación de la orden con los Caballeros de San Juan de Jerusalén» durante las cruzadas, y que las «antiguas logias de Escocia» preservaron la auténtica masonería, abandonada por los ingleses. De esa conexión histórica bastante dudosa derivó el Rito Escocés o, como lo identifica la constitución masónica, el Anticus Scoticus Ritus Acceptus, el Antiguo y Aceptado Rito Escocés. Una explicación más verosímil proviene de la emigración, a mediados del siglo XVIII, de masones escoceses e irlandeses a la región de Bordeaux, en Francia, donde fueron identificados como los Ecossais.

Los Ecossais aumentaron los tres grados originales de la masonería llevándolos primero a siete y luego a veinticinco, que terminaron convirtiéndose en los treinta y tres grados de hoy. Los masones

---

7. En reconocimiento del liderazgo y el martirio de De Molay se fundó una fraternidad de jóvenes de trece a veintiún años, la Orden Internacional de De Molay. Bajo la dirección de consejeros masones, la misma es esencialmente un servicio de reclutamiento de la organización madre. [N. del A.]

que prefieren avanzar más allá de los tres grados básicos se unen al Rito Escocés.

Los colonos norteamericanos fundaron una logia masónica en Boston, Massachusetts, en 1733. Los miembros de esa primera logia estadounidense aumentaron de forma espectacular, y para la Revolución norteamericana había registradas más de cien logias. De hecho, fueron miembros de la Logia Masónica St. Andrew los que dieron el puntapié inicial a la Revolución con la Fiesta del Té de Boston, cuando se vistieron de indios *mohawk* y arrojaron el té británico a las aguas del puerto para protestar por los impuestos injustos. Al igual que en Inglaterra, los masones norteamericanos representaban los hombres más ambiciosos, capaces e influyentes de la sociedad, por lo que no sorprende que cincuenta y uno de los cincuenta y seis firmantes originales de la Declaración de Independencia se identificaran como masones. Con tantos rebeldes prominentes activamente comprometidos, es razonable sostener que los masones instigaron la Revolución más que cualquier otro grupo particular. La lista incluía a figuras como George Washington, Benjamin Franklin, John Adams, Patrick Henry, John Hancock, Paul Revere, John Paul Jones, Ethan Allen, Alexander Hamilton y, para la posterior decepción de sus compatriotas masones, a Benedict Arnold. Lograda la independencia, los masones norteamericanos cortaron todo lazo con Gran Bretaña y fundaron en 1777 una Gran Logia Americana.

Los masones de Estados Unidos fortalecieron su organización, refinaron sus procedimientos y extendieron su influencia fuera de los salones de la logia más que sus colegas de cualquier otro país. Junto con el acento en los rituales y el secreto, su crecimiento y su poder generaron especulación sobre sus verdaderas intenciones, alentada al principio por las prácticas y políticas masónicas; cuanto más misterio se asociara a la orden, más se veía a sus miembros como hombres poderosos involucrados en actividades oscuras. Se tomó la decisión de no diluir esa idea, sino de reforzarla de todas las formas posibles. Por ejemplo, como emplazamiento del Consejo Supremo de la Masonería de Rito Escocés se eligió la ciudad de Charleston, Carolina del Sur, porque se encuentra en el paralelo 33, remedando los treinta y tres grados de la masonería.

A la gente de afuera, ese tipo de esfuerzo consciente por generar misterio le resultaba o bien divertido o bien amenazante, y con los años se hicieron una serie de afirmaciones fantásticas sobre los verdaderos objetivos de los masones. Se les atribuyeron algunas prácticas y hechos bastante sorprendentes, entre los que se incluyen:

Los masones están aliados con los Illuminati. Se dice que, como las muñecas rusas, existen sociedades secretas dentro de otras, que los grupos grandes ocultan divisones más pequeñas, más concentradas, en virtud de antiguas alianzas, y una de las afirmaciones más persistentes es que los casi benignos masones albergan secretamente en su seno a miembros de los Illuminati.

Los Illuminati, en opinión de esos alarmistas, son la gente que mueve los hilos de los titiriteros que creen estar moviendo los hilos atados a otras marionetas. Sombras dentro de otras sombras, supuestamente hay miembros de los Illuminati detrás de bambalinas entre los masones y otros grupos, incluidos el Priorato de Sión, los practicantes de la cábala, los rosacruces y, en una competencia de extremos teológicos, los Sabios de Sión.

Fundados en 1776 por Adam Weishaupt, un erudito jesuita de Bavaria al que se ha descrito como «un ratón de biblioteca con poco sentido práctico y sin la necesaria experiencia en el mundo», los Illuminati o Iluminados nacieron como una sociedad secreta cuyos verdaderos objetivos sólo les serían revelados a sus miembros cuando hubieran alcanzado un grado «sacerdotal» de conciencia y discernimiento. Aquellos que lograban sobrevivir al proceso de selección y preparación instituido por Weishaupt finalmente se enteraban de que eran piezas de un engranaje político filosófico regulado por la razón, una extensión extrema de la educación jesuítica de «la razón por encima de la pasión» en la que se formó su fundador.

74

Gracias a los Iluminados, la gente se liberaría de sus prejuicios y se volvería madura y moral, dejando atrás las restricciones religiosas y políticas de la Iglesia y el Estado.

Pero no se podría lograr esa utopía sin esfuerzo. Los Iluminados debían observar a toda persona con la que entraran en contacto social, reuniendo información sobre cada individuo y presentando informes sellados a sus superiores. De esa forma controlarían la opinión pública, limitarían el poder de príncipes, presidentes y primeros ministros, silenciarían o eliminarían elementos subversivos y reaccionarios y sembrarían miedo en el corazón de sus enemigos. «En el seno de la más profunda oscuridad», escribió uno de los primeros críticos del movimiento, «se ha formado una sociedad, una sociedad de seres nuevos, que se conocen unos a otros aunque nunca se han visto, que se entienden unos a otros sin explicaciones, que se sirven unos a otros sin amistad. De la regla jesuita, esa sociedad adopta la obediencia ciega; de los masones toma las pruebas y las ceremonias, y de los templarios saca misterios subterráneos y gran audacia.» Sin duda, era una fuerza a tener en cuenta.

Una de las primeras estrategias de Weishaupt fue aliarse con los masones, una jugada que inicialmente resultó exitosa. En pocos años, había «masones Iluminados» operando en varios países de Europa. Pero, al escaparse los detalles de sus verdaderos propósitos, la actitud pública se volvió en contra de ellos hasta que, en agosto de 1878, Bavaria declaró que reclutar Iluminados era un delito capital. Eso hizo que la sociedad se volviera aún más clandestina, pero también convenció a Weishaupt de que su visión tenía defectos. Después de renunciar a la orden que había creado y escribir varias apologías para la humanidad, Weishaupt se reconcilió con la religión católica y pasó sus últimos años ayudando a construir una nueva catedral en Gotha.

Durante la corta duración de los Iluminados circularon rumores de que la sociedad era responsable del estallido y el avance de la Revolución francesa, una afirmación que resulta casi risible en vista del acento que el grupo ponía en la razón antes que en la pasión. Pocos acontecimientos de la historia fueron impulsados por pura pasión de la forma en que lo fue el derrocamiento de la corona francesa.

El breve baile de los Iluminados con los masones dio origen a una fábula que se mantiene vigente hasta el día de hoy entre algunos adictos a las conspiraciones. Diversos críticos antimasones insisten en que maestros de los Iluminados siguen controlando a los masones y a otras sociedades secretas, dedicadas a poner en práctica el plan original de Weishaupt para dominar el mundo. Pero, aunque los Iluminados sean vistos como una presencia tenebrosa entre o dentro de otras sociedades secretas, nadie parece poder identificar actos específicos que puedan atribuírseles. Y, a diferencia de lo que ocurre con todas las otras sociedades secretas examinadas en este libro, nadie entre los Iluminados ha roto jamás el juramento de silencio para revelar su funcionamiento interno. Si uno recurre exclusivamente a la lógica, sospecha que los Iluminados son una organización fantasma sin objetivos ni miembros. Si uno les teme a las sociedades secretas, cree que son suficientemente poderosas para negar su propia existencia.

Los masones asesinaron al presidente de Estados Unidos George Washington. Según esta teoría, Washington renunció a los masones y trató de exponer ante el mundo las acciones más censurables del grupo. Supuestamente, estaba furioso con la idea de los masones de erigir en su honor un monumento con una forma que los conspiradores llamaban un obelisco pero que el presidente consideraba algo muy distinto, refiriéndose al mismo como el Falo de Baal. Para silenciar al Padre de Su Nación, dice la historia, médicos masones le hicieron cuatro sangrías el día en que murió. Los masones ya habían arreglado que eso ocurriría el 31 de diciembre de 1799, el último día del siglo XVIII. A pesar de las objeciones del propio Washington, el fálico Monumento de Washington fue erigido de todos modos, alcanzando una altura de 555 pies, lo que coincide con el número cifrado que significa asesinato en la religión luciferiana.

Esa idea fantasiosa es lo bastante transparente como para ser casi divertida. La sangría era una práctica médica aceptada en el siglo XVIII, Washington murió el 14 de diciembre de 1799, y no el 31 de diciembre, las conversaciones sobre el Monumento de Washington no comenzaron sino hasta una semana después de su muerte, y no existe ninguna referencia creíble acerca de una religión luciferiana ni de su uso del 5 como símbolo de la muerte y del 555 como código para significar el asesinato.

En 1791 se le encargó al arquitecto Pierre Charles L'Enfant que diseñara la sede del gobierno federal de Washington D. C. Como la mayoría de sus colegas de la época, L'Enfant era masón. De acuerdo con varias fuentes, tanto Washington como Jefferson lo presionaron para que crease una serie de símbolos satánicos ocultistas, representando la masonería y marcando a perpetuidad su dominio sobre la política norteamericana. Entre los símbolos estampados en el trazado de las calles de Washington están el diabólico pentagrama, la clásica pirámide masónica y una representación del demonio mismo, todos ellos expresando las intenciones funestas de los masones y su poder absoluto sobre Estados Unidos.

El absurdo de esas afirmaciones debería ser obvio. El pentagrama no es únicamente un símbolo del mal ni juega ningún papel en

En un esfuerzo por probar el dominio de la masonería sobre la vida de EE. UU., algunos teóricos encuentran imágenes satánicas en el plano de la ciudad de Washington.

la documentación masónica. Por otra parte, ¿cómo podría su presencia afectar los asuntos norteamericanos, por no hablar de las cuestiones globales? Pueden determinarse triángulos —las pirámides son formas tridimensionales imposibles de reproducir en el diseño de calles— en el trazado de calles de cualquier ciudad de cualquier sitio del mundo, y la pretendida reproducción de Satanás podría sentirse a gusto en una clase de arte de jardín de infancia, pero no entre adultos maduros.

Los masones matan a quienes amenazan con revelar sus políticas y su agenda secretas. No se sabe mucho acerca de William Morgan, pero puede suponerse que fue un hombre de muchos defectos. Nacido en 1774 en Culpepper County, Virginia, él y su joven esposa se mudaron a Canadá, donde abrieron una destilería. Un misterioso incendio destruyó el proyecto, haciendo que Morgan regresara a Estados Unidos. Se estableció entonces en el norte del Estado de New York y, tras varios intentos fallidos, consiguió unirse a los masones. Cuando lo rechazaron como miembro de una nueva filial masónica en Batavia, New York —estaba acusado, con cierta justificación, de ser un estafador— se vengó escribiendo y publicando un libro que atacaba a la masonería. Se sucedió entonces una cadena de hechos que comenzó con un misterioso incendio en la imprenta donde se hizo el libro y que siguió con el encarcelamiento de tres masones acusados de incendio premeditado, una serie de arrestos relacionados con amenazas a los masones hechas por Morgan y una interminable batalla entre éste y la organización.

Morgan desapareció en 1826, un hecho que aparentemente alegró a la mayoría de los habitantes del lugar, quienes esperaban que la vida volviese a la normalidad. Un mes más tarde, cuando fue hallado un cadáver sumamente descompuesto flotando en el lago Ontario, muchos ciudadanos sostuvieron que eran los restos de Morgan. Su mujer primero negó que se tratara de su marido, luego admitió que era él y finalmente volvió a negarlo antes de escapar de Nueva York para convertirse en una de las numerosas esposas reconocidas por Joseph Smith, el fundador de la Iglesia mormona. Testigos posteriores informaron que Morgan fue visto en Boston, Quebec y otros lugares, con una identidad y una esposa nuevas.

A quienquiera que correspondiese el cadáver flotante, el incidente bastó para alimentar las afirmaciones de que Morgan se disponía a revelar secretos profundos y oscuros de la masonería no mencionados en su libro. Nada atrae tanto la imaginación pública como un buen misterio, sobre todo aquel que desafía la solución, y el misterio de William Morgan ha sido lo suficientemente perdurable como para sustentar la creencia en asesinos masones durante casi doscientos años.

Los rituales masónicos son satánicos y subversivos. A mucha gente que no comparte los objetivos de la hermandad masónica, una descripción más exacta de sus rituales podría resultarle tonta o infantil.

Los masones clasifican su categoría en grados que van del primero al trigésimo tercero, representando este último el pináculo de los logros personales como masón. Para obtener el primer grado, que confiere la calidad de miembro, el aspirante se viste de una manera particular y permite que lo conduzcan, con los ojos vendados, hasta una puerta cerrada. Su llamada a la puerta y su entrada simbolizan su partida del mundo exterior y su ingreso al Santuario Interno de la Masonería. Después de responder preguntas sobre su capacidad de seguir los principios masónicos y de prometer no revelar jamás los secretos de la organización, siente la punta de un compás en el pecho y escucha la pregunta: «¿Qué quieres?». Con la respuesta ritual, «¡más luz!», se le quita al iniciado la venda de los ojos y éste ve por primera vez a sus colegas; una vez más, muy simbólico.

La tontería es llevada al extremo por los Santuaristas, un grupo masónico cuyos orígenes datan de finales del siglo XIX. Los Santuaristas sólo quieren divertirse, y justifican sus extravagancias haciendo trabajo de beneficiencia en nombre de hospitales para niños. Recientemente, su imagen se ha visto manchada por revelaciones que sugieren que apenas el 25 por ciento de los ocho mil millones de dólares que reciben en donaciones para obras de caridad se gastan en actividades de beneficencia reales.

Los masones son expertos en engañar al público. En este caso, «engañar» significa *hoodwinking*[8] y, por una vez, la acusación es cierta, aunque la realidad no es lo que parece.

La ceremonia de iniciación en la que se le vendan los ojos al aspirante durante el interrogatorio implicaba originalmente cubrirle la cabeza con una capucha [hood]. A ello se asociaba la palabra *wink*, un término arcaico para decir «ojo»; así, se decía que el iniciado estaba *hoodwinked* [que tenía «los ojos encapuchados»]. Con los años, el significado de la expresión evolucionó hasta indicar un engaño, generando la afirmación de que los masones se presentan siempre como algo que no son.

El temprano éxito de los masones produjo críticos, que temían el poder conjunto de tantos masones que ocupaban cargos políticos altos, e imitadores como los *Oddfellows* [en catellano, «Raros»], que adoptaron ritos secretos de los masones aunque ignoraron sus orígenes seudohistóricos y místicos.

Uno de los sectores críticos más vehementemente opuestos a la masonería ha sido la Iglesia católica, que instituyó niveles de enemistad y sospecha entre masones y católicos casi desde la primera aparición de los masones. Ya en 1738, el papa Clemente XII condenó la masonería, diciendo: «Ordenamos a los fieles abstenerse de tener trato con esas sociedades... a fin de evitar la excomunión, que será la penalidad impuesta a todos los que contravengan esta orden». Obviamente, la Iglesia católica no estaba sólo molesta; estaba furiosa y, quizás, amenazada.

Pocos años más tarde, Benedicto XIX, el sucesor de Clemente, identificó seis peligros que la masonería representaba para los cató-

---

8. El autor explica seguidamente el origen del sinónimo «hoodwinking», que también significa «engañar». Al encerrar el término un juego de palabras, no pareció apropiada su traducción. Se incluyen en el texto dos aclaraciones entre corchetes. [*N. del T.*]

licos: 1) el interconfesionalismo (o interfé) de los masones; 2) su secreto; 3) su juramento; 4) su oposición a la Iglesia y el Estado; 5) la interdicción pronunciada contra ellos en varios países por los jefes de esos Estados y 6) su inmoralidad.

Ésa no es una diferencia meramente académico-teológica; durante casi trescientos años, la Iglesia católica prácticamente ha equiparado a los masones con un grupo de demonios. A finales del siglo XIX, León XIII describió a las logias masónicas como «abismos sin fondo de desgracia que fueron cavados por esas sociedades conspiradoras en las que las herejías y las sectas han, puede decirse, vomitado como en un lavatorio todo lo que tenían adentro de sacrilegio y blasfemia». Obviamente, la idea de caridad cristiana de León XIII tenía sus límites.

Esta acritud del siglo XVIII no ha disminuido con la faceta más ilustrada del siglo XXI, ni se limita a la tradicional animosidad católica. En noviembre de 2002, el arzobispo de Canterbury, Dr. Rowan Williamson, declaró la masonería incompatible con el cristianismo debido a su carácter secreto y sus creencias «posiblemente de inspiración satánica». En Estados Unidos, una declaración anterior hecha por la Convención Baptista del Sur acusó a los masones de realizar rituales paganos basados en el ocultismo, llevando a los dieciséis millones de miembros de la asamblea a tachar la masonería de «sacrílega».

Los líderes religiosos no son las únicas personas que condenan a los masones. Desde el punto de vista seglar, la masonería es susceptible también de los cargos de segregación racial y prejuicio genérico. Sectores del movimiento siguen manteniendo logias de blancos y de negros separadas, con muchos grupos blancos que resisten no sólo la integración, sino el reconocimiento pleno de sus hermanos negros. Éstos ignoran de forma conveniente el hecho de que entre los masones negros se contaron, además de Duke Ellington, figuras célebres como Nat *King* Cole, el juez de la suprema corte de Estados Unidos Thurgood Marshall, el escritor Alex Haley y ese aguijón político que es Jesse Jackson.

Tanto los masones negros como los blancos descartan toda sugerencia de que la hermandad admita mujeres en sus listas de miembros, como ha hecho el Rotary Club desde que se lo ordenó la corte suprema de Estados Unidos en 1987. «La masonería es una fraternidad», espetó Douglas Collins, un masón de Texas con categoría de maestro honorable. «*Frater* significa hermanos varones. Punto. Cualquier gran logia importante de Estados Unidos que gaste esa broma [admitir mujeres] va a ser omitida de las relaciones fraternales por el resto de ellas. Va a ser una gran logia marginada.»

O tal vez todas ellas se marchitarán en una parra que está encogiéndose rápidamente. En Norteamérica, los clubes profesionales de hombres alcanzaron su número máximo de miembros en las décadas de 1920 y 1930, entrando en un largo declive en los años que siguieron a la Segunda Guerra Mundial. Durante la década de 1960, el número de masones norteamericanos se estimaba en cuatro millones; para el año 2000, había descendido aproximadamente a 1,8 millones a medida que la sociedad se alejaba de las logias en busca de otros modos de identificación grupal tales como los equipos de deporte profesionales y los grupos de música. En números, y sobre todo en poder, los masones son una sombra de la organización que ejerció influencia durante todo el siglo XIX y buena parte del siglo XX.

A pesar de la cantidad decreciente de miembros y de su perfil más bajo, algunas personas todavía consideran que los masones son una amenaza para el mundo en general y para Estados Unidos en particular, y estos últimos siguen siendo la primera organización que viene a la mente de muchos cuando se les pide que definan una «sociedad secreta». Pero ¿cómo de secreta puede ser una organización cuando sus diferentes lugares de reunión están claramente identificados, así como sus miembros más prominentes? ¿Y cómo de terribles pueden ser las intenciones de una sociedad secreta cuando entre los miembros de grado más alto de su historia se incluye a Duke Ellington, un candidato con pocas posibilidades de hacer algo más subversivo que un solo de piano?

La remota relación de masones, templarios e Iluminados, junto con la gran cantidad de miembros que ocuparon cargos políticos importantes, alimenta suposiciones descabelladas entre aquellos que son propensos a dar por sentado que cualquier cosa oculta debe ser, por definición, mala. Pero eso no es sino especulación exagerada. Casi nadie les atribuye acciones o intenciones malignas a los Santuaristas, alegres masones cuyas excentricidades pueden ser aburridas para algunos, y cuyas obras de beneficencia pueden ser menos abarcadoras de lo que sus miembros sugieren.

Los principales medios de comunicación rara vez tratan aspectos negativos de la masonería o afirmaciones sobre sus supuestos poderes universales. De hecho, la cobertura mediática de los masones se produce sólo en respuesta a hechos que causan cierta conmoción pública, como el incidente que tuvo lugar en marzo de 2004 en el sótano de una logia masónica de Long Island. Esa noche, William James, de cuarenta y siete años, se reunió en la logia con una docena de masones confirmados que debían iniciarlo en la orden. Sabiendo que la ceremonia estaría pensada para asustarlo y generarle confianza en sus colegas de fraternidad, James llegó esa velada lleno de excitación y expectativas.

Tras pasar por lo de golpear la puerta con los ojos vendados y la solicitud de «¡más luz!», se le pidió que pusiera la nariz en una guillotina de imitación. Cuando la guillotina dejó intacta su nariz, le ordenaron que caminara cuidadosamente entre varias trampas para ratas y que caminara luego sobre una tabla.

No ocurrió nada sorprendente hasta la parte más dramática de la ceremonia, que consistía en ponerse delante de un estante en el que había dos latas vacías. A una señal, un hermano masón iba a disparar un revólver apuntando hacia James y las dos latas caerían ruidosamente del estante, convenciendo a James de que el arma realmente había estado cargada.

Los disparos estarían a cargo de Albert Eid, de setenta y siete años de edad, quien llegó a la ceremonia con un revólver calibre 22 en un bolsillo y un revólver calibre 32 en el otro. El revólver más pequeño estaba cargado con cartuchos de fogueo; el 32, con balas reales. A una señal de uno de los hermanos, Eid extrajo un revólver del bolsillo y, en vez de apuntar a las latas vacías, apuntó directamente a William James y disparó. Había sacado el arma equivocada. La bala perforó la cabeza de James y lo mató instantáneamente.

Los líderes masones rápidamente se distanciaron de la tragedia, señalando que el rito no tenía nada que ver con tradiciones o ceremonias genuinamente masónicas. Los antimasones tuvieron poco que decir al principio. Después de una tragedia como ésa, ¿podía alguien seriamente considerar a los masones una sociedad peligrosa? Después vinieron los revisionistas. En menos de un año, circulaban en Internet y por todas partes historias de que la muerte de James no había sido ningún accidente. A Eid le habían ordenado eliminar a James porque el aspirante a punto de ser iniciado había planeado infiltrarse en la organización y revelar sus verdaderas actividades clandestinas. Ignorando el hecho de que Eid era uno de los amigos más viejos e íntimos de James, y, por lo tanto, la persona menos susceptible de sospecha para atribuirle el asesinato, los teóricos recalcaron el trato benévolo que Eid recibió de los jueces, quienes declararon la muerte una tragedia sin sentido y emitieron una sentencia de cinco años en suspenso. Eso, dijeron los teóricos, era una prueba de que los masones controlaban tanto los medios como el sistema judicial.

Había nacido una nueva leyenda. Si los masones duran algunos siglos más, William James tal vez sea relacionado con William Morgan como otra víctima trágica de los masones y de las maquinaciones de su sociedad secreta.

Capítulo III

El Priorato de Sión

Los guardianes del Santo Grial

Si bien todas las familias tienen secretos, algunos secretos son más comunes que otros. Seguramente entre los más conocidos de los secretos familiares se cuenta un casamiento clandestino (o un arrejuntamiento) del que nace un hijo cuya existencia no es reconocida nunca. Ésa es la base del Priorato de Sión, cuyos miembros son legión, cuyos adeptos son fanáticos y cuya historia es, de acuerdo con investigadores serios, o mundana o absurda.

El cuento, hay que admitir, tiene un atractivo comprensible. ¿Quién podría resistirse a una historia en la que se ven envueltos una muerte falsa, una prostituta reformada y un linaje que vincula a individuos tan eminentes y dotados como Leonardo da Vinci, sir Isaac Newton, Claude Debussy, Julio Verne y Víctor Hugo? Mezclemos a los templarios, los nazis, un vasto tesoro oculto y la promesa de recuperar un elemento de la crucifixión de Cristo (el Grial), y la epopeya se vuelve más emocionante de lo que podría ocurrírsele a ningún guionista de Hollywood. Tan sólo por esa razón, el Priorato de Sión se vanagloria de tener miles de adeptos que dan prueba de su existencia y que sostienen que éste ha influido en los acontecimientos mundiales durante dos mil años.

A pesar de los muchos nombres célebres asociados al Priorato, la realidad indica que el cuento gira alrededor de tres personajes principales: un pobre cura de parroquia que necesitaba una explicación para la riqueza personal que había acumulado; un francés antisemita que buscaba una manera de cumplir sus sueños de guerra, y una encantadora princesa medieval. Por no mencionar a Jesucristo, su esposa y su hijo.

La base del cuento, que tiene más variaciones que las obras de Mozart, es ésta:

A pesar de la certeza de los cristianos, María Magdalena no fue ninguna meretriz de Jerusalén, sino la esposa judía de clase media de Jesús, y su unión o bien nunca se divulgó o bien se constituyó de una manera que hoy describimos como concubinato. Según cuál sea la fuente, la crucifixión de Cristo fue simulada y él y su esposa huyeron de Jerusalén para escapar de la muerte, o María Magdalena escapó sola desde Palestina después de la muerte de Cristo. En cualquiera de los casos, María Magdalena llegó a la costa de Francia, lo que indica que viajó en barco, y estaba embarazada. Además, su embarazo dio como resultado el nacimiento de un niño saludable cuyos descendientes, a lo largo de dos milenios de historia, han tenido una enorme influencia en el desarrollo mundial, aunque se le haya ocultado su existencia al público general.[1]

Es difícil imaginar una historia que pueda poner los dogmas del cristianismo más en el disparadero que la sugerencia de que María Magdalena dio a luz a un descendiente de Dios a través de Cristo. Esa premisa sola generó decenas de explicaciones de determinados hechos históricos, incluidos aquellos para los cuales de otra manera no hubiera hecho falta ninguna «explicación». Algunos, por ejemplo, buscan la creación y el éxito inicial de los templarios en la línea de descendientes de Cristo establecidos en Francia. Los que proponen esa teoría señalan a Francia como la base reconocida de la fuerza de los templarios y destacan el hecho de que su destrucción haya sido organizada por un monarca francés, quien quizás se había enterado

---

1. Según quienes proponen la teoría de la existencia del priorato, el término «santo grial» no se refiere a un cáliz o a otro utensilio usado en la Última Cena, sino a la línea de sangre que se origina en Cristo y continúa a través de sus descendientes. [N. del A.]

de la verdad sobre la herencia sanguínea de los mismos. Ésa fue la razón por la que el rey francés decidió eliminar la orden, en colaboración con un papa recién elegido y consciente de los peligros que entrañaría para la Iglesia la revelación de la verdad. El rey no estaba motivado por el miedo al poder de los templarios ni por la codicia de sus riquezas, sino por la necesidad de purificar el cristianismo.

De hecho, puede verse una extensa lista de descendientes de Jesús en los «Informes secretos» escritos en pergamino antiguo y puestos al cuidado de la Bibliothèque National en París. Muchos nombres de los informes son oscuros. Los eruditos reconocen algunos por su relación con las ciencias ocultas, especialmente durante la época medieval. Y unos pocos pueden considerse figuras históricas de primera categoría: Robert Boyle, Isaac Newton, Víctor Hugo, Claude Debussy, Jean Cocteau y, por supuesto, Leonardo da Vinci.

¿Por qué conservar registros de ese linaje distintivo y mantenerlo en secreto durante veinte siglos, sólo para hacerlo público al final del segundo milenio? Tal vez para restablecer la dinastía iniciada por María Magdalena, una estirpe que se extiende no sólo hasta el trono de Francia, sino hasta tronos de otras naciones europeas, creando un conciliábulo internacional unido por un linaje común y dedicado a controlar los acontecimientos mundiales. Ese linaje familiar, conocido como la dinastía merovingia, asumió el control de Francia alrededor del año 475 d. C., llenando el vacío de poder creado al colapsar el Imperio romano y extendiendo su influencia a lo largo de la historia a partir de ese momento.

El término «merovingio» deriva de Meroveo —el padre de Childerico I—, quien se convirtió en el primer gobernante no romano de la Galia, la región que ahora conocemos como Francia. Meroveo, dice la leyenda, podía remontar su ascendencia hasta Cristo a través de José de Arimatea. O quizás no. Mientras que algunos registros monásticos identifican a Meroveo de ese modo, el historiador Prisco sostiene que Meroveo fue engendrado por una misteriosa criatura marina, lo que explica el origen de sus conocimientos esotéricos y sus habilidades en las ciencias ocultas. Esa relación con un animal marino se considera una prueba de que a) María Magdalena llegó en un barco a las costas de Francia, donde dio a luz al hijo de Jesús; b) se ha hecho un esfuerzo para oscurecer ese hecho histórico sumiéndolo en la fábula; c) se ha hecho un intento en la otra dirección, identificando al progenitor de Meroveo con Cristo, porque el pez es un símbolo del cristianismo.[2]

La historia sigue oscura hasta que se esclarece de golpe en 671, cuando el príncipe merovingio Dagoberto II se casa con Giselle de Razes, hija del conde de Razes y sobrina del supremo rey visigodo, uniendo así dos fuerzas poderosas que habían peleado entre sí largo tiempo por el control de Francia.

Dagoberto parece ser un hombre erudito para su época. Educado en un monasterio irlandés, se casó con una princesa celta, Matilde de York, y se estableció en Inglaterra, donde se hizo amigo de san Wilfredo, el obispo de York. Al morir Matilde, el obispo le aconsejó casarse con Giselle. A juzgar por la descripción de Giselle, al parecer una belleza deslumbrante, versada en artes y educada por encima del nivel de las mujeres de su tiempo, suena como un matrimonio concertado en el cielo, o al menos en Languedoc, el área de Francia que bordea el Mediterráneo entre Marsella y la frontera española. Allí se casaron, en una vieja capilla visigótica consagrada a María Magdalena, cerca de la ciudad de Rhaede.

Por diversas ventajas geográficas, Rhaede tenía en aquel momento una población de más de treinta mil habitantes. Situada en la intersección de los caminos que se extendían por los valles aledaños, con varias fuentes de agua dulce en las cercanías, la ciudad databa de épocas prerromanas. Era un lugar natural para celebrar la unión de dos familias poderosas.

---

2. O, si se prefiere, d) los merovingios eran descendientes de seres extraterrestres que se reprodujeron con israelitas escogidos, creando una auténtica superraza. [N. del A.]

Las cosas fueron razonablemente bien al principio, sobre todo para un guerrero de la Edad Oscura. Dagoberto se las ingenió para arrebatarles de las manos lo que hoy es Francia a tres hermanos que habían reclamado las tierras tras la muerte de su padre, y Giselle lo recompensó con un hijo y heredero, un logro importante en aquellos tiempos. Mientras tanto, Dagoberto comenzó a consolidar su poder, lo que enfadó tanto a la Iglesia como a su viejo amigo Wilfredo. Como muchos gobernantes de su época, Dagoberto se creó enemigos, tantos que pocos de sus súbditos se sorprendieron cuando fue asesinado mientras se hallaba de cacería, y fue sólo por suerte, percepción o intervención divina como Giselle y su hijo Sigisberto, acompañados por un pequeño grupo de caballeros leales, escaparon de un destino similar. En lo sucesivo, Sigisberto y sus descendientes mantuvieron su linaje en secreto para los demás, aunque entre ellos conservaban registros de modo que los nuevos herederos pudieran reconocer la santidad de su ascendencia y emplearla para alcanzar alguna clase de grandeza.

Poco después, Rhaede entró en una larga decadencia como centro importante. Tras ser devastada durante una serie de enfrentamientos con España, sus habitantes padecieron terriblemente en los años de la peste. Los reiterados saqueos e incendios perpetrados por bandidos catalanes convencieron a los habitantes que quedaban de abandonar definitivamente la ciudad. La mayoría huyó tierra adentro, pero unos pocos obstinados decidieron quedarse, reconstruyendo su comunidad como una aldea llamada Rennes-le-Château.

Entre tanto, en Jerusalén se había fundado una orden monástica. Conocida como Nuestra Señora de Monte Sión, la orden trasladó más tarde sus cuarteles a San Leonardo de Acre, en Palestina, y volvió a mudarse posteriormente, esta vez a Sicilia. Allí operó durante cierto tiempo hasta ser absorbida por los jesuitas en 1617. Su historia puede confirmarse fácilmente a través de registros eclesiásticos auténticos. Todo lo que sabemos sobre la orden parece verificar que ese Priorato de Sión funcionaba como decenas de sitios similares que había en la época. Como centro de meditación y salvación, interactuaba con la comunidad circundante, jugando el habitual papel feudal-medieval de centro social, retiro inspirador y recurso cultural. Nada indica que fuese un hervidero de conspiradores, que albergara templarios que planeaban vengarse de la Iglesia ni que pudiera servir como fuente genealógica para merovingios de nuestros días. Su único papel en la historia ha sido el de proporcionar un nombre a una sociedad que afirma contar con dos mil años de influyente y a la vez amenazada existencia.

El siguiente capítulo de la historia empieza en 1885, cuando un sacerdote católico llamado Francois Berenger Saunière es enviado a la parroquia erigida en las afueras de Rennes-le-Château. Habían pasado más de mil años desde la boda de Dagoberto y Giselle que unió el reino visigodo y el linaje merovingio. La vieja ciudad estratégica de Rhaede donde se había llevado a cabo ese matrimonio era ahora una aldea de segunda fila que apenas albergaba doscientos habitantes.

Saunière[3] es una figura histórica interesante, cuya participación en lo que quizás sea la leyenda sobre sociedades secretas más atrayente de nuestro tiempo la vuelve todavía más interesante. Culto y ambicioso, el apuesto Saunière sin duda debió de decepcionarse, si no abatirse, al llegar a su nuevo destino. Situada a unos cuarenta kilómetros de Carcassonne, a la sombra de los Pirineos, Rennes-le-Château lo mismo podría haber estado en la Luna, por lo que concernía a un sacerdote con elevadas aspiraciones. A los treinta y tres años de edad, Saunière probablemente vio la asignación como el final del camino, si no el fin de sus sueños.

Para empeorar las cosas, Saunière heredó no una iglesia parroquial, sino una ruina lamentable. Buena parte del techo de la capilla faltaba, dejando que la lluvia cayera directamente sobre el altar. Las

---

3. Los lectores atentos de *El Código Da Vinci* recordarán que el autor empleó este nombre para identificar al misterioso individuo cuya muerte, al comienzo del libro, pone en movimiento la trama de la novela. *[N. del A.]*

ventanas no tenían vitrales sino tablas toscas, el presbiterio era virtualmente inhabitable, no le habían asignado ningún ama de llaves y su salario mensual de setenta y cinco francos apenas alcanzaba para comprar pan para la mesa. La única cosa más sorprendente que el estado de la iglesia de Saunière fue la decisión de éste de quedarse a vivir allí.

Al menos parte de esa decisión fue inspirada por ideas carnales más que eclesiásticas. Si bien a los sacerdotes se les permitía contratar mujeres como amas de llave, la Iglesia sugería que hubiera una diferencia de por lo menos treinta años en la edad entre ambos, de modo que el recién llegado párroco debía buscarse un ama de llaves sexagenaria. Saunière giró las manecillas en el otro sentido, y pronto la joven Marie Dénarnaud, de dieciséis años, comenzó a compartir el edificio y su lecho, una situación que la comunidad y el superior de Saunière, el indulgente y afable obispo de Carcassonne, parece que toleraron.

Quizás lo que atrajo a Marie Dénarnaud fueron otras razones, y no la apariencia apuesta del sacerdote. Quizás fue la naturaleza apasionada de Saunière, que mostró a los pocos meses de llegar a su nuevo puesto. En las elecciones estatales efectuadas en octubre de 1885, el padre Saunière se volvió un rabioso opositor del partido republicano que estaba en el poder, arengando y, prácticamente, ordenando a sus feligreses que votaran en contra del mismo. Sus sermones no influyeron en el resultado; los republicanos ganaron y, al enterarse de los furibundos sermones del sacerdote en su contra, exigieron venganza y la obtuvieron. Como castigo por su indiscreción política, a Saunière se le suspendió su magro salario. El sacerdote apeló ante el obispo, quien, tras haber perdonado el impropio arreglo de convivencia que el párroco tenía con su núbil ama de llaves, extendió su caridad asignándole a Saunière un puesto de profesor en el Petit Seminaire de Narbonne, cerca de allí, donde el vehemente sacerdote se paseó con gesto adusto por los pasillos y los salones de clase durante seis meses, al cabo de los cuales le fue levantada la suspensión.

Si los líderes de la Iglesia creían haber derribado a Saunière de una bofetada, se equivocaban. De hecho, Saunière regresó a la aldea y sus ruinosas construcciones, esta vez con el respaldo de una acaudalada protectora y planes para mejorar la fortuna de su parroquia y de él mismo.

Acaso por admirar la postura política del clérigo, coincidente quizás con la suya propia, la influyente condesa de Chambord le donó tres mil francos a Saunière cuando éste volvió a la parroquia. La cifra es relevante, porque, según se dice, Saunière había obtenido alrededor de dos mil ochocientos francos para reparar la iglesia. Dicho sea en su honor, éste parece que utilizó toda la donación de la condesa para reconstruir y restaurar el edificio.

En algún punto del camino, Saunière quedó fascinado con la leyenda sobre la supuesta importancia histórica de su iglesia. Algunas fuentes sostienen que la historia de la iglesia ya era conocida entre los ciudadanos del lugar; otras dicen que nadie supo de su significación histórica sino hasta que la obra de reconstrucción estuvo bastante avanzada. Cualquiera que haya sido el caso, la cuestión no tiene relevancia.

La iglesia de Saunière, consagrada a María Magdalena, se erigía sobre la capilla donde se habían casado Dagoberto II y Giselle de Razes —decía la historia— y Saunière hizo un sorprendente descubrimiento mientras ayudaba en su reconstrucción. Una pesada piedra que había servido de altar en el edificio original estaba montada sobre cuatro pilares. El propio Saunière movió la losa y se encontró con que uno de los pilares era hueco. Del interior del mismo sacó discretamente cuatro pergaminos antiguos, evitando que los vieran las demás personas que trabajaban en el lugar. Dos de los pergaminos establecían una línea genealógica, en tanto los otros dos estaban escritos en un misterioso código que a expertos de París les costó un buen tiempo descifrar. Cuando lo hicieron, las palabras eran electrizantes. *A Dagobert II Roi et a Sion est ce tresor et il est là mort*, decía el mensaje. «Al rey Dagoberto II y a Sión pertenece este tesoro, y él está muerto allí.»

¿Tesoro? ¿Qué tesoro? La respuesta llegó al desenterrarse una segunda losa. Detrás de la misma había algo escondido, algo que sólo el padre Saunière vio. Una mirada le dijo que su sueño de ser asignado a Burdeos o París, o aun Roma, no era nada comparado con la riqueza que tenía delante de sí. Pronto, Saunière y dos ayudantes de confianza se pusieron a hacer de topos, excavando sitios alrededor de la iglesia y en las inmediaciones de la aldea.

Puede que al principio el padre Saunière hubiera tenido que pedir fondos para reparar su vieja iglesia, pero desde ese momento en adelante el trabajo de construcción fue lo suficientemente intenso y extravagante como para generar envidia en todos los prelados desde el obispo de París para abajo. La pequeña iglesia fue reconstruida hasta la magnificencia, decorada con pinturas y esculturas compradas por Saunière en expediciones hechas a París. Algunas eran tradicionales, como *Los pastores de la Arcadia*, que mostraba a un grupo de personas reunidas alrededor de un sarcófago en un paisaje extrañamente parecido al de Rennes-le-Château. Otras eran oscuras en estilo y significado, como una estatua próxima a la entrada de la iglesia que mostraba la inscripción en latín: *Terribilis est locus iste* («Este lugar es terrible»).

Las riquezas acumuladas por el sacerdote le alcanzaron para comprar más que adornos para su iglesia. Compró varios acres de tierra aydacente a la propiedad y comenzó a construir en honor a María Magdalena la Torre de Magdala y una mansión de numerosas habitaciones llamada Villa Bethania para él y Marie. Los gastos fueron enormes: cuarenta mil francos por la torre, noventa mil francos por la mansión y veinte mil francos por un jardín contiguo. En total, Saunière gastó aproximadamente doscientos mil francos, pagados por un hombre que pocos años antes recibía un penoso salario mensual de setenta y cinco francos. Doscientos mil francos de 1900 equivaldrían hoy, en términos contemporáneos, a casi 7 millones de francos o a 1,25 millones de dólares estadounidenses.[4]

---

4. Otras estimaciones de los gastos de Saunière llegan a 250 millones de francos en valores de 1900, o a más de 50 millones de dólares estadounidenses, una cifra que tensa al extremo la credibilidad. [*N. del A.*]

Hacia 1900, Rennes-le-Château y Villa Bethania, que aparece en esta postal, habían comenzado a cobrar fama y notoriedad.

A Saunière podían haberlo enviado a un lugar estancado, en un rincón poco estimulante de Francia, pero en ese momento estaba viviendo como una mezcla de un cardenal del Vaticano y un potentado oriental, un hombre cuyos deseos —materiales, espirituales, culturales y carnales— parecían satisfechos gracias a una reserva de fondos aparentemente interminable. Alimentaba a sus patos con galletas especiales para producir un sabor más suave cuando los asaba, podía mostrar una bodega bien provista y se hacía traer mensualmente setenta litros de ron de Jamaica. En junio de 1891, Saunière organizó una procesión por la aldea para exhibir una estatua recientemente adquirida de la Virgen de Lourdes, que instaló sobre un pilar en los elegantes nuevos jardines de la iglesia. Al año siguiente, agregó un confesionario y un púlpito nuevos, y diseñó misteriosas Estaciones de la Cruz dispuestas en un extraño patrón circular que se creía representaba un mensaje en código. La pila de agua bendita pronto mostró un elaborado demonio guardián, una estatuilla de María Magdalena hecha por encargo y muchos otros elementos que elevaban su pequeña iglesia muy por encima del nivel de gusto y de cultura que podía esperarse de aquella comunidad, por lo demás insípida.

El ambicioso sacerdote comenzó a decorar más que su amada iglesia. A los aldeanos les encantó su plan de construir una gruta cerca de una imagen a tamaño natural de Cristo en la cruz situada en la plaza del pueblo. Marie Dénarnaud gustaba de pasearse igualmente por el mercado llevando las prendas de última moda de París, en ocasiones llevando un bolso que contenía la escritura de una propiedad que Saunière había comprado a su nombre.

Los lugareños sentían curiosidad por el origen de la riqueza de Saunière, pero no demasiada. Después de todo, el párroco estaba dando empleo a los artesanos locales y añadiendo una dosis de distinción que tanta falta le hacía a la comunidad. Además, el interés de los aldeanos estaba suficientemente satisfecho con una historia que explicaba las cosas de manera razonable a la vez que apelaba a su naturaleza un tanto rebelde. Esto es lo que creía la gente del lugar:

Además de una compleja restauración de su en otro tiempo ruinosa iglesia, Rennes-le-Château pronto pudo presumir de tener una torre dedicada a María Magdalena.

Saunière había descubierto algo más valioso que el oro y las joyas en sus excavaciones: el tesoro de Dagoberto, y el hombre enterrado («... y él está muerto allí») no era el rey merovingio muerto hacía mucho tiempo sino Jesucristo. Uno de los pergaminos en clave ocultos en el pilar del altar revelaba el sitio donde se hallaba.

Consideremos la importancia de ese descubrimiento. La existencia del cuerpo de Cristo en una insignificante aldea francesa echaría por tierra todos los dogmas del cristianismo, destruiría todos sus cimientos y demolería todas las instituciones desde el Vaticano para abajo. O bien Cristo no había muerto en la cruz, o bien no había resucitado de entre los muertos y subido a los cielos tres días más tarde. Cada principio teológico del cristianismo tendría que ser pensado y escrito de nuevo, o descartado por completo, junto con dos mil años de devoción y sacrificio.

¿Qué debía hacer Saunière? Un hombre profundamente religioso podría haberse guardado el secreto para siempre, aferrándose a la fe conforme a la cual había vivido y negándose a perturbar la espiritualidad de millones de seres. Un racionalista habría hecho público su descubrimiento, impugnando las viejas ideologías y ayudando a reemplazarlas, como a la fe que representaban, con un nuevo orden.

Saunière no era ninguna de esas cosas. Era un materialista que, revelando en voz baja su descubrimiento a un pequeño grupo de líderes eclesiásticos escogidos, prometió ocultar los hechos a cambio de un generoso estipendio, pagado por la Iglesia mientras planeaba su jugada siguiente. En concreto, la Iglesia estaba siendo chantajeada por un oscuro sacerdote francés que vivía abiertamente con su joven ama de llaves/amante.

Si ése era el caso, la respuesta final de la Iglesia después de satisfacer sus exigencias durante algunos años podría ser desacreditar primero a Saunière para luego derribarlo y acabar con el asunto. Que fue lo que pasó, pero no sin que antes ocurrieran varios hechos misteriosos, de los que dan cuerda a las lenguas pueblerinas y hacen babear a los amantes de las conspiraciones.

El proceso comenzó dramáticamente con la extraña muerte de dos representantes de la Iglesia local. En la víspera del Día de Todos los Santos de 1897, el abate Gélis, un sacerdote ascético que vivía en la vecina aldea de Coustaussa, fue encontrado brutalmente asesinado en la cocina de su presbiterio. Golpeado con un par de atizadores y un hacha, el sacerdote había sido reverentemente puesto en el suelo con las manos prolijamente apoyadas en el pecho. Aunque habían registrado el lugar, el robo no parecía ser el móvil, porque se encontraron ochocientos francos en un cajón de fácil acceso. El crimen nunca fue resuelto.

Cinco años más tarde, el plácido obispo Billard de Carcassonne también fue asesinado. Billard, que no sólo no cuestionó a Saunière con respecto a su riqueza y su estilo de vida extravagante sino que pudo llegar a haberlo alentado, sufrió un destino tan brutal como el del abate Gélis. Su asesinato tampoco fue esclarecido.

El sucesor del obispo Billard, monseñor de Beauséjour, no fue tan indulgente con Saunière como lo había sido Billard, sobre todo después de investigar los antecedentes del párroco. Acusando a Saunière de hechos vergonzosos no especificados, el nuevo obispo le exigió explicaciones por su conducta y un informe de los ingresos y gastos de la parroquia, demandas que Saunière ignoró antes de intentar aplacar a su superior con registros falsos e incompletos. Para 1909, el obispo ya había tenido suficiente. Le ordenó a Saunière dejar su puesto en Rennes-le-Château. Cuando Saunière se negó a hacerlo, fue prontamente apartado del sacerdocio. El sacerdote caído en desgracia permaneció en el pueblo durante ocho años, cuidado por la leal Marie Dénarnaud, a la que legó todas sus posesiones terrenales cuando murió en 1917. Los bienes de Saunière consistían en unos pocos libros y un puñado de chucherías sin valor, pero Marie tenía asegurada una existencia razonablemente cómoda porque Saunière le había transferido Villa Bethania. Sobrevivió los siguientes treinta años alquilando habitaciones de la mansión, pasándole finalmente a un comerciante local, a cambio de una anualidad vitalicia, el título de la propiedad que su amante-sacerdote había adquirido y puesto a su nombre. Esa fuente de ingresos la sostuvo durante el resto de su vida, carente de interés, hasta su muerte, ocurrida en enero de 1953. El hombre que le compró la tierra y le pagó la anualidad era un comerciante local llamado Noël Corbu. Anoten ese nombre.

En el período de entreguerras, mientras Marie Dénarnaud vivía serenamente con sus recuerdos y secretos, dos facciones políticas opuestas competían por el poder en Francia. Los realistas, que propugnaban el retorno a un gobierno monárquico y disfutaban del abierto apoyo de la Iglesia católica, y los republicanos, que estaban a favor de los gobiernos elegidos democráticamente. Muchos dirigentes del movimiento republicano eran masones, quienes venían dominando la política francesa desde la década de 1880.

El conflicto se mantuvo relativamente benigno hasta que Francia vivió la convulsión de finales de la década de 1920, que en la vecina Alemania llevó al poder a Hitler. Adoptando muchas de las posturas que caracterizaban a los nazis, los grupos que componían la extrema derecha francesa se volvieron más racistas. Junto con la ola de antisemitismo que estaba barriendo Europa, los extremistas fran-

Marie Dénarnaud. Como ama de llaves/amante del misterioso padre Saunière, ¿cuántos secretos conservó?

ceses de la derecha sumaron a los masones a su lista de probables traidores y subversivos. Dada la agitación de Europa y la crisis económica global producida por la Gran Depresión, en todas partes se buscaban chivos expiatorios, y se formaban coaliciones cada vez que se identificaba un enemigo común. Los monárquicos radicales unieron fuerzas, presentándose como órdenes de caballería con el deber de salvar a una sociedad perdida, dominada ahora por los judíos y los masones. La elección de Leon Blum, un judío, como primer primer ministro socialista del país, empujó a los monárquicos y la extrema derecha a una coalición que preparó el terreno para el régimen de Vichy y la colaboración de Francia con la ocupación nazi durante la Segunda Guerra Mundial.

Entre los grupos monarquistas/fascistas formados en ese remolino de turbulencia política estaba Alpha Galates (Los Primeros Galos). Esta organización generó poco interés y tuvo menos impacto todavía hasta que sus miembros eligieron, como cabeza titular, a un adolescente llamado Pierre Plantard. O muy precoz o muy bien relacionado, Plantard logró una fama y notoriedad que excedía tanto sus orígenes de clase trabajadora como su intelecto mediocre.

Plantard adoptaba a veces las maneras y la apariencia estereotipadas de los personajes del submundo francés: demacrado y sombrío, con una permanente expresión desdeñosa y un Gauloises colgándole de los labios. Otras veces adoptaba la pose de un intelectual, un existencialista cómodo en la compañía de Malraux o de Sartre. La mejor descripción de Plantard, que se identificaba a sí mismo en ocasiones como Pierre de Francia y en ocasiones como Pierre de St. Clair, es definirlo como camaleónico; alteraba el aspecto que hiciera falta de su vida y sus valores para lograr el objetivo, cualquiera que fuese, que lo ocupaba en el momento. Otras descripciones del hombre son menos neutrales, entre ellas la de charlatán, falso artista y criminal convicto. Esta última se confirma fácilmente con los archivos de la policía francesa, que revelan que fue hallado culpable de extorsión y desfalco y sentenciado a seis meses de prisión.

Durante el régimen de Vichy que gobernó la Francia ocupada por los nazis desde 1940 hasta 1944, Plantard y su grupo de Alpha Galates publicaron *Vaincre* (Vencer), una revista consagrada al nacionalismo francés y la restauración de la monarquía. Muchos de los artículos aparecidos en la publicación eran abiertamente antisemitas y antimasones, una acusación que más tarde Plantard justificó aduciendo que había sido necesaria para evitar la censura de la Gestapo. Si ésa hubiera sido en realidad la estrategia, fracasó patéticamente: *Vaincre* fue cerrada y Plantard encarcelado en 1943 porque, según registros nazis, apoyaba demasiado abiertamente las opiniones fascistas francesas por encima de las de Alemania. Plantard, en años posteriores, encontró una explicación más lisonjera: los nazis descubrieron que sus artículos de *Vaincre* contenían códigos secretos para los combatientes franceses de la Resistencia.

Cualquiera que fuese el bando en el que estaba Plantard, era claramente un activista cuando se trataba del nacionalismo francés, un rol que desempeñó con más vigor aún después de que cesaran las hostilidades en 1945. Dos años más tarde, Plantard fundó la Academia Latina, cuyo propósito declarado era realizar investigaciones históricas, pero cuyo objetivo más evidente era continuar las actividades de derecha de Alpha Galates. Como un signo del cuestionable éxito del grupo, los documentos que avalaban la constitución de la «academia» mostraban el nombre de la madre de Plantard como cabeza titular.

Plantard se volvió una figura popular entre los líderes católicos de París, particularmente en el Seminario de St. Sulpice, y fue allí donde, a mediados de la década de 1950, comenzó a sostener que él era el pretendiente merovingio al trono francés. Más tarde, en 1956, amplió esa identidad al proclamarse líder de una organización —guiada por Dios y fundada por Godofredo de Bouillon en la época de las cruzadas— cuyos miembros venían influyendo en los acontecimientos mundiales desde los días de Cristo. Se llamaba el Priorato de Sión.

El nombre de la organización pudo haber cambiado, al tomarlo del monasterio medieval que primero fue Nuestra Señora del Monte Sión, pero en casi todos los sentidos seguía siendo Alpha Galates con una nueva cara y vinculada una nueva revista, llamada *Circuito*. La publicación de Plantard pronto comenzó a traer historias del padre Saunière, insinuando los secretos descubiertos por el sacerdote en la lejana aldea de los Pirineos. Con el tiempo, los artículos constituyeron la base de un libro escrito por Plantard en el que detallaba los descubrimientos de Saunière, las connotaciones de que el cuerpo de Cristo hubiera sido enterrado cerca de la pequeña iglesia consagrada a María Magdalena, la unión de los descendientes de Cristo y la estirpe gótica francesa con el matrimonio de Dagoberto y Giselle, y el increíble secreto que se había transmitido a través de grandes hombres de la historia.

Era una historia fascinante, pero el estilo literario de Plantard era muy poco atrayente, porque nadie parecía interesado en publicar el libro. En un esfuerzo por generar apoyo para su obra, Plantard anunció que había conseguido dos de los pergaminos descubiertos por Saunière en el pilar hueco que sostenía el altar, y con cierta fanfarria los donó a la Bibliothèque National de Francia. La existencia de esos pergaminos demostraba una relación vital entre la extraña conducta de Saunière y la existencia del Priorato de Sión. De repente, aparecieron algunos creyentes donde antes sólo había escépticos sonriendo y sacudiendo la cabeza.

Los dos pergaminos suministrados por Plantard contenían mensajes ocultos, uno celebrando el matrimonio de Dagoberto y Giselle, y el otro, más críptico, referido al Priorato de Sión. Cuando se confirmó su contenido, aunque no su autenticidad, Plantard dejó atónitos a eruditos e historiadores anunciando que el documento probaba que él era un descendiente directo de Dagoberto y Giselle, lo que explicaba su rol de gran maestre del Priorato de Sión.

Los pergaminos fueron seguidos por una versión corregida del libro, que ahora se había vuelto publicable gracias a los pergaminos y a cierta reescritura seria hecha por el coautor Gérard de Sède. Publicado en 1967 bajo el título de *L'Or de Rennes*, el libro describía primero los comienzos del Priorato con María Magdalena y los hijos de Cristo, acompañada o por Cristo o por su cadáver, escapando a la Galia por el Mediterráneo. Detallaba luego la línea de sangre hasta de Giselle de Razes, seguía la pista de sus descendientes a lo largo de mil trescientos años de historia y terminaba con el descubrimiento de los pergaminos y demás parafernalia hechos por Saunière.

Las revelaciones del libro generaron dos bandos con posturas distintas e igualmente apasionadas. Uno consideraba la historia irrefutable, confiando en la autenticidad de diversas evidencias que incluían la misteriosa riqueza acumulada por Saunière, la existencia de los pergaminos, las referencias históricas a Dagoberto y el linaje merovingio y las propias descripciones convincentes de Plantard. La imaginación de esos creyentes galopó hacia la certeza de que una sociedad secreta había transmitido uno de los misterios más grandes de la humanidad a través de generaciones de descendientes cuya creatividad y superioridad intelectual podían explicarse por su relación directa con el Creador. Esos prosélitos se abalanzaron a referencias históricas locales que respaldaran las afirmaciones de Plantard. Inevitablemente, encontraron algunas, aumentando el ímpetu entre los creyentes con cada aparente confirmación.

El otro bando se mantuvo escéptico, y con el tiempo descubrió algunas realidades por cuenta propia.

El primer escollo en la ruta del Priorato surgió cuando dos de los socios de Plantard, Gérard de Sède y Philippe de Chérisy, llevaron a juicio a Plantard reclamando *royalties* que éste les había prometido por la venta del libro. A De Sède se le reconocía su papel de coautor, pero ¿quién era de Chérisy? Resultó ser un académico culto, con fama de bromista. Para cuando se publicó *L'Or de Rennes*, había adquirido el hábito de la bebida que más tarde lo mataría. Pero, lo más importante, De Chérisy sostenía que los pergaminos donados a la Biblioteca Nacional habían sido falsificados. Sabía que lo eran porque él había sido el autor de los mismos, como una manera de generar publicidad y autenticidad para el libro de Plantard.

Plantard, quien para entonces cabalgaba sobre una ola de publicidad y de ventas por *L'Or de Rennes*, rápidamente se puso de acuerdo con De Chérisy. Los pergaminos no eran auténticos, admitió, pero tampoco eran falsos. Eran una copia minuciosa de los pergaminos originales que, debido a su valor, Plantard tenía guardados en un lugar seguro cuya ubicación se negaba a revelar. También anunció que su familia había omitido el hecho de que sus orígenes no eran del todo franceses. Una rama de sus antepasados, declaró Plantard, estaba vinculada con los St. Clair —luego anglicanizado como Sinclair— que habían fundado la masonería de Rito Escocés. Ese supuesto vínculo explicaba cómo se mantuvo en secreto la existencia del Priorato de Sión a través de los siglos. La revelación satisfizo a los creyentes, pero impulsó a los escépticos a ahondar en la historia, con notables resultados.

El primer descubrimiento implicó el examen minucioso de los pilares que habían sostenido el altar en la iglesia de Saunière, fácilmente localizables en Rennes-le-Château, donde estaban exhibidos como parte del patrimonio del lugar. Ninguno de los pilares era hueco. De hecho, todos eran absolutamente compactos, salvo por una raja en uno de ellos, en la que podrían haber cabido una o dos tarjetas postales, pero nada más. A esto siguió una revelación todavía más inquietante.

¿Recuerdan a Noël Corbu? Él fue quien compró Villa Bethania, la mansión que Saunière había construido con dinero obtenido de su supuesto descubrimiento de huesos o de un tesoro. Tras la muerte de Saunière, Marie Dénarnaud convirtió la mansión en una casa de huéspedes antes de cambiarla por la anualidad vitalicia que le pagó Corbu. Al morir Marie en 1953, Corbu transformó Villa Bethania en un pequeño hotel y restaurante. Sin otra cosa que atrajera turistas a Rennes-le-Château fuera de las historias sobre las excentricidades de Saunière y su misteriosa riqueza, la inversión efectuada por Corbu nunca le rentaría mucho. Resolvió el problema simplemente con una herramienta de mercadeo, un recurso que le debía todo a la estrategia empresaria y casi nada a la verdad.

A partir de la leyenda en torno al misterioso enriquecimiento de Saunière, Corbu inventó un cuento dramático poblado de personajes que se sentirían como en casa en una novela de Harry Potter y narrado al modo de una historia de fantasmas contada en torno a una hoguera. Después de grabar el relato con su propia voz, solía ponerlo en el restaurante como un entretenimiento para los comensales; más tarde lo publicó en forma de folleto como recuerdo de la visita.

La historia de Saunière y Rennes-le-Château no tenía precisamente el nivel de Joseph Conrad, pero entretenía a los huéspedes mientras cenaban su *poule au pot* y su *cassoulet*. La gente absorbía datos sobre los orígenes romanos y góticos del pueblo, su destrucción durante una serie de batallas con España, la llegada de Berenger Saunière en 1885, sus primeros años sumido en la pobreza y su repentina e inexplible acumulación de riqueza.

Hasta ese momento, Corbu, que nunca negó ser el autor, se mantenía razonablemente apegado a hechos confirmables. Pero, cuando comenzaba a explicar el origen de la fortuna de Saunière, la ficción pisoteaba la realidad transformándola en oscuridad.

Según Corbu, unos archivos conservados en Carcassonne confirmaban que Saunière se había topado con una fortuna enterrada en su iglesia en 1249 por Blanca de Castilla, madre de Luis IX, el último gran cruzado y el único rey francés declarado santo. A poco de que el rey partiera a Palestina se inició una minirebelión encabezada por vasallos oprimidos y por barones que buscaban poder. La madre del rey, sintiendo que París no era el lugar más seguro para el tesoro de la corona, envió secretamente el oro y las joyas del monarca a Rennes-le-Château. Cuando Luis regresó de Oriente, sometió a los insurgentes y abandonó nuevamente París unos años más tarde, esta vez para ponerse al frente de la Octava Cruzada. Jamás volvió, hallando la muerte en Túnez y dejando como sucesor a su hijo Felipe el Atrevido. Felipe decidió que el tesoro de la nación estaba más seguro en aquella remota aldea que en la capital, y mejoró entonces las defensas del pueblo. Tal vez se olvidó de contarle a su hijo Felipe el Hermoso, el destructor de los templarios, acerca de las riquezas móviles del país, porque desde allí en adelante, según Corbu, el tesoro fue olvidado.

¿Olvidado? ¿Cómo se olvidan, aun tratándose de un rey francés de la Edad Media, ciento ochenta toneladas de oro más joyas y objetos de arte que valen, según lo calculado por Corbu en 1956, «cuatro mil millones de francos»? Más simple todavía, ¿cómo transportaron los sirvientes del rey, para empezar, ciento ochenta toneladas de oro y los otros objetos a una distancia de más de seiscientos cincuenta kilómetros? ¿Y por qué, de entre todos los lugares, a Rennes-le-Château, una de las poblaciones más alejadas de París, en la frontera con uno de los enemigos de Francia?

Nadie parece haber cuestionado esa proeza, distraído todo el mundo por la siguiente revelación de Corbu:

> El tesoro fue descubierto dos veces. En 1645, un pastor llamado Ignace Paris cayó en un pozo y salió con varias monedas de oro. Después aseguró haber visto una habitación llena de oro. Finalmente se volvió loco, tratando de proteger su oro. El dueño del castillo lo buscó pero no pudo encontrarlo. Después vino Saunière, que halló el oro...
>
> ¡Es en esta pequeña aldea de magnífico paisaje y prestigiosa historia donde está escondido uno de los tesoros más fabulosos del mundo!

Para atraer clientes a su hotel y restaurante, esa clase de fábula probablemente fuera más efectiva que una crítica elogiosa en *Paris MATCH*. Corbu lo sabía, y aprovechó contactos en los medios para difundir su cuento entre periódicos y revistas. Rennes-le-Château no se convirtió de la noche a la mañana en una nueva Mónaco, pero parece haber atraído su cuota de visitantes intrigados, y entre ellos estuvo

Pierre Plantard, quizás en busca de un chanchullo. El encuentro entre Corbu y Plantard no es ninguna especulación; está confirmado por fotografías que los dos hombres se conocieron alrededor de 1960, poco después de que Plantard escribiera su primer borrador del libro posteriormente publicado como *L'Or de Rennes*.

En la fábula de Corbu no se hace mención alguna de la encantadora Giselle, cuyo casamiento con Dagoberto unió el poder de los visigodos con el linaje de Cristo. ¿Cómo pudo Corbu pasar por alto un episodio tan crucial de la leyenda histórica? La respuesta es asombrosamente simple y reveladora: *Giselle de Razes nunca existió*. Es tan ficticia como Blancanieves. No existió ni en carne ni en espíritu en el siglo VII, y en el siglo XXI sólo existe en la mente de creyentes ilusos, devotos de las conspiraciones y lectores crédulos de una novela reciente convertida en *best-seller*. A pesar de supuestos registros que trazan un linaje familiar antes y después de Giselle, en opinión de Aviad Kleinberg, destacado erudito en temas medievales y profesor de historia de la Universidad de Tel Aviv, la hermosa, inteligente y encantadora Giselle sigue siendo «un invento del siglo XX».

Sin la existencia de Giselle, toda la construcción de Plantard se desmoronaba como una galería de papel, así que simplemente la creó como la conexión de los visigodos con la estirpe merovingia. Plantard admitió en ocasiones que la coherencia no era una de las virtudes notables de los franceses, y en 1989 lanzó una nueva versión del cuento del Priorato. En ese momento sostuvo que el gran maestro del Priorato de Sión era ahora un hombre llamado Roger-Patrice Pelat —un conocido del entonces primer ministro Miterrand— y no él mismo, como había venido sosteniendo durante treinta años. El estatus de Pelat nunca fue confirmado, pero tenía al menos una cosa en común con Plantard: los dos habían sido condenados por fraude y malversación de fondos, teniendo lugar el juicio de Plantard poco después de su aparente ascenso al estatus de gran maestre.

En septiembre de 1993, durante una investigación oficial de las actividades de Pelat, Plantard, que nunca encontró un momento mediático que no le gustara, salió en defensa de su amigo. Fue una jugada que pronto lamentó, cuando el juez interviniente ordenó inspeccionar el domicilio de Plantard. La inspección descubrió pilas de documentos, muchos de ellos proclamando a Plantard como rey de Francia, lo que bastó para que el juez le ordenase responder preguntas bajo juramento. Cualesquiera que fueran las técnicas de Inquisición usadas, Plantard admitió rápidamente que toda la empresa era una patraña, que había inventado todos los detalles relacionados con la línea de sangre, incluidos el matrimonio de Giselle y Dagoberto, el descubrimiento de un tesoro o de un cadáver hecho por Saunière debajo o cerca de su iglesia, y su propia identidad como gran maestre del Priorato de Sión. El juez, indulgente quizás debido a la edad y el espíritu quebrado de Plantard, lo declaró un excéntrico inofensivo y lo dejó ir advirtiéndole que no jugara con el sistema judicial francés. Plantard abandonó la corte y entró en una relativa oscuridad hasta su muerte, ocurrida en febrero de 2000.

Estos hechos —la investigación de Pelat, las afirmaciones de Plantard sobre el cargo de gran maestre que Pelat ocupaba en el Priorato de Sión, los documentos falsos y la admisión de fraude de Plantard— fueron ampliamente cubiertos por los medios franceses en su momento. Nadie los discutió; son tan auténticos y comprobables como imaginaria es la fábula de Giselle.

Por supuesto, hay la suficiente verdad en la historia de Saunière y la supuesta línea de sangre para pensar que Plantard mintió no cuando contaba su cuento, varias veces alterado, sino cuando sostuvo que el Priorato era un invento. Tal vez su historia original era cierta, después de todo. Tal vez la declaración bajo juramento de que todo había sido un invento fue el esfuerzo de un hombre valiente por ocultar una verdad sagrada. ¿Cómo pudo ese hombre en cierto modo simplón, por ejemplo, crear una estructura tan compleja como la línea de sangre merovingia, respaldada por documentos del pasado?

La respuesta está en las turbulencias políticas que se extendieron por Europa en las décadas de 1920 y 1930, cuando Plantard empezaba a labrarse su fama de imaginativo impostor de principios fascistas. En esos años, un fanático italiano llamado Julius Evola atrajo el interés de apologetas de la extrema derecha, entre ellos Heinrich Himmler y Oswald Mosley, cuando publicó una versión italiana de los *Protocolos de los sabios de Sión*,[5] afirmando que en el siglo XIX los líderes judíos se habían reunido para elaborar su estrategia para gobernar el mundo. Evola defendía una filosofía similar a la del derecho divino de los reyes, promoviendo el viejo sistema de poder basado en la aceptación del monarca legítimo como un ser sagrado cuyas virtudes y poderes divinos se transmitían a sus súbditos. Admiraba especialmente a Godofredo de Bouillon, el primer gobernante europeo de Palestina y, supuestamente, el fundador del Priorato de Sión.

Más o menos en la misma época, un académico alemán llamado Walter Johannes Stein publicó *El siglo noveno: la historia del mundo a la luz del Santo Grial*, una disertación doctoral que incluía una carta genealógica que Stein tituló «La estirpe del Grial». Aunque la estirpe era una representación simbólica de figuras históricas que habían mostrado una elevada naturaleza espiritual y capacidades paranormales, alguien que sólo tomara por encima la premisa de Stein podría fácilmente confundir los símbolos con gente real, sobre todo cuando la carta genealógica de Stein incluía a Godofredo de Bouillon y a la familia real francesa.

Esos y otros documentos esotéricos accesibles en bibliotecas de toda Francia bien pudieron haber estimulado la imaginación de Plantard. Sazonando todo con su fuerte inclinación por el fraude y su hambre de reconocimiento público, Plantard modeló un trozo de historia con una capa de esoterismo y lo envolvió todo con una importante cantidad de ficción para formar una bola de cuento fantástico que echó a rodar por una montaña; la bola fue ganando peso y estatura hasta que tres escritores británicos la recogieron y mol-

---

5. Para más información sobre los *Protocolos*, véase capítulo II. [*N. del A.*]

dearon con ella un *best-seller* titulado *The Holy Blood and the Holy Grial [La Sangre Santa y el Santo Grial*, libro publicado en España por Martínez Roca bajo el nombre de *Enigma Sagrado]*.[6]

Pero seguía en pie un misterio. ¿De dónde sacó el padre Saunière el dinero para su extravagante construcción y su estilo de vida? A diferencia de otros aspectos del cuento, eso no era ningún mito; la Torre de Magdala que mandó construir Saunière, el extravagante interior de la iglesia y la mansión Villa Bethania existen hasta el día de hoy. ¿Cómo pudo amasar tanto dinero sin hallar el tesoro de Luis IX o sin chantajear a la Iglesia católica con los huesos de Cristo? La respuesta ya comprobada es conocida y habitual: mediante simple fraude.

Hasta que la práctica fue proscrita por el Vaticano II, los sacerdotes católicos podían pedir un estipendio por celebrar una misa para la curación de una persona enferma, o para acelerar el paso del purgatorio al cielo de un alma muerta. Los ingresos obtenidos por medio de esas misas eran una forma aceptable y hasta alentada de ayuda económica para el sacerdote y su parroquia.

Francois Berenger Saunière. ¿Guardián del Santo Grial o un estafador eclesiástico?

---

6. Para más información sobre este libro y su poco sólida premisa, véase capítulo 11. *[N. del A.]*

Con el tiempo, sin embargo, sacerdotes sin escrúpulos vieron esas misas por encargo como una fuente de generosos ingresos que podían obtenerse de católicos de otras comunidades e incluso de otros países. Pronto se estaban comerciando misas como cualquier artículo pedido por correo, publicitadas en periódicos y revistas católicas. Los fieles podían hacer que se celebrara una misa por quien quisieran con sólo enviarle el dinero y los detalles al sacerdote cuyo nombre aparecía en el anuncio.

Nadie, salvo Dios y el propio sacerdote, podía confirmar que la misa realmente se hubiera celebrado. Un sacerdote podía recibir literalmente miles de pedidos por correo, cada uno de ellos acompañado por algunos francos en efectivo, para celebrar misas en la misma semana o incluso en el mismo día. La práctica se llamaba «tráfico de misas» y parece que Saunière dominaba el procedimiento. Se encontraron anuncios del sacerdote de los Pirineos en diversas publicaciones de Europa, y un examen de sus libros, que registran la respuesta a sus campañas de mercadeo, reveló que Saunière no podría haber cumplido con todas las misas por las que le habían pagado aunque se hubiese dedicado a la tarea veinticuatro horas al día, siete días a la semana.

El dinero adjuntado a los pedidos de misa entre 1895 y 1904 superaba holgadamente los doscientos mil francos necesarios para realizar todas las obras ordenadas por el párroco y para satisfacer caprichos como los embarques de ron del Caribe.

La correspondencia confiscada en la iglesia de Saunière cuando éste fue apartado del sacerdocio reveló el enorme alcance de esa industria. Una familia envió doscientos cincuenta francos para pagar ciento veinticinco misas por cada una de sus dos hermanas fallecidas. La viuda de un soldado envió cuarenta y cinco francos para pagar treinta misas por su esposo muerto, y las monjas de un convento pagaron dieciséis francos para pagar misas por su recientemente fallecida abadesa, quien a su vez le había pagado a Saunière por algunas misas.

Saunière podría haber tenido un mentor secreto para su sistema de venta de misas. Se ha revelado que, en el momento de su muerte, monseñor Billard, el obispo de Carcassonne, estaba siendo investigado por actuar de modo similar, lo que podría explicar la tolerancia del obispo para con las indiscreciones del sacerdote.

Todos ellos llevan mucho tiempo muertos: Berenger Saunière, Marie Dénarnaud, Pierre Plantard, Gérard de Sède, Phillipe de Chérisy y Noël Corbu, quien, después de convertir su hotel y restaurante La Tour en un pequeño negocio próspero gracias al mito del tesoro enterrado, lo vendió a muy buen precio en 1964 y se retiró. Pero no disfrutó su retiro mucho tiempo; murió en un accidente automovilístico en 1968.

El mito sigue vivo porque la gente quiere que viva y que incluso crezca, aunque sólo sea para satisfacer su amor por los misterios profundos y las intrigas apasionantes. Alguien seguramente afirmará haber visto la aparición de Giselle de Razes, hermosa y radiante, paseándose por los parques de la Torre de Magdala con su vestido de novia, suspirando por su extinto Dagoberto y buscando el tesoro escondido. En tal caso, sólo la torre será real.

Capítulo IV

Druidas y gnósticos

El conocimiento y el alma eterna

Es difícil imaginar dos grupos cuyos orígenes e intereses muestren un contraste más marcado que en el caso de los druidas y los gnósticos. Unos nacieron del misticismo celta, los otros de la teología judeocristiana. Unos se basan en el naturalismo, los otros en el espiritualismo. Unos buscaban la perfección en este mundo para igualar la perfección del mundo siguiente, los otros consideraban este mundo irremediablemente perdido y maligno.

Ellos se ven unidos por el malentendido y la opresión, dos cosas que empujan al secreto tanto a individuos como a organizaciones. Sus orígenes y actividades, debe decirse, son además poco claros, y cuando las sombras son suficientemente oscuras y el paso del tiempo es suficientemente largo, hasta los grupos más benignos adquieren un halo de sospecha. Sobre todo si tienen tendencia a bailar en los bosques o son vistos con recelo por la institución religiosa. Permitirse un poco de magia, como solían hacer druidas y gnósticos, tampoco ayuda a su reputación.

Cada año, al acercarse el solsticio de invierno en el hemisferio norte, hombres y mujeres de diversas naciones cristianas se deleitan llevando a cabo un ritual basado en el druidismo. La práctica, con sus claras connotaciones sexuales, se realiza en presencia de una forma de vida parásita y venenosa, permitiendo pensar que los druidas eran un grupo de pervertidos subversivos que efectuaban rituales paganos en templos al aire libre como el de Stonehenge, una clásica idea falsa de esa enigmática sociedad.

En ese ritual, las parejas se besan debajo de muérdago durante la época de Navidad, una costumbre que no tiene ninguna relación conocida con el druidismo, más allá del carácter sagrado que los druidas otorgaban a esa planta y a los robles que la sostienen. Tampoco hay ninguna relación confirmada entre los druidas y Stonehenge, salvo las especulaciones de algunos grupos marginales contemporáneos.

Hay que admitir que sabemos poco sobre los druidas, porque no dejaron registros escritos y porque no constituyeron tanto una organización como un puesto de prestigio entre la nobleza, especialmente en las comunidades celtas de Europa occidental. Todo lo que sabemos de los druidas proviene de tercera mano, filtrado por el tiempo y por el prejuicio social; hasta el uso ritual que hacían del muérdago nos llega principalmente a través del escritor romano del siglo I, Plinio el Viejo. Según Plinio y Máximo de Tiro, como consecuencia de vivir en íntimo contacto con la naturaleza, los druidas consideraban el roble una representación visible de la divinidad. «No tienen nada más sagrado que el muérdago», escribió Plinio, «y el roble en el que crece». Los druidas malentendían el verdadero comportamiento del muérdago. La planta es un parásito que extrae su alimento de la sabia del árbol; los druidas, cuya especialidad, después de todo, eran los estudios espirituales y no la botánica, creían que el múerdago le daba vida al roble. Esa idea se hacía más fuerte en

Los druidas fueron en muchos sentidos conmovedores precursores de los hippies de los sesenta.

invierno, cuando el árbol perdía sus hojas y entraba en letargo mientras que el muérdago conservaba su follaje.

«Todo lo que crece en los árboles (de roble)», continúa diciendo Plinio, «es visto como vida enviada desde el cielo, una señal de que el árbol fue elegido por los propios dioses. Cuando se encuentra (muérdago), se junta con gran ceremonia en el sexto día de la luna». Según Plinio, debajo del árbol que tenía el múerdago se celebraba una fiesta. Al terminar la fiesta, un sacerdote druida vestido de blanco trepaba al árbol con una hoz de oro y juntaba la planta en una tela blanca. Cuando volvía a bajar con la planta sagrada, se sacrificaban dos toros blancos a los dioses a cambio del muérdago.

Los druidas, por cierto, no eran la única gente que tenía al muérdago en tan alta consideración. Los japoneses lo trataban con similar veneración, aunque se inclinaban por una variedad que crece en los sauces. Los suizos, los eslavos y otros pueblos consideraban el muérdago una planta excepcional con numerosas cualidades místicas, la mayoría relacionadas con la fertilidad. La relación con la fertilidad generó la costumbre de que las parejas se besen debajo de los frutos del muérdago durante el solsticio de invierno, con la esperanza de que la mujer quede encinta y dé a luz un niño saludable durante el año siguiente.

El muérdago, y su ritual del solsticio de invierno/Navidad, sigue siendo el único vínculo tangible que la mayor parte de la gente tiene con el druidismo, pero algunos consideran que el movimiento alberga en su seno una sociedad secreta consagrada a fines turbios.

El término «druida» no alude al integrante de una secta religiosa, sino a la clase sacerdotal de las sociedades celtas y gaélicas, particularmente en las islas Británicas. Su verdadero origen se ha perdido en la niebla de los tiempos. Abundan las teorías, incluida una que combina la palabra griega *drus*, que significa *roble*, con el término sánscrito *vid*, que significa *conocimiento* (y el vocablo sánscrito para decir madera es *dru*). La palabra griega con que se designaba a los dioses de los bosques y las deidades de los árboles era *dryades*, otra pista.

Los eruditos en temas celtas clasifican *drui* como un término que significa «los hombres de los robles», y el gaélico *druidh* identifica al hombre sabio o al hechicero. Otras pistas apuntan a fuentes teutónicas y galesas. Cualquiera que sea la etimología del término, rastrear su origen conduce a una discusión interminable e insoluble, del tipo de «el huevo o la gallina». Tal vez baste con aceptar que la palabra connota un significado por encima de todos: sacerdotal.

Si bien «sacerdotal» implica que los druidas cumplían una función religiosa, su papel se extendía mucho más allá de ese propósito, abarcando la filosofía, la ciencia, las tradiciones, la enseñanza, los juicios y los deberes de un consejero real. Tal vez la mejor manera de describirlos en el idioma de hoy sea decir que constituían la *intelligentsia religiosa*, entendiendo que el carácter «religioso» entraña un significado más amplio que el que normalmente se le asigna en la actualidad. Los celtas vivían cerca de la naturaleza como todos los pueblos antiguos, pero más cerca que la mayoría. Sus mitos, creencias y prácticas reflejaban su entorno de bosques profundos, un mundo que al mismo tiempo los sostenía, los atemorizaba y los elevaba espiritualmente.

En el período de mayor influencia del movimiento, fijado generalmente entre el 100 a. C. y el 1000 d. C., aquellos que buscaban convertirse en druidas eran clasificados según tres niveles de habilidad. El nivel inicial estaba conformado por los ovates (*ovydd*) o vates, neófitos que no necesitaban ninguna purificación o preparación especial. Vestidos de verde, eran aceptados en la orden según sus conocimientos naturalmente adquiridos de medicina, astronomía, poesía y música. Los ovates que deseaban avanzar en reconocimiento y poder estudiaban para convertirse en bardos (*beirdd*). Para alcanzar ese nivel, debían memorizar al menos una buena parte de —se dice— veinte mil versos de poesía druídica. Con frecuencia se ha retratado a los bardos tocando un arpa primitiva con igual número de cuerdas, hechas de cabello humano, que las costillas de un costado del cuerpo. Los candidatos a convertirse en bardos usaban túnicas con rayas azules, verdes y blancas, los tres colores identificados con los druidas. Al alcanzar la categoría plena, pasaban a usar un atuendo celeste.

El tercer nivel indicaba la categoría más alta, la del *derwyddon*, distinguido por la túnica blanca que simbolizaba la pureza. Los druidas atendían a las necesidades religiosas de su pueblo; dentro de su grupo había seis niveles o grados de sabiduría y poder, cada uno de ellos marcado por un distinto color de la faja que usaban sobre la túnica blanca. En el escalón más alto estaban los archidruidas, elegidos por sus pares conforme a su virtud e integridad. Nunca había más de dos archidruidas al mismo tiempo, identificados por los cetros de oro que portaban en la mano y la guirnalda de hojas de roble que llevaban en la cabeza.

El período de capacitación que debía cumplir un individuo para poder ser un druida pleno aparentemente era largo; algunos historiadores sostienen que llevaba veinte años asimilar y comprender las enseñanzas. Ese nivel de sabiduría adquirida les permitía acceder a privilegios especiales; en las festividades reales, por ejemplo, los druidas se sentaban inmediatamente a la derecha del rey, cumpliendo el papel de la conciencia del monarca. Como dice un destacado historiador de temas celtas, «el druida *aconseja* y el rey *actúa*». Tal vez la mejor analogía moderna de esa relación es la de un director general de una compañía y su asesor legal. El director puede darles malas noticias a los accionistas, pero la fraseología proviene del abogado.

Dicho sea de paso, algunos estudios indican que muchos druidas eran mujeres, lo que está en total sintonía con la cultura dominante de la época. Las mujeres celtas disfrutaban de más libertad que otras mujeres de su tiempo, incluidos los derechos de pelear en las batallas y de divorciarse de su marido. Es lícito creer que, al menos en Irlanda y Escocia, desempeñaron un papel importante en la práctica del druidismo. Y extendiendo la analogía anterior, es altamente probable que en el mundo celta hubiera más mujeres druidas que directoras generales hay en nuestro mundo actual.

Representación de finales del siglo XIX de una «mujer druida» que sostiene muérdago en una mano y una hoz dorada en la otra.

Los druidas varones vivían en estricto celibato y abstinencia, consagrando su vida al estudio de la naturaleza, la acumulación de sabiduría, la evaluación de los aspirantes a integrar la orden y el mantenimiento de los secretos de la orden. Muchos consideraban que vivir en soledad era lo más conveniente para sus necesidades filosóficas, y aunque algunos vivían en residencias parecidas a monasterios, la mayoría lo hacía en chozas rústicas construidas en lo profundo del bosque, yendo a las aldeas y pueblos sólo para desempeñar sus deberes religiosos.

Aún en la Edad Oscura esa conducta se consideraba un tanto excéntrica, y así comenzaron a atribuírseles a los druidas cualidades extraordinarias. Se los asoció con la magia y con hechos sobrenaturales, como la capacidad de defender su tierra de invasores provocando grandes nubes de niebla que aparecían a una orden suya. También representan quizás la forma más temprana del activismo pacifista; el historiador griego Diodoro, que consideraba a los druidas intermediarios entre el hombre y los dioses, describió la práctica de los druidas de abalanzarse entre dos ejércitos que estaban amenazándose como una manera de evitar la guerra.

Durante siglos, el druidismo fue la principal influencia en las creencias espirituales de Europa, hasta que fue diluido y desplazado hacia el oeste por la llegada del Imperio romano y, más tarde, por la creciente influencia del cristianismo. De hecho, esta última se correspondió en términos generales con la pérdida de la influencia celta. De ser la estructura social dominante de la Europa prerromana, los celtas cedieron terreno primero ante los romanos y luego ante los sajones, quedando reducidos a zonas aisladas en Gales y Escocia. Sólo en Irlanda mantuvieron su identidad a lo largo del tiempo.

César, tan talentoso para observar y clasificar estructuras sociales como lo era para comandar ejércitos, hallaba a los druidas particularmente interesantes. Señaló que las sociedades gaélicas y celtas tenían tres clases sociales: los plebeyos, que eran poco menos que esclavos; los equites, o la nobleza, y los druidas, que orientaban en materia religiosa y de conocimientos. «Un gran número de jóvenes busca instrucción en ellos», escribió César, «y (los druidas) son tratados con mucho respeto y veneración. Son ellos quienes juzgan todas las disputas públicas y personales; cuando se comete un delito o tiene lugar un asesinato, o cuando se discute una herencia, los druidas determinan quién es culpable y quién ha sido perjudicado, y deciden los daños y las penalidades... todos los druidas están bajo el mando de un único druida que ejerce autoridad suprema sobre ellos». César también señaló mordazmente —considerando su reputación y su ocupación principal— que los druidas no iban a la guerra (estaban eximidos de todo tipo de servicio militar) y no pagaban impuestos.

Los druidas eran una sociedad notablemente tolerante y flexible que aceptaba entre sus filas a todo el que siguiera con éxito un curso definido de estudio centrado en el mundo natural y en la forma en que éste representaba la divinidad. Esa actitud abierta hacia nuevos miembros que buscaban liderazgo quizás hoy no nos impresione, dada nuestra familiaridad con la institución religiosa contemporánea, pero la perspectiva de ganar acceso a una clase privilegiada solamente en virtud de la educación y la vocación era casi revolucionaria. Su práctica de aceptar a todo el que demostrara su valía a fuerza de estudio y dedicación influyó en el cristianismo. En vez de exigir que sus líderes fuesen elegidos por el linaje o por alguna misteriosa lotería divina, como habían hecho antes las religiones, los cristianos coincidieron con el principio druídico de que cualquiera que absorbiese suficiente conocimiento y demostrara un alto nivel de compromiso podía desempeñar una función de liderazgo, sin que importara su origen social. Eso fue nuevo, y enormemente beneficioso. Seguía además la tradición cristiana —algunos dirían la «estrategia» cristiana— de adoptar las características del modelo pagano que se buscaba desplazar. Y funcionó: desde el año 500 a. C. en adelante, druidas y cristianos ocuparon los lugares opuestos del mismo subibaja; cuanto más fueron subiendo los cristianos en la escala del poder, más fueron hundiéndose los druidas.

¿Quiénes fueron entonces más responsables de la decadencia de los druidas, los romanos o los cristianos? Depende de dónde esté parado uno, literal y figurativamente hablando. En la Europa continental, donde la influencia romana fue predominante, los galos adoptaron la ley y las costumbres romanas como un modo prudente de autopreservación. Bajo la ley romana, el druidismo pasó a ser tan peligroso que básicamente dejó de existir, para resucitar más tarde, de forma muy modificada, como parte de la maquinaria operativa del cristianismo, con los sumos sacerdotes druidas reemplazados por los obispos y abades. En las islas Británicas, el impacto de la romanización fue mucho menos pronunciado. Allí, el druidismo logró sobrevivir al ataque, sucumbiendo finalmente a los sajones. Irlanda evitó la invasión tanto de romanos como de sajones, y, a raíz de ello, gran parte de nuestro conocimiento del druidismo conserva un tono decididamente irlandés. Teniendo eso presente, no es arbitrario pensar que el druidismo bien pudo haber tenido un alcance más amplio y una estructura más compleja de lo que sabemos.

Cuando los celtas adoptaron el cristianismo y se convirtieron en sus misioneros más fervientes, el druidismo libró en la retaguardia una batalla casi sin esperanzas. Destacados druidas se retiraron a regiones remotas donde transmitían secretamente su doctrina y sus tradiciones orales a los pocos seguidores obstinados que los buscaban. Con el paso del tiempo, sin embargo, los druidas perdieron gradualmente poder e influencia hasta que la gente común terminó viéndolos como poco más que adivinos y clarividentes, descendientes del apócrifo Merlín y esa clase de personajes, maldiciendo y conjurando sin conseguir mucho más que un poco de entretenimiento.

Con tan poca historia recopilada y logros tan limitados, ¿por qué los druidas ocupan siquiera una posición entre nuestro manojo de sociedades secretas? La respuesta está en la asociación romántica del movimiento con construcciones como la de Stonehenge y en la suposición de que el druidismo comprendía prácticas místicas y conocimientos ocultos olvidados hace mucho. Después de todo, no hay nada como el aroma a conocimiento perdido para realzar el prestigio de una sociedad.

La idea de que los druidas sabían algo que el resto de nosotros no sabemos proviene de la fascinación por el misticismo que había en Inglaterra y Escocia en el siglo XVIII, abrazada muchas veces de manera jovial para aliviar las tediosas restricciones del calvinismo, el luteranismo y otros movimientos que suponían que todo lo divertido era pecado, o debía serlo. En ese período, la masonería se cristalizó como una hermandad secreta, adaptando como adaptó ciertos elementos de la percepción equivocada de la gente sobre las prácticas místicas de los druidas. El uso masónico de un gorro exótico, entre otros ritos y costumbres, fue sacada del druidismo y otras culturas antiguas.

Hay más misticismo que realidad en la asociación común de los druidas con Stonehenge. Los druidas pueden haber realizado alguna clase de ceremonia en Stonehenge de tanto en tanto, pero eran gente del bosque, y no andaban contoneándose y bailando por la ventosa planicie de Salisbury. Por otra parte, los historiadores determinaron que los orígenes del sitio se remontan a unos dos mil años antes de Cristo, mucho antes de que hubiera indicio alguno sobre la existencia de los druidas. Stonehenge puede haber funcionado como un templo, un observatorio, un monumento o como cualquiera otra decena de cosas. No sabemos a ciencia cierta qué es lo que era; sí sabemos con seguridad que no era druídico.

Druidas modernos bendicen el sol naciente en Stonehenge, que no tiene vinculación con el druidismo.

La cultura irlandesa asimiló muchas creencias y valores druídicos, y sus ecos e influencias pueden hallarse en los poemas de William Butler Yeats y las novelas y cuentos de James Joyce. Algunos elementos místicos del druidismo pueden de hecho constituir el núcleo estilístico que distingue a los autores irlandeses y marcar la razón de su singular impacto sobre la literaura inglesa. La desaparición de los benévolos y refinados druidas provocada por romanos y sajones —más ignorantes que los primeros— puede a su vez constituir la raíz nostálgica de la literatura celta. Yeats hizo uso de ella varias veces en su poesía, incluidos estos versos de *To The Rose Upon the Rood of Time* [*A la rosa sobre la cruz del tiempo*], que sintetizan toda la delicada tristeza celta tan eficazmente como al cantar las estrofas de *Danny Boy*:

¡Rosa roja, Rosa orgullosa, triste Rosa de todos mis días!
Acércate a mí, mientras canto de las cosas antiguas:
de Cuchulain luchando contra la marea implacable;

122

del druida venerable, nutrido por el bosque y de mirada serena,
que arrojó sueños en torno de Fergus, y ruina indecible;
y de tu propia tristeza, que las estrellas, envejecidas
bailando sobre el mar en sandalias de plata,
cantan en su alta y solitaria melodía.

Los druidas aparecen varias veces en el *Ulises* de Joyce, aunque con menos reverencia y más ruidosamente que en las melancólicas referencias de Yeats. Cuando Stephen Dedalus le dice a Buck Mulligan que acaban de pagarle, Mulligan se regocija.

—Cuatro soberanos relucientes —gritó contento Buck Mulligan—. Nos pegaremos una gloriosa borrachera que asombrará a los druidas druidosos. Cuatro omnipotentes soberanos.

Bajó la escalera con las manos alzadas al aire, cantando una canción con acento cockney...

Esas y muchas otras referencias a los druidas en la literatura y el folclore irlandeses contribuyen a alimentar la especulación de que la influencia druídica se extiende en el tiempo, quizás incluso hasta el día de hoy. Como los masones, que gustan de propagar la idea de su vínculo con los templarios, muchos de los que afirman tener una vinculación con las creencias druídicas alientan la idea de que este antiguo movimiento sigue operando en secreto, envolviéndolo todo en un ligero halo conspiratorio. Sus esfuerzos sirven por darle una pátina de misterio a una facción que tuvo más influencia que sustancia y que estaba compuesta más de fábula que de realidad.

Para apreciar la amplitud del gnosticismo, imaginen un club privado cuyas reglas y actividades resultaran atractivas tanto a Hugh Hefner como a la madre Teresa. Si logran hacerse una idea de una organización de ese tipo, pueden comenzar a dilucidar las profundas enseñanzas y contradicciones de los antiguos gnósticos, si no las de sus seguidores contemporáneos.

Su nombre deriva de la palabra griega *gnosis*, que significa *conocimiento*. En este contexto, la definición es inadecuada; tal vez *percepción* o *conciencia* serían más exactas. «Conocimiento» sugiere un aspecto fáctico, intelectual, rechazado por los adeptos del gnosticismo, quienes creen que sólo se puede hallar nuestra verdadera naturaleza espiritual buscando dentro de nosotros mismos. Tanto nuestro cuerpo como el mundo material en el que vivimos son malignos, porque fueron creados por el Dios malicioso del Antiguo Testamento. Nuestro espíritu interior puro, en cambio, es el producto de un Dios superior y más abstracto, como lo reveló Cristo. Así, el gnosticismo puede describirse como una vía para liberar nuestro espíritu puro del encierro de nuestro cuerpo maligno.

Más allá de este núcleo central de su convicción, son pocas las cosas que pueden establecerse fácilmente con relación a los gnósticos, incluidos sus orígenes. Algunas fuentes sostienen que datan de tiempos precristianos, otros dicen que fueron contemporáneos de los primeros cristianos, y algunos identifican el gnosticismo como una reacción contra muchos de los principios firmemente establecidos del cristianismo. Hay una serie de pistas y un puñado de datos para definir las creencias, la estructura y la influencia del grupo en los últimos dos mil años.

Los gnósticos, como los seguidores de todas las religiones, creen que el mundo es imperfecto; pero los gnósticos van más allá, insistiendo en que también es maligno. Como el budismo, el gnosticismo reconoce que la vida está llena de sufrimiento. De hecho, sufrir es inevitable. En la tierra, toda vida sobrevive consumiendo otra vida, y la humanidad consume más de lo que le corresponde. Más allá de sus necesidades básicas de supervivencia, la humanidad inflinge múltiples niveles de sufrimiento a escala general con las guerras, y, a escala individual, con el insulto y la traición. Junto con el sufrimiento están el daño y la muerte causados por catástrofes naturales como los terremotos, las inundaciones, los incendios, las sequías, la peste y la enfermedad.

Pero el espíritu humano, para los gnósticos, es puro. Sólo la materia que lo rodea, incluido el cuerpo que ocupa, es defectuosa. Según ese criterio, la vida es absurda y sólo abandonando este mundo imperfecto el espíritu puede hallar verdadero contento.

La idea de espíritus puros que habitan en un mundo maligno constituye una inversión de los principios cristianos tradicionales, sobre todo como están formulados en el Génesis. El relato inicial del Antiguo Testamento describe un paraíso perfecto en el que dos personas casi perfectas viven en estado de felicidad hasta la llegada de la serpiente que las convence de contaminarlo y contaminarse a sí mismas con el pecado. Los gnósticos sostendrían que el mundo ya era maligno antes de que llegara la serpiente, lo que no les granjeó el cariño de los cristianos.

Este concepto central de un mundo maligno originó un singular cisma en las creencias y prácticas gnósticas, dando lugar a la aparición de sectas ascéticas en un extremo y sectas licenciosas en el otro, lo que nos lleva a la analogía inicial de Hugh Hefner y la madre Teresa bajo el mismo paraguas filosófico. Sorprendentemente, existe una explicación racional para ambos puntos de vista.

Los gnósticos ascéticos, representados por los seguidores de Saturninus y los maniqueos, veían el cuerpo humano como materia maligna y trataban de divorciarse de sus acciones o, más correctamente, de divorciar de ellas sus espíritus puros, tanto como fuera posible. Separar el alma del cuerpo, a su juicio, era el primer paso para elevar el espíritu hacia la salvación final. Creían que la materia, ejemplificada por el cuerpo, era pecaminosa, y que distanciarse de toda materia fortalecía y purificaba su espíritu. En consecuencia, esos gnósticos evitaban comer con otro fin que no fuera la mera alimentación. Se aprobaba el matrimonio porque unía dos espíritus puros, pero las relaciones maritales estaban prohibidas, una decisión que producía mucha frustración y ningún descendiente, ya que los niños eran considerados tan sólo la reproducción de más materia maligna.

Esa misma fundamentación filosófica llevaba a gnósticos licenciosos como los ofitas y los carpocracianos en la dirección opuesta. Si las almas o espíritus puros son ajenos a este mundo maligno, creían esas sectas, entonces no importaba lo que se hiciera aquí en la tierra. Entre esos gnósticos, los conceptos de pecado e inmoralidad rara vez se trataban; por definición, todo lo que hacía el alma era puro y todo lo que hacía el cuerpo era maligno. Dado que eran dos entidades distintas y separadas, ¿para qué preocuparse por las consecuencias?

Eso dio lugar a algunas historias asombrosas sobre las actividades de los gnósticos, de las que muchas desafían la credulidad y algunas recuerdan las mentiras escandalosas divulgadas sobre los primeros cristianos. En el caso de los gnósticos, los propios cristianos tal vez hayan sido los instigadores antes que los receptores.

La práctica de sexo promiscuo es una de las cosas que se atribuían a ese grupo de gnósticos que, tras santificarse entre sí y habiendo sido redimidos, estaban ahora por encima de la ley. «Toda la tierra es tierra», les enseñaban, «y no importa dónde uno siembre, con tal de que siembre.» Unos dos mil años más tarde eso fue parafraseado en «si es agradable, hazlo».

Los ofitas, un grupo de gnósticos cuyo nombre rendía tributo a las serpientes, basaban todo su ceremonia de comunión en la presencia y los actos de una serpiente. La ceremonia comenzaba atrayendo el reptil, mantenido hasta ese momento en la seguridad de su *cista mystica*, y alentándolo a deslizarse entre hogazas de pan, que más tarde eran comidas. Los miembros debían besar en la boca a la serpiente, que, o era muy mansa o estaba muy drogada, para arrodillarse luego y adorar al animal.

A los seguidores de la secta gnóstica liderada por Carpócrates se les daba todavía mayor licencia y estímulo. Los carpocracianos creían que no era posible contaminar y envilecer la pureza del alma, de la misma manera en que no se podía adulterar una perla por dejarla caer en el barro; en su centro, la perla siempre seguiría siendo una perla. Basándose en esa convicción libertina, el alma buscaba experimentar todo lo que estaba a su disposición en este mundo. Los carpocracianos compartían sus parejas sexuales y participaban en grandes orgías, aunque a los varones les ordenaban practicar el *coitus interruptus* no como un método de control de la natalidad, sino como una manera de juntar semen para beberlo como la sangre de Cristo, al igual que se hacía con la sangre menstrual.

Los métodos de reclutamiento de los carpocracianos eran básicos y sin duda exitosos para atraer seguidores varones. Se alentaba a las mujeres más hermosas del grupo a ofrecerse como señuelo para atraer nuevos discípulos, y había una élite de varones llamados levitas que practicaban abiertamente la homosexualidad.

En caso de que una mujer quedara encinta como consecuencia de esas actividades, el feto era abortado, triturado en un mortero, mezclado con miel y especias y comido por los miembros de la secta, una práctica que recuerda escabrosamente las fábulas más espeluznantes que se contaban de los primeros cristianos.

Esa clase de práctica representaba a una rama extremista, quizás hasta demencial, de la creencia gnóstica. Una secta más grande y más respetable era dirigida por Simón el Mago, un carismático erudito que cumple un papel interesante en, por lo menos, un relato bíblico que proporcionó una definición epónima en nuestro idioma.

Nacido en la ciudad samaria de Gitta, Simón el Mago se educó en Alejandría, el gran centro intelectual del mundo civilizado en su época, donde recibió una educación griega de primer nivel y fue bautizado por Felipe. Se decía también que adquirió suficiente habilidad en medicina mágica arábigo-judía como para hacerse invisible, levitar a voluntad y metamorfosearse en animal; o al menos convenció de ello a quienes lo escuchaban.

Seguidor de Juan el Bautista, Simón tenía sus propios discípulos y, no sorprende, era considerado un potencial competidor de los primeros líderes cristianos. Aparece en el Nuevo Testamento (Hechos 8: 9-24) visto desde un ángulo menos favorable, cuando se encuentra con los apóstoles Pedro y Juan y trata de comprarles poderes espirituales, dando con ello origen a la palabra *simonía*, o la práctica de negociar con poderes o cosas espirituales.

La reprimenda de Pedro («tu dinero perezca contigo, porque has pensado que el don de Dios se obtiene con dinero. No tienes tú parte ni suerte en este asunto, porque tu corazón no es recto delante de Dios») puede haber motivado que Simón instituyera el gnosticismo, como le pedían algunos discípulos. Aunque no fue en realidad el fundador de la religión, se lo reconoce como el inspirador de una facción cuyos miembros fueron llamados, precisamente, simonistas. En opinión de Simón, compartida por la mayoría de los gnósticos, el verdadero Dios tenía un aspecto femenino, una Diosa Madre referida a veces como Sofía, en honor a Su sabiduría.

Esa idea enfurecía a los primeros cristianos, pero no era tan revolucionaria como parece hoy. De hecho, la versión hebrea del Viejo Testamento identifica el Espítitu de Dios como *Ruwach*, un término de género femenino. Simón estaría al tanto de esa referencia, y tal vez la usó como un peldaño hacia nuevas interpretaciones de la naturaleza de Dios. Como suele ocurrir cuando los librepensadores desafían la autoridad dominante, el problema no era tanto lo que Simón postulaba, sino la forma en que lo postulaba.

El gnóstico Simón el Mago, que dio su nombre a un acto impopular, se cayó al Foro Romano mientras intentaba ascender al cielo.

Posteriormente, personificó su visión de la feminidad de Dios en Helena, una mujer de Tiro de la que algunos cristianos sostenían que era una prostituta y a la que otros describían como «una perra desvergonzada», y que había sido atraída por Simón del lecho de Dositeo, su antiguo maestro. Cualquiera que fuera la atracción carnal que Helena hubiera representado para Simón, parece que fue su inspiración en un nivel algo más alto, porque afirmó ver en ella el Espíritu de Dios. Mientras eso respaldaba muchas creencias gnósticas, incluida la idea de que el Espíritu de Dios estaba presente en toda materia, la afirmación de Simón, al decir que ese espíritu había tomado la forma de una mujer perdida para revelarle su divinidad, indignaba a los cristianos.

Los cristianos podían haberse convertido en sus enemigos, pero Simón también tenía amigos. Uno de ellos era el emperador romano Nerón, que lo nombró mago de la corte y se entretenía con la destreza de Simón para hacer que los muebles se movieran sin tocarlos y para atravesar una pared de fuego sin quemarse.

La destreza mágica de Simón, cuenta la leyenda, tenía su límite, y su vida terminó de una de dos maneras, según cuál sea la fuente. Un relato sostiene que Simón se jactaba de que lo enterrarían vivo, al igual que Cristo, y que al tercer día se levantaría de su tumba fuerte y saludable como un roble. El entierro tuvo lugar; la resurrección no.

En el otro relato, Simón alardeaba de que ascendería al cielo desde el Foro, con los apóstoles Pedro y Pablo observando el hecho como testigos. Empleando sus habilidades de levitación, comenzó a remontarse al cielo al mismo tiempo que Pedro y Pablo se arrodillaron, rogando fervientemente que Simón se cayera. Los ruegos fueron respondidos, y Simón cayó al Foro, haciéndose añicos cerca de la Vía Sacra. A los que se adhieren a esta versión les encanta visitar la iglesia de Santa Francesca Romana, donde se exhibe la piedra en la que Pedro y Pablo se hincaron para rezar, con la marca de sus rodillas impresa en la superficie del mármol.

La muerte de Simón el Mago y de otros líderes de la secta gnóstica no produjo ni el colapso de la religión ni su ascenso, como

ocurrió con el cristianismo. El núcleo de la creencia gnóstica continuó evolucionando, impulsado por nuevos líderes, y aunque al credo no le faltó una renovación constante durante varios siglos, el resultado fue un espectro muchas veces apabullante de variaciones en cuanto a prácticas y valores.

De hecho, junto con el concepto de un Dios verdadero, supremo y trascendente y un mundo imperfecto en el que habita el hombre, el único factor constante entre las sectas gnósticas fue la idea de los eones, seres intermedios que llenan el vacío entre el hombre y Dios. Los eones y Dios componen el reino del Pleroma, o Plenitud, porque gozan de la plena potencia de la divinidad. En las enseñanzas gnósticas, la Helena de Simón el Mago, rebautizada Sofía en honor a su sabiduría, era un eón. Para los gnósticos, el hombre, mientras el espíritu permanezca atrapado dentro de su cuerpo imperfecto y maligno, es meramente existencial. En lugar de habitar la Plenitud que se nos promete, vivimos en el Vacío.

El ingrediente más valioso del espíritu es una Chispa Divina, el elemento que nos separa de otras formas de vida y que se halla atrapado en la prisión del cuerpo. A menos que en el curso de la vida se adquiera el grado necesario de gnosis, después de la muerte la chispa volverá a encarnarse en otra forma imperfecta y maligna de vida terrenal.

No todos los hombres pueden lograr la meta de conservar el elemento espiritual más allá de la existencia eterna. Aquellos que son suficientemente fuertes espiritualmente como para hacer la transformación son llamados *neumáticos*; ellos alcanzarán la gnosis y la liberación. Los de un segundo grupo, identificado como los *psíquicos*, tienen poca conciencia del mundo espiritual que hay más allá de la mente y la materia; con esfuerzo y percepción suficientes, pueden alcanzar el nivel de neumáticos. La mayor parte de los hombres, llamados *hylicos*, son terrenales y materialistas. Su consagración a la realidad física y su incapacidad de alcanzar la *gnosis* los condenan a mantenerse para siempre en una existencia imperfecta y maligna.

Cuando el cristianismo adquirió mayor fuerza se volvió menos tolerante con el gnosticismo. A juicio de los cristianos, los gnósticos eran básicamente cristianos que se habían desviado tanto de la senda que sus creencias se habían vuelto heréticas. Hayan o no los gnósticos sufrido abusos a manos de los cristianos, lo cierto es que sus filas disminuyeron y comenzaron a mostrar el clásico comportamiento asociado con las sociedades secretas, incluido el uso de iniciaciones, claves, saludos secretos y comunicación por medio de códigos y símbolos. Para finales del siglo tercero de nuestra era, el gnosticismo dejó de ser un movimiento influyente, aunque pueden reconocerse elementos de sus enseñanzas centrales en la doctrina dualista del maniqueísmo, así como entre grupos religiosos medievales tales como los albigenses, bogomilos y paulicianos. Quienes estudian la cábala advierten núcleos de gnosticismo en esa filosofía, y se dice que existe una pequeña secta gnóstica no cristiana, los mandaenos, en algunos rincones de Irak y de Irán. Por lo demás, durante casi mil setecientos años el gnosticismo pasó a ser algo así como una nota a pie de página con respecto al ascenso y la dominación logrados por el cristianismo en el mundo occidental, siendo interrumpido su casi anonimato sólo por el esfuerzo que gente como Jakob Boehme (1575-1624) hicieron para revivir el movimiento, y por los ecos de su filosofía en los escritos de William Blake.

El gnosticismo recibió en el siglo XX dos inyecciones de renovado interés. La primera fue en 1945, cerca de la aldea egipcia de Nag Ham-

Los textos gnósticos, recuperados en 1945 de su escondite en el desierto cerca de Nag Hammadi, Egipto.

madi, donde un campesino que cavaba una zanja de irrigación descubrió doce códices que contenían más de cincuenta escritos gnósticos cuyo origen data del siglo IV d. C. Probablemente redactados por monjes del vecino monasterio de San Pacomio y ocultos para que no fuesen destruidos por la incipiente Iglesia ortodoxa, los escritos proporcionaron abundante información sobre las enseñanzas y los valores gnósticos.

Mientras tanto, el psicólogo Carl Jung valoraba el gnosticismo como una fuente de inspiración para sus innovadores experimentos y escritos sobre el funcionamiento de la mente. A ese respecto, hallaba al cristianismo carente de percepción comparado con el gnosticismo. «En el mundo antiguo», escribió Jung, «los gnósticos, cuyos argumentos estaban muy influidos por la experiencia psíquica, abordaron el problema del mal de una forma más amplia que la patrística cristiana».

Esos hechos, más el frenesí inducido por drogas para explorar las prácticas y creencias místicas que invadieron Norteamérica en la década de 1960, revitalizaron otra ola de interés en el gnosticismo. No obstante, en su mayor parte, los gnósticos son actores secundarios en un drama que se extiende durante más de dos mil años, siendo su secreto más una forma de protegerse de los ataques de los cristianos que un medio para realizar actos en contra de la sociedad.

Capítulo V

Cábala

Los orígenes del Apocalipsis

La fábula dice así:

Un hombre en busca de las verdades universales viaja a Israel, donde estudia una antigua escuela de misticismo basada en los mismos textos hebreos de los que salió la Biblia. Absorbiendo esa sabiduría de siglos de labios de un anciano erudito judío, el hombre logra un grado de esclarecimiento que no había alcanzado mediante otros sistemas de creencias. Con cada revelación de esos conocimientos antiguos, siente que su alma se eleva, que sus poderes se amplían, que su percepción se agudiza y que sus horizontes se ensanchan.

»Cuando muere su mentor, el hombre promete transmitir la sabiduría adquirida a un grupo selecto de personas dispuestas a realizar los sacrificios necesarios para absorber los conocimientos y beneficiarse con las enseñanzas. Lleva su mensaje hasta los confines de la Tierra, revelando a la humanidad secretos ocultos durante milenios. Transmitirá ese poder para alertar a la humanidad sobre su destino. Y se convertirá en la nueva fuente de la antigua sabiduría conocida como la *cábala*.

Ni una religión ni una organización, la cábala es un sistema de pensamiento sacado de la teosofía, la filosofía, la ciencia y el misticismo judíos. Existen diversas interpretaciones (y grafías) de la palabra, pero todas se relacionan con la idea de una tradición oral secreta transmitida de generación en generación por eruditos y hombres sabios a unos pocos estudiantes elegidos. La exclusividad de esos conocimientos y la estructura cerrada de la cábala dieron origen a la palabra inglesa *cabal*, que significa una intriga secreta de naturaleza siniestra. Con el tiempo, esa definición invirtió su curso de tal forma que esas características se aplican ahora a la palabra primaria, sin tener en cuenta su intención original. La cábala, creen muchos, funciona de acuerdo con la definición de *cabal*, lo que sugiere un grupo de conspiradores semitas que trabajan en las sombras para lograr fines deshonestos por medios secretos.

La cábala comenzó como una tradición oral, una interpretación de la palabra de Dios como se expresa en los primeros cinco libros del Antiguo Testamento: el Génesis, el Éxodo, el Levítico, los Números y el Deuteronomio. En la Torá, también conocida como Los Cinco Libros de Moisés, esos libros representan una base filosófica general para la cábala, incluyendo las descripciones históricas del origen del judaísmo y más de seiscientas leyes específicas.

Aquellos que estén familiarizados con el Antiguo Testamento advertirán que, con excepción del Deuteronomio, esos libros casi no contienen leyes. Están compuestos básicamente de historias y analogías, sobre todo el Génesis y Números, como una manera de presentar ideas que podrían traducirse en leyes.

En lo referido a las leyes, la antigua teología hebrea se dividía en tres secciones. Primero estaba la ley bíblica general, enseñada a todos los niños de Israel. Seguía luego la *mishna*, el alma de la ley, al que accedían los rabinos y los maestros. Finalmente, venía *el alma del alma de la ley* —la cábala—, oculta a todos salvo a los judíos más perceptivos y de mayor dignidad.

Más allá de esa definición, las cosas se vuelven confusas para los no iniciados. Por un lado, los adeptos de la cábala y los judíos en general creen que cada palabra y cada letra de cada palabra de la Torá tienen un significado especial, requiriéndose sabiduría y percepción para decodificar su verdadero significado. Por el otro, los relatos de la Torá no siguen un orden cronológico estricto; la ubicación de una historia puede tener que ver más con el concepto de estructura de la creencia que con su relación con las historias que la preceden o que la siguen. Con un espectro de interpretaciones tan amplio, no sorprende que distintas facciones se hayan aferrado a su propia explicación de los mensajes supuestamente ocultos de la Torá. Una facción sugiere incluso que el contenido entero de la Torá constituye el verdadero nombre de Dios, descompuesto en historias para que los mortales, al carecer del discernimiento divino, puedan asimilarlo.

Ese intento de conocer lo incognoscible es una tarea desafiante, confusa e inhibidora, y en un sentido la cábala es una técnica de lógica alternativa para explorar esos significados mediante una transformación de la conciencia. Otras disciplinas que emplean técnicas similares para lograr resultados similares son el hinduísmo, el budismo, el taoísmo, el zen y algunas formas de yoga. Originalmente, se requería instrucción extensiva para elevar al nivel necesario la conciencia del buscador, un proceso que implicaba una serie de experiencias cada vez más radicales y exigentes.

Con el tiempo, la cábala pasó a ser un rótulo que comprende todo el espectro de la filosofía judía, concebida para sondear el misterio de la vida y la muerte descubriendo la esencia de Dios. Como prueba, los eruditos de la cábala señalan elementos de esa búsqueda en la Biblia, como en estos extractos del primer capítulo de Ezequiel:

Los cielos se abrieron, y contemplé visiones divinas... Y miré y he aquí que vi un viento tempestuoso que venía del norte, y una gran nube con fuego fulgurante y resplandores en torno, y en el medio del fuego, un fulgor como de ámbar. (Ezequiel I: 1,4)

El estudio místico del Creador puede haber sido importante, pero, en opinión de muchos rabinos, también era peligroso. Según una historia talmúdica muy conocida, cuatro rabinos se juntaron una vez para sumirse en estudios místicos, prometiendo mantenerse en meditación profunda sobre el significado de la Torá hasta que lograsen comprenderlo. Con el tiempo, uno enloqueció, otro sufrió una muerte prematura y un tercero se volvió hereje, abandonando la fe de sus padres. Sólo el cuarto abordó la cuestión en paz y la abandonó en paz. Esa historia, junto con otros relatos de individuos que perdieron el juicio mientras estaban consagrados al estudio de las enseñanzas de la cábala, sirvió durante siglos como advertencia para señalar que no se debe jugar con los secretos místicos.

Sea cual sea el verdadero significado de la Torá, los cabalistas coinciden en general en que lo más propio es considerar la cábala una herramienta útil, no un ejercicio intelectual. Como todas las herramientas, debe destinarse al propósito constructivo de esclarecer a la humanidad, y no ser empleada en soledad con el objeto egoísta de enriquecerse, material o espiritualmente. En esencia, los cabalistas comparten objetivos similares con las religiones tradicionales, particularmente con los gnósticos. Ambos buscan respuesta a las preguntas acuciantes: *¿Por qué un Dios bueno y clemente introdujo el mal en el mundo que Él creó? ¿Cómo pudo un Dios infinito crear un mundo finito? ¿Cómo pueden los humanos conocer lo Incognoscible?*

La cábala aborda el misterio de dos maneras; una, lógica, y la otra, alegórica. La explicación lógica sostiene que *toda idea contiene su propia contradicción*, y dado que Dios es la suma de las ideas, Él contiene todas las contradicciones. Bien y mal, justicia e injusticia, clemencia y crueldad, límites e infinito y otros opuestos se unen todos en un todo más grande que es Dios.

La versión alegórica sugiere que Dios es un espejo que emite una luz brillante. Esa luz llega al mundo después de ser redirigida hacia nosotros por una serie de espejos; en cada una de esas reflexiones pierde algo de brillo, y así, cuando llega a la Tierra, gran parte de su resplandor ha sido absorbido y la luz pura tiene máculas. Entre las máculas están el mal y el dolor, y los seres humanos deben o bien ver a través de esas imperfecciones, o acercarse a la fuente de luz y a su brillo inmaculado original.

Si los adeptos de la cábala buscaban meramente el conocimiento de cuestiones que han acuciado a todas las culturas a lo largo de la historia, ¿por qué se los consideró enigmáticos y siniestros? ¿Y cómo de eficiente es el movimiento al abordar hoy esos misterios?

Para dar una idea simplificada de la cábala y sus devotos, puede dividirse el movimiento en tres épocas o fases: antigua, medieval y moderna. Cada una es distinta de las demás, hasta tal punto que son más las diferencias que las similitudes.

La cábala se remonta hasta la profanación del Edén, cuando los ángeles, que obtuvieron la sabiduría de la cábala directamente de Dios, le transmitieron sus conocimientos a Adán, en un intento de ayudarlo a él y a Eva a regresar al abrazo del Creador. Los que suscriben este relato creen que esos mismos conocimientos les fueron pasados a Noé, Abraham y Moisés, quien incluyó los primeros cuatro libros de la Biblia en las enseñanzas cabalísticas.

Además de esos textos bíblicos, otros tres libros rigen la filosofía cabalística antigua: el Libro de la Creación (*Sepher Yetzirah*), el Libro del Esplendor (*Sepher ha Zohar*) y el Apocalipsis, el Libro de la Revelación. Algunos seguidores de la cábala sostienen que el autor del Libro de la Creación fue Abraham, aunque los eruditos modernos establecen la fecha de su escritura en el siglo XII d. C. El Libro del Esplendor data aproximadamente del 160 d. C., y su autor fue el rabí Shimón bar Yojai, quien, sentenciado a muerte por el corregente del emperador romano Marco Aurelio, se escondió durante doce años en una cueva mientras escribía el texto.

El autor del Apocalipsis pudo o no haber sido san Juan, y el papel del libro sigue siendo polémico, tanto dentro de la cábala como de la sociedad cristiana. Algunos eruditos lo clasifican como «escritura pagana», surgida de la mente astuta de alguien versado en misticismo egipcio y griego, y elaborado como un contraataque a los esfuerzos de los cristianos por convertir a los paganos. Según esa teoría, el propósito del Apocalipsis era servir como medio para convertir a los cristianos nuevamente en paganos. En un corolario de esa idea, popular a comienzos del siglo XX, los «paganos» bien pudieron haber sido judíos que buscaban satirizar el cristianismo para su propio entretenimiento y sus propios fines. Cualesquiera que sean su origen y su objetivo, las escenas de muerte, destrucción y salvación selectiva del Apocalipsis son difíciles de comprender para los lectores modernos, y sobre todo las identidades vinculadas a sus muchas alegorías. Para los lectores de hace más de mil quinientos años, por ejemplo, la alegoría de La Gran Ramera que aparece en el Apocalipsis se refiere a Babilonia, y la bestia de siete cabezas en la que cabalgaba se entendería como una representación de Roma y de sus siete colinas.

Ignorando el código de esas interpretaciones, los lectores contemporáneos, en especial aquellos que pertenecen a ramas fundamentalistas/evangelistas de la fe, parecen deleitarse en las visiones del Apocalipsis, descubriendo profecías y vaticinando mitos que dos mil años de especialistas en textos hebreos parecen haber pasado por alto.

Más relevante e intrigante que la cuestión de la autoría o aun que el objetivo específico de los libros antiguos es el símbolo del Sefirot, o Árbol de la Vida, surgido de la alegoría en la que la luz perfecta de Dios se desdora en su viaje a la Tierra. De esa idea de una emanación del Creador salieron otras nueve, produciendo diez centros o esferas [sefirot] vinculadas, unidas por senderos. El resultado fue un instrumento que, con el debido respeto a los adeptos sinceros de la cábala, parece un juego de mesa cósmico.

Se ha rastreado la pista del Sefirot hasta el siglo décimo, y algunos eruditos en textos hebreos sugieren que se originó en el siglo tercero, siendo presentado por primera vez en el *Sefer Yetzirah*, o Libro de la Creación. Según el *Sefer Yetzirah*, Dios empleó treinta y dos senderos de conocimiento secretos cuando creó el mundo, formados por las diez emanaciones del Sefirot (cada emanación es una *sefirá*)

Handwritten margin notes:
Conciencia Realizada / Inconciente
arco Iris
Ens Solram
Adam
Eva
Conciencia Actualizada / consciente

El antiguo Sefirot o Árbol de la Vida, que traza el sendero de la Tierra a la perfección del cielo.

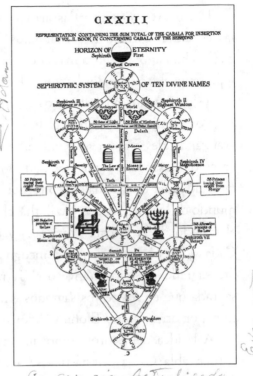

más las veintidós letras del alfabeto hebreo. Juntos, los treinta y dos componentes constituyen el Árbol de la Vida y son la imagen central de la meditación cabalística. Además de indicar el sendero que usó Dios para descender al mundo material —y la ruta que deben tomar los mortales en su ascenso hacia Dios—, los elementos del Sefirot encierran en realidad el nombre sagrado de Dios.

En este punto, las cosas se vuelven densas y complejas.

La base del Sefirot (Malkut) representa el mundo, con todos sus defectos e imperfecciones. El pináculo (Keter) representa a Dios, o la Suprema Corona. Lo demás se identifica de la siguiente manera:

Chokma (Sabiduría)   Tiferet (Belleza)
Binah (Inteligencia)   Netzach (Victoria)
Chesed (Misericordia)   Hod (Esplendor)
Pechad (Temor)   Yesod (Cimiento)

Eva

Las nueve *sefirot* situadas arriba del Malkut y los senderos que las conectan forman tres triángulos. Esos triángulos simbolizan el cuerpo humano; el punto más alto representa la cabeza, la parte media representa el tronco y los brazos, y la parte inferior representa las piernas y los órganos reproductivos. *clave para la forma mi casa mía (meditar)*

Por medio del Sefirot, el hombre puede ascender hasta Dios avanzando de *sefirá* en *sefirá*, adquiriendo la sabiduría de cada esfera antes de pasar a la siguiente. Cada *sefirá* se divide en cuatro secciones, cada una de las cuales representa uno de los Cuatro Mundos: el mundo de los Arquetipos (Aziluth), el mundo de la Creación (Briah), el mundo de la Forma (Yetzirah) y el mundo Material (Assirah). Cada *sefirá* contiene además el incognoscible e impronunciable nombre *solo mentalmente* sagrado de Dios, Yahvé o el Tetragrammaron, una palabra tan sagrada que en los textos sagrados empleados por la cábala se sustituye por otras, como Elohim, Adonai y Jehová.

A la idea del Sefirot como un rompecabezas religioso-filosófico o una tabla Ouija eclesiástica se agregaba, como un estímulo del ingenio, el principio de que cada *sefirá* está protegida por ángeles. Su papel es impedir que quienes ascienden se acerquen a Dios, a menos que posean la sabiduría adquirida, la pureza de alma y la determinación necesaria para continuar su ascenso a la siguiente *sefirá*.

Todos aquellos que están familiarizados con la cábala conocen y entienden el Sefirot, pero pocos coinciden completamente en cuanto a su propósito o su aplicación. Algunos creen que representa las etapas del proceso empleado por Dios para crear una sucesión de reinos que finalmente produjeron el universo. Otros sugieren que representa las leyes fundamentales de la física, como la gravedad y el magnetismo.

Para los místicos de la antigüedad, el Sefirot ofrecía ilimitadas oportunidades de explorar, intelectual y espiritualmente, el misterio fundamental de la vida. Estudiar sus senderos, evaluar sus componentes e intercambiar opiniones sobre sus significados les generaba a ellos tanta diversión cultural como la que nos genera hoy a nosotros cualquier aparato electrónico de entretenimiento, aunque los objetivos del Sefirot son infinitamente más elevados, por supuesto. Eso explica por qué la cábala y el uso del Sefirot se propagaron por Europa y entraron en Alemania e Italia, y cómo generaron múltiples ramas e interpretaciones. Esos diferentes significados eran o bien fervientemente defendidos o bien debatidos en clave por sus seguidores en reuniones secretas.

La complejidad del diseño del Sefirot, la densidad de su interpretación, su papel de intrumento para descifrar un código únicamente disponible para los devotos de la cábala, y el antisemitismo latente, todo alimentaba la desconfianza entre los ajenos a este sistema de pensamiento, muchos de los cuales sospechaban que los adeptos de la cábala eran miembros de una sociedad secreta que buscaba derrocar el cristianismo.

En el siglo XIII, un judío español llamado Moisés de León introdujo nuevas capas de misterio en la cábala, y nuevas fuentes de paranoia entre quienes le eran ajenos y consideraban el movimiento una amenaza. Según sea el punto de vista, De León fue o un místico religioso brillante, con la buena fortuna de toparse con un documento cabalístico antiguo, o un P. T. Barnum medieval.

Nacido en 1250, Moisés de León sabía usar frases rimbombantes, carentes de una idea bien definida, para pontificar casi cualquier cosa, como esos efusivos anunciantes que venden artículos de cocina en televisión a altas horas de la noche. Escribió varios manuscritos sobre los principios de la cábala, algunos de ellos intencionalmente provocativos, pero su *Midrash de Rabí Shimón bar Yojai*, más conocido como el Zohar («Esplendor»), fue el que esencialmente revitalizó e imprimió una nueva dirección a la cábala.

Escrito en arameo, el idioma del Talmud, el Zohar es un extenso comentario de la Torá, los primeros cinco libros de la Biblia, que busca explorar los aspectos místicos de sus conocidas historias. El Zohar define el alma humana como formada por tres elementos: el *néfesh* o plano inferior animal, ligado a los instintos y los deseos corporales; el *rúaj* o alma media, que contiene las virtuden morales, y el *neshamá*, la dimensión más alta del alma. Además de separar al hombre de los animales, el *neshamá* le permite a los seres humanos compartir una vida después de la muerte. De León, que sostenía haber entrado en posesión del documento original bosquejado por el rabí Yojai, hizo y vendió varias copias.

Desde un comienzo, los lectores del Zohar se dividieron en lo tocante a su significado y a su autenticidad. Los adeptos más fervientes de la cábala y muchos destacados estudiosos del Talmud aceptaban la afirmación de De León cuando éste decía que el contenido del Zohar eran revelaciones de Dios transmitidas a través del rabí Bar Yojai a sus devotos discípulos hacía más de mil años. Otros estaban menos seguros, y más de uno sospechaba que De León era un impostor. Esta última opinión está respaldada por la historia de un hombre rico que, tras la muerte de De León en 1305, se acercó a la viuda y le ofreció una gran suma de dinero a cambio del documento original del Zohar. La viuda, que quedó en la indigencia, confesó que no existía ningún original: su esposo había sido el único autor. «Cuando le pregunté [a él] muchas veces por qué ponía sus enseñanzas en boca de otros», explicó la mujer, «siempre respondía que las doctrinas puestas en boca del milagroso Shimón serían una mejor fuente de ganancias».

El hombre rico que buscaba la copia original del Zohar tal vez se decepcionó ante esa historia, pero no los seguidores más fanáticos. «Si en efecto De León escribió esas palabras», replicaron, «entonces las escribió ayudado por el poder mágico del Santo Nombre, y no importa en boca de quién quiso ponerlas; emanaron de la boca de Dios, y eso es todo lo que necesitamos».

Ganaron los fanáticos, en parte gracias al atractivo estilo literario de De León, al convencer a muchos de que sólo Dios podía haber hablado con tal elocuencia. Pronto, el Zohar se estaba citando con tanta veneración como la Biblia, e incluso eruditos talmúdicos comenzaron a considerarlo un libro sagrado, consultándolo como fuente al tratar diferentes cuestiones teológicas.

El éxito genera éxito, tanto en cuestiones editoriales como teológicas. Pronto apareció un apéndice del Zohar. Titulado el *Raaya Meheimna*, su desconocido autor agregó otras dos partes del alma a la descripción que hace el Zohar: el *chayyah*, que provee al hombre la conciencia de la fuerza vital divina, y el *yehidah*, el plano más elevado del alma, donde se vuelve alcanzable la unión con Dios.

El Zohar, el Talmud y el Sefirot pueden ser tanto una fuente de rica inspiración como de interminable especulación para sus seguidores, pero ¿cómo pudieron esas concepciones arcanas sumir la cábala en el terreno de las sociedades secretas y en el torbellino de amenazas y conspiraciones que se les atribuyen?

El antisemitismo jugó su papel habitual, ayudado de tanto en tanto por la infalible especulación autocumplida. Desde el siglo XIII hasta el siglo XVII, en Gran Bretaña se admitía con cierta aflicción que los judíos celebraban ceremonias religiosas secretas, en las que se discutían aspectos de la cábala. Y sin duda era verdad. Los alarmistas ingleses convenientemente olvidaban, o pasaban por alto, que Eduardo I había expulsado a los judíos de Inglaterra en 1290. Aquellos que se aventuraron a volver, junto con sus descendientes, se vieron obligados a celebrar ceremonias clandestinas, negando al mismo tiempo su existencia y cumpliendo así con los clásicos requisitos de una sociedad secreta.

La cábala, con todas sus complejidades y su misticismo, tenía todo lo necesario para que los denunciantes de conspiraciones catalogaran el movimiento como subversivo y peligroso. En su libro *Secret Societies and Subversive Movements*, bien documentado pero escandalosamente racista, la autora Nesta H. Webster postuló la existencia de dos cábalas. La versión antigua, es decir, antes de la aparición del Zohar, era la cábala buena, llena de sabiduría transmitida de generación en generación por patriarcas judíos. La cábala moderna, que incluía el Zohar y sus derivaciones, era simplemente mala. Según Webster, el sabio consejo original del Zohar había sido «... mezclado por los rabís con supersticiones bárbaras, combinado con sus propias imaginerías y, por lo tanto, marcado con su sello», lo que a su juicio hacía que se lo considerase «... falso, condenable y condenado por la Santa Sede, la obra de rabís que también falsificaron y pervirtieron la tradición talmúdica».

Siempre que surgió la oportunidad, las excentricidades de algún individuo sirvieron para personificar en ellas la cábala y su naturaleza subversiva, a ojos de quienes preferían verla desde ese prisma. A mediados del siglo XVIII, nadie fue más adecuado para ese fin que Hayyim Samuel Jacob Falk, un célebre excéntrico londinense. Además de fomentar la afiliación a la cábala, Falk aseguraba hacer milagros, un talento sacado de la sabiduría de la cábala. Falk podía mantener encendida una pequeña vela durante semanas, llenar su carbonera repitiendo un encantamiento especial y cambiarle a un prestamista un valioso plato por efectivo sólo para que el plato apareciese misteriosamente en su casa antes de que él volviera. O al menos las historias decían eso. Cuando la Gran Sinagoga de Londres se vio amenazada por un incendio, se cuenta que Falk escribió cuatro letras hebreas en la puerta, haciendo que el fuego no tocara el edificio a pesar de que consumió construcciones vecinas.

A Falk parecía encantarle la sensación de misterio y ocultismo que lo envolvía. También le gustaba vivir bien; el ascetismo no tenía lugar en su estilo de vida. En una carta enviada a un amigo, un contemporáneo de Falk le describía un encuentro con el místico:

Su cámara está iluminada por un candelero de plata que hay en la pared, con una lámpara de ocho brazos en el centro, hecha de plata pura repujada. Y aunque contenía aceite para un día y una noche, continuó encendida durante tres semanas. En una ocasión, [Falk] permaneció encerrado en su habitación seis semanas sin comer ni beber. Cuando al cabo de ese período fueron llamadas a entrar diez personas, lo encontraron sentado en una suerte de trono, la cabeza cubierta con un turbante dorado y una cadena de oro alrededor del cuello, de la que pendía una estrella de plata con nombres sagrados grabados en ella. Este hombre es realmente único en su generación, por su conocimiento de misterios sacros. No puedo contarte todos los prodigios que realiza. Agradezco haber sido juzgado digno de ser admitido entre los que viven a la sombra de su sabiduría.

La riqueza de Falk y el poder de su personalidad atraían a su lado a los ricos y famosos como él, entre los que se contaban duques, príncipes, diplomáticos y banqueros. Cuando murió, Falk era uno de los hombres más acaudalados de Londres, dejando legadas enormes sumas de dinero para obras de beneficencia y sinagogas; más de un siglo después de su deceso seguían efectuándose pagos anuales, provenientes de su patrimonio, destinados a los pobres.

Todo esto podría haberse visto como las inocentes excentricidades de un personaje pintoresco, de no haber sido por su conexión con la cábala y por un retrato, de amplia circulación después de su muerte, en el que Falk está posando con un compás y una estrella de David. Con un «¡ajá!» que debió de retumbar desde Londres hasta Lisboa, los teóricos de la conspiración sostuvieron que la estrella *no* era un símbolo del judaísmo, sino dos triángulos entrelazados, emblema de los masones; una deducción que resultaba obvia, insistían, por la presencia del compás.

Hayyim Samuel Jacob Falk y la «prueba» de una conexión cábala-masonería.

145

El vínculo alegado con los masones fue suficiente para montar la cábala una vez más en el caballo de las sociedades secretas, que inmediatamente salió galopando en todas direcciones. La primera parada fue el Sefirot, donde los amantes de las conspiraciones vieron una fascinante variedad de mensajes ocultos. Tiferet (la Belleza) ocupa la posición central en el Sefirot. Interpretaciones posteriores sugirieron que la experiencia de Tiferet le exigía al individuo pasar de la forma humana a un estado «informe», un proceso que los freudianos podrían llamar «trascender el ego», que conduce al renacimiento o resurrección y finalmente se metamorfosea en un símbolo de Cristo. Desde allí hubo sólo un paso para asociar eso con el Santo Grial, supuestamente en posesión primero de los templarios y luego de los masones, lo que inspiró nuevas conexiones con nuevas constelaciones de sociedades secretas. Esas reinterpretaciones, limitadas únicamente por la imaginación del instigador, dieron pie a una horda de organizaciones ilimitadas, desinhibidas y a menudo insondables que abordaban las diversas filosofías ocultas como si fueran una mezcolanza de misterios en espera de ser degustados.

Uno de esos grupos era la Orden Hermética del Amanecer Dorado, que usó la filosofía de la cábala como base de un exótico estofado que combinaba el Sefirot con diversas deidades griegas y egipcias. Para agregar sabor, se añadieron teorías hindúes y budistas, sirviéndose el guiso en platos prestados por los masones y los rosacruces.

Aprovechando una ola de interés en el ocultismo, el Amanecer Dorado atrajo a miembros de la élite británica cuya vida necesitaba una inyección de misterio, cualquiera que fuese su origen o validez. Quizás el más admirado y famoso de los miembros del Amanecer Dorado fue el poeta William Butler Yeats, quien, como hemos visto, también sondeó el pensamiento druídico en busca de inspiración. El miembro más vilipendiado y de más triste fama fue sin duda Aleister Crowley.

Nacido en 1875 en el seno de una familia que había heredado una importante fortuna de su abuelo, Crowley desarrolló una fijación por el sexo en medio de los valores estrictos del victorianismo tardío, una contradicción que tal vez explique su extraña vida. A los catorce años dejó encinta a una de las sirvientas de la familia, y fue expulsado de diversas escuelas por comportamiento similar; en una escuela lo echaron cuando se descubrió que había sido contagiado de gonorrea por una prostituta. No obstante, era suficientemente inteligente (y rico) como para matricularse en la Universidad de Cambridge, donde se pasaba gran parte del tiempo escribiendo poesía sexualmente explícita. El día que cumplió veintiún años, después de pedir su parte de la herencia familiar, Crowley abandonó Cambridge con poco pesar y se lanzó a una vida de exceso sexual, adicción a narcóticos, muchos viajes y curiosidad mística. Incluso halló tiempo para escribir varios libros.

Al unirse al Amanecer Dorado, Crowley conoció el Sefirot. Inspirado por la idea de un método mecánico para explorar los misterios interiores del alma, fundó su propia organización, la Astrum Argenium, o Estrella de Plata, y asumió el control de la Ordo Templi Orientis (Orden de los Templarios Orientales), u OTO. Ambas empleaban elementos de la cábala en sus enseñanzas. Gracias a su sexualidad desproporcionada («Deliro y violo y rasgo y arranco», dice en uno de sus trabajos más prosaicos) y sus extensos escritos, absor-

El conocido Aleister Crowley de joven. Entre orgías y festines de opio, descubrió la cábala.

bidos con fruición por los lectores de la época eduardiana tardía al mismo tiempo que los condenaban por su amoralidad, Crowley se convirtió en una figura notoria en toda Europa. Residió durante muchos años en Italia y Egipto, donde, entre orgías y festines de opio, se las arregló para escribir varios manuscritos. Dos de sus libros más conocidos, *Diario de un amigo drogado* y *Magia en teoría y práctica*, son referencias indirectas de su estudio de la cábala y el Sefirot. Otra publicación, *Liber 777*, consiste en una serie de tablas que relacionan magia ceremonial y principios religiosos de religiones orientales y occidentales con treinta y dos números, representando las diez *sefirot* y los veintidós senderos del Sefirot. La notoriedad de Crowley y su asociación con la cábala, inventada como era, fortalecieron en algunos sectores la convicción de que la filosofía mística judía constituía un serio peligro para los valores cristianos y que era parte de una conspiración universal no declarada.

Crowley murió sin un penique en 1947. Su influencia personal puede haberse desvanecido con los años, pero logró que, para muchas personas, la cábala sea una organización secreta vinculada, entre otros, con los templarios y los masones.

¿Recuerdan la fábula del hombre que partió a Israel en busca de las verdades universales y la sabiduría antigua y que volvió con los secretos ocultos de la cábala? Su nombre era Feivel Gruberger. Hizo su viaje a Israel en 1968 no en busca de esclarecimiento, sino en busca de personas que compraran las pólizas de seguro que él vendía de puerta en puerta, y para evitar pagarles la manutención a la esposa y los ocho hijos que dejó en Brooklyn. Para mitigar cualquier soledad que pudiera experimentar en su nueva tierra, Gruberger viajó acompañado por su ex secretaria, una divorciada llamada Karen.

Cualesquiera que hayan sido las oportunidades que se le presentaron para vender seguros en Israel, Gruberger las abandonó cuando conoció al rabí Yehuda Brandwein, un destacado cabalista. Según una creencia muy extendida, Gruberger asimiló todo el profundo conocimiento que el rabí Brandwein tenía de la cábala, superando a su mentor en la comprensión y el discernimiento de esa compleja filosofía, o al menos eso decía él. Llamar a Gruberger un alumno rápido es quedarse corto, porque, cuando el rabí murió, menos de un año después de haber conocido a Gruberger, el ex vendedor de seguros pasó a dirigir la organización de Brandwein.

Poco después del fallecimiento de Brandwein, Gruberger se transformó en un descendiente directo de Moisés llamado Philip Berg, la principal autoridad mundial en cábala, y convirtió el prestigioso seminario del rabí en The Kabbalah Center, trasladando sus oficinas centrales a Los Ángeles, California. Desapareció toda referencia a Feivel Gruberger, el vendedor de seguros mujeriego, o a su familia de Brooklyn. También desapareció la secretaria que había viajado con Gruberger a Israel: la madre de dos hijos divorciada que anteriormente no había mostrado ni interés por ni aptitud para la religión y la espiritualidad era ahora Karen Berg, autora de varios destacados libros sobre la cábala.

La aparición de una congregación religiosa mística instalada en California que prometía de todo, desde bienestar espiritual hasta mejor sexo, atrajo conversos desde un primer momento, lo que no es infrecuente. En California, los grupos de ese tipo proliferan casi tanto como los naranjos, y la vida útil de ambos productos es a menudo similar. Pero el Kabbalah Center demostró ser distinto en muchos aspectos.

En primer lugar, su estructura y atractivo eran únicos. Ninguna otra secta podía hacer alarde de dos mil años de sabiduría acumulada, más un mapa de rutas para el conocimiento espiritual, bajo la

Feivel Gruberger, un agente de seguros de Brooklyn, metamorfoseado en Philip Berg, un moderno gurú de la cábala.

forma del Sefirot. Además, el acceso era tan fácil como cruzar una puerta de McDonald's. En vez de analizar sintácticamente un dogma filosófico escrito en un estilo antiguo, condimentado con referencias vagas y espesado con alegorías, los neófitos sólo necesitaban cumplir un rito visual de diez pasos con algunos senderos que explorar a su propio ritmo. Como medida extra de entretenimiento, podían tratar de descifrar distintas claves que aparecían como letras del alfabeto hebreo, pero eso era opcional e innecesario, según los líderes del Kabbalah Center.

Era una extraña adaptación de un sistema de fe antiguo. Los eruditos medievales creyeron una vez que el Sefirot constituía un corredor hacia la iluminación. Ahora, muchos californianos ansiosos de probar El Credo del Mes lo consideraban una diversión de moda, una pretensión de paz y conocimiento interiores a la que aún debían sumarse otros.

Berg y su personal, que incluía a Yehuda y Michael, los hijos de Karen, demostraron ser comerciantes de gran talento. Después de servir durante dos milenios como una solución mística para las cuestiones más profundas de la vida espiritual, la cábala fue transformada en un supermercado de artículos religiosos, un Wal-Mart de fruslerías y libros espirituales de última moda. Para el 2005 ya se habían «fabricado» más de veinte libros y CD, todos bajo la autoría de Karen Berg y sus hijos. Con títulos como *Dios usa lápiz de labios* y una versión del Zohar en veintidós volúmenes, la colección representó, en la interpretación más favorable, la exitosa explotación comercial de diletantes crédulos, y en la menos favorable, la burla de una tradición antigua. Como si quisieran poner a prueba la credulidad de sus seguidores, los Berg agregaron productos que van desde velas aromáticas y ropa de bebé marca Kabbalah hasta agua mineral bendita y cajas de setenta y dos piedras, cada una de ellas invisiblemente grabada con un nombre diferente de Dios. Por supuesto, creer que hay algo en las piedras es una prueba de fe. Pero quizás ése sea el punto.

La cumbre (o la sima) de su plan comercial la alcanzaron con su invento más exitoso y lucrativo: un pequeño pedazo de cordel rojo cortado, sostienen, de la soga que envolvió una vez la tumba de la matriarca hebrea Raquel. A los seguidores de la cábala se les asegura que, cuando se ata el cordel alrededor de la muñeca izquierda, de la manera indicada «... podemos recibir una conexión vital con las energías protectoras que rodean la tumba de Raquel. También nos permite llevar con nosotros la energía protectora de Raquel y aprovecharla en cualquier momento. Al buscar la Luz de personas santas, como Raquel, podemos usar su poderosa influencia en nuestra ayuda. De acuerdo con la cábala, Raquel representa el mundo físico en el que vivimos». El envío completo, con el manual de instrucciones y los dos pies de cordel, cuesta veintiséis dólares.

Atarse el cordel tal vez sea la acción más difícil que necesitan realizar los miembros de la cábala para alcanzar la sabiduría. Aunque es importante que los seguidores compren libros en el Kabbalah Center, no es necesario que lean su contenido. Berg y sus instructores le aseguran a todo el mundo que con sólo pasar la yema de los dedos por encima del texto, en un procedimiento llamado «meditación en velocidad», se puede absorber la sabiduría que encierra. Esa técnica indudablemente se hará popular entre los estudiantes universitarios que deben prepararse para los exámenes.

A los judíos devotos los horrorizó y a los escépticos los divirtió que a un pedazo de soga sagrada y a otros artículos cabalísticos se les pusiera un precio de manera tan escandalosa, y que fueran tomados tan en serio. Sus reacciones se transformaron en consternación cuando muchas estrellas del mundo del espectáculo comenzaron a elogiar los Kabbalah Centers, rindiendo homenaje al ex vendedor de seguros Berg y usando en sus muñecas el cordel rojo sagrado. Entre las celebridades más elocuentes e influyentes estaban Madonna, Britney Spears, Demi Moore, Paris Hilton, Barbra Streisand, Elizabeth Taylor, Diane Keaton y David y Victoria Beckham.

*Madonna, David Beckham, Mick
Jagger y Paris Hilton se encuentran
entre aquellas celebridades que
recurrieron a la cábala como fuente de
fortaleza y consuelo.*

Como consecuencia de que esas y otras figuras conocidas se declararan públicamente seguidores de Berg y sus Kabbalah Centers, hilanderos de todo el mundo comenzaron a teñir cordel rojo para ser vendido a un dólar por pulgada.

Así nació un imperio. Pronto, más de dos docenas de Kabbalah Centers estaban operando en todo el mundo, desde Rusia y Polonia hasta Brasil y Canadá, cada uno con su lista de miembros en permanente aumento. El atractivo era obvio. ¿De qué otro modo podía una persona común pertenecer al mismo club que Madonna y Sarah Ferguson, la duquesa de York? ¿O usar un brazalete idéntico al que llevaba Liz Taylor en la muñeca izquierda?

A los psicólogos no los sorprendió el entusiasmo de celebridades de alto perfil para abrazar la seudorreligión materialista de Berg. El atractivo, señalan, no es el de buscar la sabiduría de siglos, sino el de hallar la forma de enfrentar la culpa. Muchas celebridades son enormemente inseguras con relación a su éxito, sabiendo que miles de otras personas con igual talento pero con menos suerte continúan siendo desconocidas y no reciben ningún tipo de promoción. ¿Por qué las estrellas disfrutan de gloria y riqueza mientras los otros luchan para salir del anonimato y, a veces, de la pobreza? Ansían una explicación que les mitigue la culpa, y se amontonan alrededor de cualquier sistema de creencias que predique que su éxito fue en cierta medida ordenado u orquestado de antemano. Con desconcertante ironía, los que fueron rechazados imitan las acciones de sus héroes famosos.

El costo de ingreso a los Kabbalah Centers, la venta de artículos marca Kabbalah y un diez por ciento de diezmo aportado por los miembros dieron rienda suelta a un torrente de dinero que desembocaba en los bolsillos de los Berg. Karen y sus hijos viven en mansiones contiguas de Beverly Hills, mientras que Philip Berg, también conocido como Feivel Gruberger, ocupa un apartamento en el hotel Waldorf-Astoria de Nueva York. El Kabbalah Center, por supuesto, está registrado como una organización religiosa sin ánimo de lucro.

La naturaleza encubierta de la cábala a lo largo de miles de años fue consecuencia del racismo y el fanatismo religioso más que del esfuerzo conciente de sus miembros por ocultarse en las sombras, y la identidad de «sociedad secreta» que adquirió constituye la clave de su reciente éxito comercial. Su doctrina casi indescifrable tal vez haya sido una barrera para muchos de los que buscaron su reputada sabiduría, pero resultó un incentivo para los Berg, que convencieron a los potenciales seguidores de que sólo ellos tenían la clave de ese código particular. El resto fue habilidad para vender.

El cordel rojo del Kabbalah Center viene con su propio manual de instrucciones.

Pero ¿cuál es el futuro de un credo que sostiene ser un sendero hacia Dios, un sistema de creencias forjado a lo largo de veinte siglos por algunos de los espíritus más refinados de su época, cuando su nombre aparece en letras luminosas en los carteles publicitarios de Sunset Strip, cuando sus líderes prometen la asimilación de sabiduría profunda a través de la yema de los dedos, y cuando su símbolo más visible es un pedazo de soga de color?

Capítulo VI

Rosacruces

La búsqueda de la sabiduría esotérica

Los rosacruces deben el origen de su sociedad a dos hombres, uno solo de los cuales tuvo existencia real. Fue un bromista cuyo fraude juvenil terminó convirtiéndose en una organización mundial que asegura realizar buenas obras pero que opera en un curioso secreto.

La orden se inicia, o eso dice la leyenda, con un joven germano nacido en 1378 en el seno de una familia noble. Marcado por una fuerte inclinación espiritual, Christian Rosenkreuz ingresó en un monasterio, decidido a consagrar su vida a la reflexión y al servicio de Dios. Cuando la vida monástica fracasó a la hora de satisfacer sus necesidades espirituales, Rosenkreuz partió a Tierra Santa, y visitó Damasco y Jerusalén. En algún punto de su viaje conoció a unos místicos árabes, que le enseñaron principios de alquimia y le insinuaron la posibilidad de una forma de cristianismo no papal, cien años antes de Marín Lutero.

Al volver, Rosenkreuz y un grupo de seguidores fundaron una organización secreta dedicada a explorar los poderes de lo oculto; la misma operaría fuera de los límites de la Iglesia papal, brindando asistencia y alivio a enfermos y necesitados. Los miembros viajarían a distintos destinos en cumplimiento de sus deberes y, para procurar el anonimato, vestirían como la gente del lugar donde prestaran servicio. Jurando mantener el secreto de su orden durante cien años, se identificarían entre sí por medio de símbolos —la rosa y la cruz— y se reunirían anualmente en los cuarteles generales de la organización, el Sancti Spiritus, o Edificio del Espíritu Santo. A fin de asegurar la continuidad de la orden, cada miembro tenía instrucciones de nombrar a su sucesor, cuya identidad sólo se conocería al morir el hermano que lo había designado.

La elección de la rosa y la cruz como símbolos dio lugar al primero de muchos debates acerca del movimiento. ¿Fueron un juego en torno del nombre del fundador, o fueron elegidas con un propósito más profundo en mente? La rosa simbolizaba la necesidad de silencio y secreto; labrada en los techos de las salas donde se efectuaban las reuniones clandestinas, su presencia dictaba que toda conversación mantenida dentro de ese espacio debía ser confidencial; de allí, la expresión *sub rosa*, que significa «en secreto o confidencia». La cruz, dibujada con brazos de igual longitud, era un símbolo del mundo material entre los alquimistas del medievo. Combinados, los símbolos sugerían que la orden se dedicaba al intercambio de secretos alquímicos y otras actividades mágicas, de forma que el propósito alegado de ayudar a los enfermos sería en realidad una vía para intercambiar información de manera furtiva. Algunos suspicaces relacionaron los símbolos con los usados por los primeros gnósticos, y otros señalaron más tarde que tanto la rosa como la cruz aparecían en el escudo de armas familiar de Martín Lutero. Otros vieron la rosa como la adaptación de la cruz roja de los templarios, sugiriendo que Rosenkreuz y sus seguidores estaban reviviendo ese movimiento e incorporando a la vez elementos de la antigua cábala en sus enseñanzas.

Ninguna de estas discusiones tuvo lugar durante la larga vida de Rosenkreuz, quien murió a la edad de ciento seis años. Ninguna otra cosa sobre Christian Rosenkreuz mereció la mención de sus contemporáneos. Hasta ciento treinta años después de su muerte, no hubo ningún registro ni del hombre ni de la organización que éste fundó. ¿Había sido tan eficiente el movimiento para ocultar su existencia y sus verdaderos propósitos?

El mundo se enteró de Rosenkreuz y su organización en 1614, cuando comenzó a circular en Alemania un manuscrito titulado

Fama Fraternitatis, des Loblichen Ordens des Rosenkreutzes (La Declaración de la Digna Orden de la Rosa Cruz). Al año siguiente apareció un segundo panfleto que ampliaba los contenidos de la primera publicación y describía el descubrimiento de la tumba de Rosenkreuz, hecho en 1604. Después de ciento veinte años, señalaba el manuscrito, el cuerpo del fundador de la orden estaba «entero y sin consumir», rodeado de algunos libros y ornamentos con él enterrados.

Al año siguiente apareció una tercera publicación sobre el mismo tema, editada en Estrasburgo bajo el provocador título de *Di Chymische Hochzeti Christiani Rosenkreuz* (*La boda química de Christian Rosenkreuz*). Condenada por la Iglesia católica por sus numerosas referencias a los templarios, *La boda química* está escrita en la voz de Rosenkreuz, quien describe su asistencia al casamiento de un rey y una reina. En su magnífico castillo, la novia y el novio reales celebran el acontecimiento con una extraña ceremonia en la que se les mata y se les devuelve la vida a algunos invitados escogidos, por medio de misteriosas técnicas de los antiguos alquimistas.

Mientras que las dos primeras publicaciones habían generado una limitada curiosidad entre los lectores, *La boda química* provocó un torrente de interés. Pronto comenzaron a surgir grupos rosacruces en todas partes de Europa, con muchos nombres ilustres en su nómina de miembros, como los de los ingleses sir Francis Bacon, Robert Boyle y el matemático y místico John Dee. El interés común

Cubierta del libro Fama Fraternitatis.

de esos tres hombres los llevó a fundar la Real Sociedad, entre cuyos presidentes se contaron Chistopher Wren, Samuel Pepys e Isaac Newton. La Sociedad existe hasta este día como la Academia Nacional de Ciencias de Gran Bretaña.

La identificación de Bacon con los rosacruces ha inspirado algunas afirmaciones sorprendentes sobre su vida y la influencia de los rosacruces en la literatura. Nacido en 1561, el precoz británico se convirtió en un brillante erudito y hombre de Estado, nombrado fiscal de la corona durante el reinado de Jacobo I y elegido más tarde lord canciller. El rey le encargó incluso la revisión definitiva de la Biblia en idioma inglés, la misma versión de *King James* (el rey Jacobo) tan ampliamente usada en la actualidad.

Dos detalles de la vida de Bacon han fascinado a quienes estudian las sociedades secretas. La acusación de haberse involucrado en el soborno de funcionarios públicos le obligó a abandonar su cargo en el Parlamento. Examinándolo de forma retrospectiva, el consenso general es que los cargos eran infundados y que Bacon quedó atrapado en una lucha de poder entre el rey Jacobo I y la Cámara de los Comunes. Las dudas sobre la culpabilidad de Bacon y la especulación de que fue un mártir de la intriga política añaden una pátina adicional de misterio a la trama, fortaleciendo la idea de que ni él ni Shakespeare eran todo lo que parecen ser. De cualquier manera, y obligado a retirarse en 1621, Bacon pasó el resto de sus años imitando los esfuerzos de su contemporáneo Galileo al tratar de quebrar el dominio de la lógica aristotélica y de reemplazarla por el razonamiento deductivo. Fue un hombre, al parecer, cuyo intelecto no conoció límites.

El segundo detalle que vincula a Bacon con los rosacruces —más fascinante para muchos— es su supuesta asociación con Shakespeare. Un pequeño pero obstinado grupo de eruditos insiste en que Skakespeare no podría haber escrito todas las obras que se le atribuyen sin la ayuda de un colega más prolífico, más cualificado y más instruido que él. Stratford-on-Avon, sostienen, no podría haber provisto el depósito de cultura del que se sirvió Shakespeare para sus obras de teatro y sus poemas. Además, agregan, los padres de Shakespeare eran iletrados y su hijo no había demostrado ninguna aptitud para el estudio. «¿De dónde sacó su conocimiento del francés, el italiano, el español y el danés, por no hablar del latín y del griego clásicos?», inquieren los escépticos, señalando que su contemporáneo, Ben Jonson, aseguró que Shakespeare sabía «poco latín y aún menos griego». Éstos llaman la atención sobre las pocas muestras de su caligrafía, todas ellas firmas; a su juicio, las mismas sugieren que el hombre «no estaba familiarizado con el uso de la pluma, y es obvio o que copiaba la firma o que le guiaban la mano cuando escribía».

Éste no es el lugar adecuado para tratar en profundidad la verdadera fuente de las obras de teatro y los sonetos que representan el núcleo esencial de la literatura inglesa, pero lo antedicho demuestra hasta qué punto muchas personas buscan, y encuentran, evidencia de incursiones encubiertas en la vida cotidiana. También ilustra las convicciones exageradas de gente que insiste en que nuestra vida es manipulada por grupos clandestinos.

Los estudiosos de la literatura tienen sus propias explicaciones para muchas de las preguntas sin responder acerca de la vida y la obra de Shakespeare, pero los teóricos de la conspiración se centran en una explicación subversiva. Basándose en el cariz secreto de la filosofía rosacruz, insisten no sólo en que Bacon escribió todas las obras atribuidas a Shakesperare, sino también en que el mayor conjunto de obras producido por un solo autor en la historia de la literatura inglesa es, en realidad, un extenso trabajo de propaganda rosacruz.

Shakespeare, sostienen, le servía a Bacon de fachada, un socio crédulo o quizás dispuesto a cooperar en un plan destinado a arraigar creencias y principios rosacruces en la cultura inglesa. La inmensa biblioteca de Bacon, señalan, contenía todas las fuentes para las citas e historias que inspiraron las obras del bardo de Avon; fuentes de las que, en muchos casos, no había en aquel momento traducción inglesa. Las obras fueron escritas y representadas no por el

¿Fueron las obras de Shakespeare compuestas por el erudito Sir Francis Bacon, a su vez un destacado rosacruz?

entretenimiento que suponían o por su valor comercial, sino como vehículos para comunicarse con otros rosacruces. O eso dice la historia.

¿Es posible que la obra individual más grande de la literatura inglesa no sea más que una serie de sobres con mensajes clandestinos en un código impenetrable? Consideremos algunos de los argumentos:

—El número clave de sir Francis Bacon —su identidad como rosacruz— era el treinta y tres. En la primera parte de *Enrique IV*, la palabra «Francis» aparece treinta y tres veces en una página.

—En las obras aparece frecuentemente el nombre de Bacon en composición acróstica.

Obsérvese el parlamento de Miranda en el acto primero, escena segunda, de *La tempestad* (las cursivas son agregadas):

> You have often
> *B*egin to tell me what I am, but stopt,
> *A*nd left me to a bootles inquisition,
> *C*oncluding, stay: not yet.

—La palabra *hog* [*cerdo*] aparece a menudo en la página treinta y tres de varias carpetas de trabajo de las obras de Shakespeare.

—La marca de agua en algunas obras de Shakesperare ilustra símbolos rosacruces o masónicos, como la Rosa Cruz, urnas y uvas.

—Los errores de paginación en muchos pliegos de Shakespeare, coincidentes entre distintos impresores, son claves de los códigos baconianos. Habitualmente se registran en páginas que terminan en 50, 51, 52, 53 y 54. Ejemplo: dos ediciones de los pliegos primero y segundo identifican la página 153 como 151, y las páginas 249 y 250 como 250 y 251, respectivamente.

—Los diseños decorativos de algunas ediciones de Shakespeare incluyen símbolos rosacruces.

Y muchos más.

Pero, suponiendo que hubiera alguna veracidad en lo sugerido, ¿por qué Bacon y sus colegas se embarcarían en una tarea tan compleja y oscura, usando al (supuestamente) poco instruido y poco talentoso Shakespeare como fachada, y con qué nefandos motivos? ¿Y cómo pudo Bacon escribir todas las obras de teatro y poemas atribuidos a Shakespeare mientras al mismo tiempo producía su propia y vasta obra, incluida la revisión final de la Biblia del rey Jacobo? Manly P. Hall, autor de un códice de tradiciones ocultistas y de la sabiduría antigua, sugiere una explicación:

No se debe ver a Bacon únicamente como un hombre, sino más bien como el punto focal entre una institución invisible y un mundo que nunca pudo distinguir entre el mensajero y el mensaje que promulgó. Esa sociedad secreta, habiendo redescubierto la sabiduría perdida del pasado y temiendo que el conocimiento pudiera volver a perderse, lo perpetuó de dos maneras: (1) a través de una organización (la masonería) a cuyos iniciados reveló su sabiduría en forma de símbolos; e (2) incorporando sus secretos en la literatura de la época mediante claves y enigmas astutamente concebidos.

¿Por qué ser tan secreto y complejo? Hall tiene una razón:

La evidencia indica la existencia de un grupo de sabios e ilustres fratres que asumieron la responsabilidad de publicar y preservar para futuras generaciones los más selectos de los libros secretos de los antiguos, junto con otros documentos que ellos mismos habían elaborado. Para que futuros miembros de su fraternidad pudieran no sólo identificar esos volúmenes, sino también reconocer en ellos los pasajes, palabras, capítulos o secciones importantes, crearon un alfabeto simbólico de diseños jeroglíficos. Por medio de una clave y un orden determinados, la minoría discerniente podía descubrir esa sabiduría que «eleva» al hombre a una vida iluminada.

Puede ser. Pero sigue en pie el pequeño problema del origen de los escritos rosacruces, y de su autor.

En medio de toda la excitación inicial por los libros rosacruces y de la sociedad que todo el mundo quería integrar, fundar o revivir cuando aparecieron publicados por primera vez, un pastor luterano llamado Johann Valentin Andreae hizo una inesperada confesión: él había escrito *La boda química*, al igual que los dos panfletos precedentes. Toda la historia de los rosacruces era una broma, admitió Andreae, una burla de la alquimia y de sus celosos adeptos que había escapado a su control. Christian Rosenkreuz nunca había existido, nunca viajó a Palestina en busca de antiguos secretos árabes, nunca descubrió ninguna orden secreta y obviamente nunca había sido enterrado a los ciento seis años para ser encontrado ciento veinte años años más tarde tan entero como el día en que murió. Él y sus aventuras eran el producto de la imaginación de Andreae, nada más, que había escrito *Fama* como una travesura, agregando el segundo panfleto y *La boda química* cuando tanta gente tomó *Fama* en serio.

Sonaba convincente. Andreae tenía fama de bromista; en su juventud, le habían negado el derecho de completar sus exámenes finales cuando lo pillaron clavando una nota difamatoria en la puerta del canciller. Sin título, pasó los siguientes seis años recorriendo Europa, para retomar finalmente sus estudios y rendir con éxito sus exámenes litúrgicos a los veintiocho años. Cuando Andreae admitió haber concebido el personaje de Rosenkreuz y su organización —como un escritor moderno que inventa la trama, el escenario y los personajes de una novela de misterio—, la gente comenzó a reparar en que el escudo de armas de su familia estaba formado por rosas y una cruz. ¿Podía haber alguna duda?

La hubo, entre los miembros más fervientes de la nueva orden. Si Andreae sostenía haber escrito las historias rosacruces como una broma, se preguntaron algunos, ¿cómo sabemos que la verdadera broma no es esa supuesta confesión? O tal vez había escrito los libros para impulsar a la gente a hacer buenas obras y perseguir intereses esotéricos. Aunque la vida de Rosenkreuz fuera toda una mentira, se argumentó, inspiraba una idea que podía beneficiar al mundo, y una filosofía que podía recompensar al hombre otorgándole conciencia y valores espirituales. Tal vez, se dijo, Andreae declaró que la liga existía con la esperanza de que aquellos que creían en sus principios la crearan. Y lo habían hecho. ¿Qué importaba, entonces?

El debate continúa. Si, como parece probable, la historia de Christian Rosenkreuz y sus seguidores secretos surgió íntegramente de la imaginación de Andreae, era una idea a la que le había llegado su hora.

El emblema familiar de Johann Valentin Andreae,
con rosas y una cruz en el escudo.

Pero ¿qué fue lo que le inspiró a concebir esta historia en primer lugar? La respuesta tal vez se consumió en el Campo di Fiori, en Roma, una mañana de febrero de 1600, cuando, tras ocho años de encarcelamiento y torturas, el místico y ex sacerdote dominico Giordano Bruno fue quemado en la hoguera por cargos de herejía.

Bruno, uno de los personajes más intrigantes y misteriosos de la historia, fue el último rebelde de la Iglesia, un hombre que insistía en ser libre para meditar sobre las cuestiones de la espiritualidad y la existencia sin las restricciones de la institución eclesiástica. Bruno viajó extensamente por Europa continental e Inglaterra, donde fue recibido por la corte de la reina Isabel I, y su imaginación e inteligencia lo llevaron a un territorio que era desconocido por seres inferiores y a la vez negado por la autoridad papal. Rechazando las creencias en la alquimia y los supuestos poderes de lo oculto, Bruno confiaba sólo en su propio razonamiento deductivo y su aguda percepción. Veía el universo como un espacio infinito que albergaba otras formas vida y profundizó en las ideas de Copérnico con relación al movimiento de la Tierra alrededor del Sol. También fue pionero en el estudio de la estadística, propuso la asistencia social para los necesitados y exploró conceptos que en el siglo XVI eran insondables para los científicos y blasfemos para los clérigos, aunque hoy los enuncia fácilmente un colegial.

Los escritos de Bruno comenzaron a circular extensamente después de su martirio, sobre todo en los países protestantes, donde la teoría copernicana y otras ideas se postulaban sin temor al castigo de la Inquisición. Andreae, un admirador de Bruno, bien puede haber compartido con el dominico el rechazo de la alquimia como tema serio de consideración, así como la propuesta de realizar buenas obras en favor de los pobres sin la supervisión de la Iglesia. Si vemos *La boda química* como un reflejo del desprecio de Bruno por la alquimia, y la directiva de Rosenkreuz de dispensar caridad sin buscar reconocimiento y sin la intervención de la Iglesia como una expresión de la filosofía de Bruno, podría responderse la pregunta sobre la inspiración de Andreae.

El padre del rosacrucismo podría ser Giordano Bruno, cuya oscura estatua reflexiona en la plaza de las Flores en Roma.

Inspirado por Bruno o no, el concepto del rosacrucismo continuó ganando impulso mucho después de la muerte de Andreae, acaecida en 1654, gracias a una combinación de la vieja atracción mística y una nueva herramienta mecánica: la imprenta.

Los cristianos, los templarios, los gnósticos, los druidas y los primeros cabalistas habían difundido su palabra por medio de la antigua tradición oral y la limitada distribución de manuscritos copiados a mano. Los rosacruces fueron la primera sociedad de su clase en aprovechar el invento de Gutenberg y la posibilidad de producir miles de copias de sus tratados de forma barata y rápida. Pocos años después de la aparición de *La boda química* se estaban distribuyendo, traduciendo y reimprimiendo copias en toda Europa, con un impacto mucho mayor al de los escritos filosóficos distribuidos antes de Gutenberg. Escuchar una historia de magia contada por un extraño que pasaba por el lugar había sido una cosa; leer la misma historia en la página impresa, no adulterada por sucesivas interpretaciones o adornos, era otra totalmente distinta.

La exclusividad agregaba otro espaldarazo a la repentina explosión de crecimiento. La capacidad de leer estaba restringida al sector mejor educado y más privilegiado de la sociedad, y su adopción de los principios rosacruces le añadía veracidad a un movimiento basado en un fraude.

Esa oleada de nuevos seguidores de esa filosofía débilmente cimentada creció tan rápidamente y en tantos lugares que, simultáneamente, el movimiento comenzó a absorber creencias de otros grupos y a escindirse en facciones rivales, cada una de ellas reivindicando ser la «verdadera» fraternidad de la *Fama*. Hermetistas, gnósticos, pitagóricos, magos, platonistas, alquimistas y paracelsianos, todos círculos pequeños, se amontonaron debajo del paraguas del rosacrucismo al mismo tiempo que los miembros de la corriente principal comenzaron a integrarse en grupos más grandes y cerrados. Con la hibridación filosófica producida alrededor de 1750 entre rosacruces y masones, las escisiones retomaron brío cuando facciones tales como St. Germaine, Cagliostro, Schropfer, Wollner y otras se desprendieron de la corriente principal. En menos de un siglo, algunos maestres masones del Reino Unido y Estados Unidos habían creado «colegios» de una sociedad masónica-rosacruz. Mientras tanto, los rosacruces no asociados con los masones comenzaron a referirse a sus organizaciones como «Los hermanos de la luz».

Podría haberse pensado que la dilución y fragmentación de los rosacruces podría haber afectado sus perspectivas de supervivencia, pero la organización logró ampliar su localización geográfica, por no decir su número de miembros. Entre 1850 y 2000, el mayor crecimiento provino de seguidores de Estados Unidos, inspirados por individuos como George Lippard, quien usó sus antecedentes a menudo excéntricos para crear personajes coloridos y carismáticos identificados como rosacruces.

Si uno cree en lo que afirman los rosacruces, «precoz» no alcanza para describir al hombre. Después de graduarse a los quince años en el Wesleyan College, George Lippard, oriundo de Filadelfia, decidió que todo predicador que no viviese en las mismas condiciones que Cristo era un charlatán. No deseando que lo asociaran con charlatanes, se convirtió en estudiante de leyes bajo la tutela de un futuro fiscal general de Pensilvania. Cuatro años de contacto con abogados parecieron haberlo convencido de poner esa profesión en la misma categoría que la de los clérigos. Con todo ese cinismo en su cartuchera, Lippard creyó entonces que el único pasatiempo que le cuadraba era el periodismo, y comenzó a escribir novelas y artículos históricos para el prestigioso *Saturday Evening Post*.

Seguía conservando sus ideas adolescentes de una moralidad inflexible, y en 1847, a los veinticinco años, se convirtió en rosacruz, como una manera de combatir el mal que veía en la vida, incluida la política americana de la esclavitud. Más tarde, fundó la Hermandad de la Unión, una rama secreta del movimiento cuyo objetivo era hacer conocer a un público más amplio los principios básicos del rosacrucismo.

Lippard publicó más de una docena de libros en su corta vida —falleció a los treinta y cuatro años— y se movió en círculos intelectuales, declarándose amigo de hombres como Horace Greely y Edgar Allan Poe, a quien quizás influyó a la hora de crear la novela de misterio. Con algo de romántico, Lippard pasaba mucho de su tiempo en paseos solitarios por las orillas del río Wissahickon; hasta se casó a orillas del río un amanecer. Pero, ideas románticas aparte, el mayor logro de Lippard reside en su adopción de las enseñanzas rosacruces y el impacto de esa decisión en la historia de Estados Unidos.

Según documentos rosacruces, Lippard conoció al futuro presidente norteamericano Abraham Lincoln poco después de suscribir los principios rosacruces, y afirmó ser el responsable de haber despertado en Lincoln el interés por abolir la esclavitud. Si eso es cierto —aunque Lincoln y Lippard parecen haberse conocido, nadie, excepto los rosacruces, sostiene que Lippard haya influido en las acciones del futuro presidente—, la broma de Andreae habría efectivamente cambiado el mundo.

Un contemporáneo de Lippard, Paschal Beverly Randolph, también conoció a Lincoln y tuvo una influencia todavía mayor con respecto a las actividades rosacruces en Estados Unidos. La biografía de Randolph tiene todos los condimentos de una novela romántica del siglo XIX que espera ser convertida en un drama de Hollywood. Declarando una mezcla de sangre española, india oriental, francesa, oriental y «de la realeza de Madagascar» (negaba vehemente los rumores que lo señalaban como fruto de un amorío entre una esclava afroamericana y un dueño de plantación blanco), Randolph pasó tiempo en un asilo de Nueva York antes de ser informalmente adoptado por una actriz fracasada y su esposo. Como sucedió con la decepción de Lippard con la religión y los abogados, esa experiencia marcó a Randolph, quien sostenía haber visto al marido obligar a su esposa a prostituirse para mantener la casa. «Así, cuando tenía menos de diez años», escribió Randolph, «me había vuelto experto en el conocimiento del costado sombrío de la naturaleza humana..., hasta los quince años, fui golpeado y maltratado por el mundo».

Tras errar por el mundo varios años, durante los cuales se convirtió en un avezado periodista, Randolph se interesó en el movimiento rosacruz. Se unió a la organización en Alemania, antes de regresar en 1851 a Estados Unidos, donde, como Lippard, fue presentado a Lincoln. A diferencia de Lippard, Randolph nunca sostuvo haber convencido a Lincoln de oponerse a la esclavitud, pero entre ambos hombres se entabló una estrecha relación. De hecho, Randolph había sido invitado a viajar en el tren del cortejo fúnebre que transportaba el cuerpo del presidente asesinado de vuelta a Illinois, pero se le ordenó bajar por su aspecto afroamericano.

Poco después, en un cónclave alemán, a Randolph se le concedió el título de supremo gran maestro Rosacruz para Occidente. Fundó la Fraternitas Rosae Crucis como el auténtico centro del rosacrucismo de Estados Unidos y consagró el resto de su vida a promover el ideario rosacruz de alcanzar la sabiduría por vía de antiguos métodos místicos, y a escribir libros, muchos libros. Los historiadores rosacruces sostienen que escribió y publicó más de dos docenas de libros y panfletos, la mayor parte de ellos haciendo proselitismo de la relación del rosacrucismo con el amor, la salud, el misticismo y las ciencias ocultas. Con títulos como *El trato con los muertos* (1861), *El amor y su historia oculta* (1869) y *Los males del tabaquismo* (1872), Randolph consiguió atraer muchos lectores que normalmente podrían haber pasado por alto la oportunidad de incorporar ideas de misticismo oriental y prácticas ocultas medievales.

Al final, la vida de Randolph resultó ser casi tan trágica como la de Lincoln. En 1872, fue arrestado y acusado del delito de promover el «amor libre» y la inmoralidad, un cargo que, como mostraron los documentos del juzgado, había sido inventado por ex socios comerciales que buscaban derechos de reproducción sobre sus libros. Aunque finalmente fue absuelto, Randolph nunca se sobrepuso a la humillación de tener que defenderse y se quitó la vida de un disparo. En sólo cuarenta y nueve años, Randolph había logrado aumentar el reconocimiento y el poder del movimiento rosacruz en todo Estados Unidos, y el ímpetu de su trabajo acompañó a éste hasta bien entrado el siglo siguiente.

Randolph ayudó a mejorar la situación de los rosacruces, hasta el punto de haber sido la segunda sociedad de esa especie en canti-

Paschal Beverly Randolph. Su estrecha relación con Abraham Lincoln no le sirvió sin embargo para poder viajar en el tren del cortejo fúnebre del presidente estadounidense.

dad de miembros, después de los masones, pero no pudo derrotar el síndrome de fragmentación que afectó al grupo desde un principio. Cada rama imponía sus propias creencias y restricciones a los miembros. En muchos casos, esas variaciones eran el resultado de diferencias culturales entre las naciones, y, para comienzos del siglo XX, el rosacrucismo norteamericano se había transformado en una rama distinta de las de otros países.

Cada una de las diferentes organizaciones aseguraba ser el verdadero centro del movimiento. Entre las más importantes estaban la Fraternitas Rosae Crucis, de Randolph; la Societas Rosicruciana in Civitatitus Foederatis (SRICF), un grupo más bien pequeño que se formó con masones británicos y escoceses y que exigía ser masón para ingresar; la Societas Rosicruciana in America (SRIA), una derivación de la ya escindida SRICF que aceptaba miembros no masones; la Rosicrucian Fellowship, fundada en Oceanside, California, para promover cursos de astrología y ocultismo por correo; la Rosicrucian Anthroposophic League, dedicada a investigar las leyes ocultas de la naturaleza y a ayudar a la humanidad «a lograr la inmortalidad autoconsciente, que es la máxima hazaña de la evolución»; la Lectorium Rosacrucianum, una prima americana de una rama holandesa cuyo objetivo era difundir las enseñanzas de su fundador, J. Van Rijckenborgh; la Ausar Auset Society, creada para fomentar los valores rosacruces exclusivamente a afroamericanos, y la Ancient and Mystical Rosae Crucis (AMORC).

De todas esas, AMORC afirma tener la mayor cantidad de miembros, y los más activos, los únicos «verdaderos creyentes» en los principios que se remontan a los orígenes de la organización. Su fundador, un hombre llamado Harvey Spencer Lewis, pasó gran parte de su vida de un lado a otro, tanto espiritual como geográficamente. Nacido en New York City en 1883, Lewis se interesó por el ocultismo y lo estudió en su ciudad, en Francia y en Florida antes de establecerse en San José, cerca de San Francisco. La central de AMORC en San José comprende, además de las oficinas centrales, la Rose-Cruix University, un planetario, la Rosicrucian Research Library y, lo más importante de todo, el Museo Egipcio, que se ha convertido en una importante atracción turística por derecho propio.

Ya sólo por las instalaciones, la AMORC se llama a sí misma con justicia la orden rosacruz más grande del mundo. Aunque la organización se niega a divulgar el número de miembros, tiene filiales en noventa países, celebra convenciones anuales y publica dos revistas, una para el público general (*The Rosicrucian Digest*) y la otra sólo para miembros (*The Rosicrucian Forum*).

AMORC hace constante hincapié en que no es una orden religiosa, sino una «organización caritativa sin ánimo de lucro» que ayuda a sus miembros «... a lograr un mayor aprecio de los principios místicos que subyacen en las religiones y creencias filosóficas individuales». La orden sostiene que sus miembros «... son hombres prácticos que creen en el progreso, la ley y el orden y el desarrollo personal... Desaprueban... toda mala acción, buscan... elevar al hombre en su propia estima [y] enseñan... el respeto leal y debido a la mujer (*sic*), las leyes, la sociedad y el mundo». Ése es un club del que John Wayne habría estado orgulloso de formar parte.

La descripción se vuelve más honorable aún. Sus miembros de mentalidad espiritual deben tener tres virtudes: una vida pura, «viril y fuerte pero inmaculada»; el deseo de «descifrar los misterios de la naturaleza», y la disposición a «sacrificarse por el desarrollo propio mientras se ayuda a los demás a recorrer el sendero».

En medio de toda esa rectitud y esas escisiones, el sistema de creencias del rosacrucismo parece ser pasado por alto. De hecho lo es, por una simple razón: no existe.

Los rosacruces son rápidos al identificar sus valores y características de personalidad ideales, pero se niegan a documentar todo aquello que resulte tan inflexible como un credo o una doctrina, al considerar que ofrecen no una fórmula sino una búsqueda. Como dice la AMORC:

Nosotros no proponemos un sistema de creencias ni un canon dogmático, sino un enfoque práctico personal de la vida, que cada estudiante debe aprender y dominar a través de su propia experiencia. Nuestras enseñanzas no tratan de dictar qué es lo que usted debe pensar; queremos que usted piense por sí mismo. Lo que proporcionamos son simplemente las herramientas que le permiten lograr eso.

Un aspecto notable del rosacrucismo es su énfasis en la modestia. A otras organizaciones tal vez les encante llamar la atención —pensemos en los Santuaristas—, pero los rosacruces prefieren el anonimato. Según Reuben Swinburne Clymer, que se convirtió en gran maestro rosacruz a la tierna edad de veintisiete años y publicó varios libros que conforman un manifiesto rosacruz: «Un verdadero rosacruz no se permite señales o saludos de mano secretos, celebraciones, ostentaciones de riqueza vanas... ni rituales sin sentido. Más bien, un rosacruz es una persona (hombre o mujer) que es callada en su trabajo y discreta en el hablar (no anda diciendo: "Yo soy rosacruz"). Realiza buenas obras, es servicial con todos y recuerda que "la bondad, no el conocimiento, es poder"».

Y para aquellos que tal vez confunden los valores de los rosacruces con los de los masones, Clymer dice: «A diferencia de los masones, los rosacruces no tienen ningún anillo especial ni usan (como algunas órdenes clandestinas) una cruz con una rosa ni poseen ningún elemento que se distinga en la sociedad. A los verdaderos rosacruces no les interesa ser conocidos como tales. Prefieren estudiar y trabajar, antes que mostrarse ante la masa curiosa». Luego, Clymer agrega una analogía eficaz: «Una moneda de oro pasa muy silenciosamente por el mundo, pero la que es falsificada hace mucho ruido dondequiera que esté; lo mismo sucede con los seudorrosacruces».

Sin duda, hacer buenas obras para la sociedad y ocultarlo bajo un manto de modestia es una cualidad encomiable. Sin embargo, da lugar a un grave defecto. Si usted hace buenas obras en secreto, el mundo exterior no ve ninguna prueba de su caridad. Y, dada la tendencia pública a equiparar secreto con algo malo, puede producirse el efecto contrario: en lugar de admiración, generará suspicacia.

Así como los rosacruces pueden asegurarnos que todos sus miembros son de la máxima calidad moral, que buscan los logros espirituales más puros y que actúan con la mayor modestia posible con relación a sus buenas obras, también son propensos al secreto de un modo que parece contradecir muchas de sus cualidades estimables.

En una edición de 2005 de la revista *Rosicrucian Digest*, un escritor llamado Sven Johansson, identificado como gran maestro de la Gran Logia de la Jurisdicción del Idioma Inglés para Europa y África, describe Los Siete Elementos del Desarrollo Místico. (Los elementos en sí no son tan místicos. Según Johansson, éstos son la Imaginación, la Concentración, la Visualización, la Meditación, la Contemplación, la Participación Psíquica y el Cultivo de la Experiencia de Dios, definiéndose «Dios» como «la realidad más grande y más abarcadora que existe».)

El interminable y tortuoso artículo de Johansson, se informa a los lectores, fue sacado «de discursos pronunciados por los grandes maestros y el Imperator en la Conferencia de la Paz Mundial». Los discursos fueron concebidos originalmente para ser publicados en forma de libro, pero «como algunos de los discursos incluyen información de monografías de grado superior», se decidió no revelar su contenido.

¿Por qué el secreto? ¿Las «monografías de grado superior» son demasiado difíciles de comprender para el individuo común? ¿O los grandes maestros se reúnen para tratar aspectos de la vida, dentro y fuera del rosacrucismo, que prefieren mantener ocultos?

En que forma que en Tra el mayor proselitismo de los R+C. Para descifrarlo Tenemos que hacer uso y practica de los elementos aquí enunciados. arriba y ¿enumerados como 7:

Imaginación: una rosa
Concentración: pétalos de una rosa
Visualización: lugar de ... desde la ...
Meditación: ... aparición desde la ...
Contemplación: color
Participación: ... ... o la rosa
Experiencia Psí: La ... de la Rosa al Ros...

173

1

2

3

1 Energía
2 Dualidad
3 Materia

Cuando se llega a los grados superiores, ya no se está individuando sino
estos... dar el conocimiento para
comprender su naturaleza... de
los superiores: El conflicto de
los espíritus, los grumos, las esferas
de ... etc.
... pasar por el desdoblamien-
to, la ... ... para alcanzar
la ... de ... son
esto. "Conócete a ti y conocerás a
Dios", ... Consagra...

Capítulo VII

Tríadas

Criminales culturales

La mayor parte de las sociedades secretas surgieron de la necesidad de promulgar o de defender sus creencias religiosas. Para evitar los enfrentamientos destructivos que suelen ocurrir entre credos diferentes, se hacía necesario ocultar los verdaderos principios del grupo. Pero ése parece ser fundamentalmente un fenómeno occidental, arraigado quizás en la división en múltiples interpretaciones de una base religiosa cuyos defensores ven cualquier discrepancia como una expresión de herejía. El ejemplo más evidente fue la Reforma cristiana, particularmente la fragmentación del protestantismo en un sinfín de interpretaciones. Como vimos con los *asesinos*, el islam sufrió su propia escisión en facciones hostiles, dando por resultado un sentimiento profundo de sospecha y violentas confrontaciones. Nada alimenta tanto la preocupación por el secreto (y la necesidad del mismo entre las minorías perseguidas) como la sospecha.

En su mayoría, las sociedades orientales han evitado el resentimiento que generan las sectas antagónicas, tal vez como consecuencia de la permeabilidad del budismo y la premisa generalmente aceptada de que, entre las culturas orientales, la religión se considera básicamente un asunto personal. Si ninguna organización religiosa dominante amenaza infiltrarse en la vida de uno, la religión no se vuelve un lugar de intranquilidad con relación a la seguridad personal. Las tríadas chinas reflejan esa distinción entre la cultura oriental y la occidental en lo que concierne a las sociedades secretas. Sus raíces están casi por entero en antiguas diferencias culturales y nacionalistas; sólo en los últimos años se han desviado hacia la actividad criminal lisa y llana.

La evaluación que hacen los occidentales de las tríadas es hecha a través de una lente racista. Si bien la violencia no es algo desconocido entre las tríadas, ocurre con menos frecuencia que en el caso de organizaciones comparables, como la Mafia o la Yakuza japonesa. Además, se limita casi exclusivamente a las comunidades chinas; los occidentales que resultan víctimas de actividades de las tríadas son un daño colateral y no los blancos principales. En otros aspectos, las tríadas muestran muchas características clásicas de las sociedades secretas; son tan cerradas y ritualistas como cualquiera y más activas que la mayoría.

En general, los occidentales también intercambian equivocadamente los rótulos «tríada» y *tong* o «banda asiática». Las *tong* (la palabra *tong* significa «sala de reuniones») fueron creadas en el siglo XIX como organizaciones sociales para inmigrantes chinos traídos a Estados Unidos y Canadá en calidad de peones. La vida de esos trabajadores, y el trato recibido en los siglos XIX y XX a manos de occidentales, es más que una mancha en la historia. Es una desgracia. En el caso de Canadá, diecisiete mil chinos fueron llevados a ese país como trabajadores, para construir los tramos más difíciles del ferrocarril transcontinental. A todos ellos se les pagaba apenas la mitad del salario que recibían los trabajadores blancos, y más de setecientos murieron en la empresa. En Estados Unidos, los chinos constituyeron la mano de obra barata tras la prohibición de la esclavitud, y muchos de los viejos barcos de esclavos alteraron su curso y pasaron de traer africanos desde el otro lado del Atlántico a traer chinos desde el Pacífico.

Al llegar a Norteamérica, los chinos eran empujados a desempeñar trabajos que los descendientes de europeos evitaban. Muchas de esas ocupaciones se consideraban «trabajo de mujer», entre ellas cocinar y lavar ropa, y, durante generaciones, los chinos norteamericanos se identificaron casi exclusivamente con esas dos actividades. Por motivos prácticos y quizás racistas —en su mayoría, los blancos temían la idea de que la población china se expandiese y arraigara entre ellos— sólo se permitía la entrada de chinos varones a Estados Unidos, y el matrimonio de chinos con mujeres de raza blanca estaba tan prohibido y era tan peligroso como en el caso de los varones afroamericanos. Desesperados, los chinos recurrieron a las *tong*.

Extendidas por todo el sur de China, donde las familias de muchas aldeas tenían antepasados comunes, las *tong* eran una fuente vital de asistencia y alivio para los inmigrantes varones solteros que se sentían aislados, tanto social como culturalmente. Proporcionando servicios e información que no se obtenía o no era fiable de otros proveedores, las *tong* actuaban como una fuente de ayuda financiera, asesoría legal y servicios sociales a la vez que protegían a los chinos de la explotación.

Los explotadores eran en un principio patrones blancos, pero a medida que el número de inmigrantes chinos creció con los años, las *tong* ayudaron a proteger a los ciudadanos chinos de quienes eran patrones habituales en su tierra natal. Éstos pertenecían a poderosas y prestigiosas familias como los Lee, los Tam y los Toishanese, chinos del área cercana a Cantón (ahora Guangzhou), que se debían lealtad unos a otros por lazos de sangre o de tradición. En lugar de la sangre y la tradición como vínculo, los miembros de las *tong* hacían un juramento de secreto y lealtad, agregando rituales místicos, palabras en clave y señales secretas para reconocerse y comunicarse entre ellos.

Durante un tiempo, en el siglo XIX, las *tong* fueron competentes para brindar alivio y seguridad a una raza seriamente explotada. Para 1900, sin embargo, elementos criminales surgidos de la propia sociedad china habían tomado el control de las *tong* más importantes, usándolas para controlar el juego, la prostitución, las drogas, la recaudación de impuestos y otras actividades ilegales. Las *tong* se hicieron más grandes, más poderosas y más despiadadas en la protección y la expansión de sus territorios, provocando «guerras de *tong*» en las que decenas de integrantes se enfrentaban en las calles de los barrios chinos de Nueva York y San Francisco. Armados con espadas y hachas, los pandilleros se apuñalaban y se hacían trizas unos a otros hasta que la sangre corría por las calles y las víctimas desafortunadas quedaban retorciéndose en el pavimento.

En realidad, esas confrontaciones eran menos frecuentes y violentas de lo que retrataban los periódicos sensacionalistas de la época. Los lectores de finales del victorianismo y del período eduardiano se estremecían deleitados ante las descripciones racistas de chinos envueltos en tumultos que, en realidad, no eran más sangrientos que las batallas entre grupos rivales en las comunidades mineras y los muelles de todo Estados Unidos. Tal vez el legado más duradero de esos enfrentamientos haya sido la descripción de un integrante de una *tong* blandiendo en alto un hacha de carnicero, dando lugar su arma y su determinación a la designación de «hombre del hacha» o persona encargada de hacer el trabajo sucio, una figura más común hoy en las salas de juntas de las corporaciones de lo que jamás lo fue en las calles de Chinatown.

Las *tong* continúan operando en Norteamérica, si bien su poder y su influencia han sido considerablemente diluidos por la llegada de nuevos inmigrantes y nuevas generaciones, que no les prestan atención ni tienen necesidad de la premisa y la función originales de esos grupos. Pero las tríadas son otro asunto.

China tiene una larga tradición de sociedades secretas vinculadas a la veneración de los emperadores, a quienes, como a los papas de la Iglesia católica, alguna vez se consideró infalibles. La tradición dictaba que los emperadores chinos poseían cualidades especiales que incluían la virtud, la honestidad y la benevolencia absolutas. En muchos sentidos, los primeros emperadores chinos eran vistos por sus súbditos de la misma manera en que los cristianos veían a Cristo, como el Hijo del Cielo en la tierra.

Sin embargo, a diferencia de la actitud cristiana hacia Cristo, los chinos reconocían que el Hijo del Cielo era un mortal, y, en caso de que perdiera los atributos que lo calificaban como emperador, «perdería el mandato del Cielo» y el pueblo tendría la obligación de sublevarse y deponerlo.

Eso ocurrió en el año 9 d. C., cuando el emperador Han Ai fue depuesto por Wang Mang después de que Han intentara nombrar a su amante varón como sucesor. Cuando Wang consiguió ocupar el trono imperial, un grupo de ciudadanos se unió para restaurar la dinastía Han. Identificándose en batalla por aplicarse maquillaje rojo en los ojos, los Cejas Rojas, como ellos mismos se llamaban, asesinaron a Wang e instalaron a un nuevo miembro de la familia Han en el trono. Luego, en una trama que ha demostrado ser muy habitual, en lugar de disolverse, los Cejas Rojas volvieron sus destrezas combativas contra los ciudadanos comunes, convirtiéndose en bandidos que recorrían y aterrorizaban el país.

Varios cientos de años más tarde apareció un nuevo grupo, autodenominado la Sociedad del Loto Blanco. Estaba formado por budistas devotos y perseguidos que derrocaron la monarquía mongol Yuan e instalaron a uno de los suyos, un monje llamado Chu Yuan-Chang, en el trono imperial. Adoptando el nombre de Hung Wu, se convirtió en el primer emperador Ming de China. «Ming» derivaba de dos figuras budistas reverenciadas, el Grande y el Pequeño Ming Wang, quienes habían sido enviados desde el cielo para restablecer la paz en el mundo. Muchos historiadores consideran la Sociedad del Loto Blanco como la primera de las auténticas tríadas, aunque el término específico no se aplicó a esos grupos hasta mil años más tarde.

La primera aparición de una tríada concreta se produjo en 1644, cuando invasores manchúes derrocaron al emperador Ming e instauraron la dinastía Ch'ing. Un grupo de ciento treinta y tres monjes budistas, comprometidos por un juramento de sangre a restaurar la dinastía Ming, libró durante muchos años una infructuosa guerra de guerrillas contra los manchúes. En 1674, con la sola excepción de cinco, todos los combatientes fueron capturados y brutalmente asesinados, y el monasterio que hacía las veces de cuartel general fue destruido.

Bandera de la dinastía Ch'ing. Intentos de derrocar a sus líderes de esta dinastía dieron lugar a las primeras tríadas.

Los monjes restantes, unidos por el odio a los invasores, juraron vengarse. Formando un grupo secreto consagrado a eliminar a los manchúes, eligieron como emblema un triángulo, en el que los lados representan respectivamente el Cielo, la Tierra y el Hombre, los elementos esenciales del universo chino. La elección del triángulo tenía además otras connotaciones. La cultura china le presta especial atención al significado de los números, y se supone, sobre todo en el ambiente criminal, que el número 3 encierra poderes especiales. Las tasas de extorsión, por ejemplo, suelen calcularse por tres. Aunque los cinco monjes supervivientes, conocidos hoy como los Cinco Ancestros, le pusieron a su organización el nombre de Hung Mun, o la Sociedad del Cielo y la Tierra, su título más común (en Occidente) se basó en el símbolo de tres lados. De allí el término *tríada*, usado casi exclusivamente por occidentales. Los residentes chinos por lo general se refieren a la organización como *hei she hui*, cuya traducción literal es «sociedad negra (o secreta, o siniestra)».

Aunque la sociedad Hung Mun no logró derrocar la dinastía Ch'ing, continuó activa por muchos años, uniendo fuerzas con los miembros del Loto Blanco para hostigar a las fuerzas del emperador y provocar levantamientos civiles contra las injusticias. Reflejando principios budistas, a sus miembros se les ordenaba respetar los derechos y las inquietudes de los campesinos, una táctica empleada con enorme éxito casi trescientos años más tarde por los comunistas encabezados por Mao, y que inspiró el aforismo «las armas protegen al emperador, pero las sociedades secretas protegen al pueblo».

Las tríadas tuvieron poder e influencia, pero no pudieron lograr su objetivo principal de deponer a los emperadores Ch'ing, quienes siguieron distanciándose del pueblo con medidas represivas. Los miembros de la organización fueron vistos con buenos ojos hasta 1842 y la llegada del regimen inglés en Hong Kong. Aunque las tríadas seguían centradas en objetivos políticos y culturales, a Gran Bretaña le incomodaba su presencia y declaró las sociedades «incompatibles con el mantenimiento del buen orden», sosteniendo que incrementaban «las condiciones para la comisión de delitos y la fuga de los delincuentes». Siguiendo el patrón aplicado por las potencias imperialistas del siglo XIX en China, las autoridades británicas declararon no sólo que pertenecer a una tríada era un delito, sino que también era un delito siquiera *pretender* ser un miembro. El castigo: hasta tres años de prisión. Si las tríadas no tenían en esa etapa ninguna intención criminal, ese edicto de mano dura sin duda las empujó a ello.

En 1848, la Hung Mun se alió con una nueva sociedad secreta del área de Cantón, la Sociedad de los Adoradores de Dios. Juntas, iniciaron la rebelión Taiping, poniendo sitio a Cantón e instigando revueltas en Shanghai y otras ciudades. Hasta ese momento, los rituales de las tríadas aún enfatizaban los aspectos sociales positivos; Taiping se traduce como «paz universal y armonía social», y cuando China pasó a estar oprimida por Gran Bretaña, Estados Unidos y Francia, las tríadas representaron la única resistencia organizada del país ante la explotación y el abuso extranjeros.

La rebelión Bóxer de 1900 marca la transformación de las tríadas en grupos dedicados exclusivamente a actividades criminales. La rebelión, llamada así porque fue encabezada por la sociedad secreta de los Puños Honrados y Armoniosos, trataba de expulsar a los extranjeros del país mediante el asesinato y la intimidación dirigidos contra los enclaves y las misiones establecidas en Pekín (ahora Beijing) y Shanghai. Cuando los diplomáticos y representantes sitiados en esas ciudades solicitaron ayuda a sus gobiernos respectivos, se despachó una fuerza expedicionaria de ocho naciones.

Más de dos mil soldados de Gran Bretaña, Alemania, Rusia, Francia, Estados Unidos, Japón, Italia y Austria, todos bajo el mando del almirante británico sir Edward Seymour, llegaron a China en junio de 1900. La fuerte oposición de los bóxers y las fuerzas imperiales chinas obligaron a Seymour a retirarse y a pedir refuerzos, y en agosto arribaron otros veinte mil hombres. Tras tomar el control de Tianjin, los ejércitos extranjeros se abrieron paso hasta Pekín, llegando a la capital el 14 de agosto.

El tamaño de las fuerzas que ocupaban China aumentó en los meses siguientes, completando la ocupación de Pekín y extendiéndose a las zonas rurales en persecución de los bóxers rebeldes. En febrero de 1901, las autoridades chinas acordaron abolir la Sociedad Bóxer y más tarde, ese mismo año, firmaron un protocolo de paz con las naciones aliadas, poniendo fin oficialmente a la rebelión Bóxer. El país había sufrido un desmoralizador golpe a su prestigio y su poder, más humillante aún cuando a las naciones extranjeras se les permitió consolidar sus intereses y continuar con sus actividades explotadoras. Los efectos expansivos de ese hecho impregnaron todo el equilibrio del siglo XX.

A partir de allí, a las tríadas les quedó claro que tendrían poco peso para determinar los intereses nacionales de China. Los bóxers, tan secretos en su conducta como muchas de las tríadas, no sólo no habían podido proteger la nación, sino que habían sido aplastados, y los enemigos de China estaban ahora estacionados en todo el país,

Los bóxers, rebeldes como este que buscaban expulsar a los extranjeros de China, empujaron a las tríadas a dedicarse a actividades de carácter exclusivamente criminal.

fuertemente armados y decididos a acabar con cualquier intento de sublevación interna.

En este punto, las sociedades se volvieron hacia adentro. Si no podían ganar contra el abuso extranjero, ganarían explotando a su propia gente, creciendo en fuerza y disociándose de toda influencia o amenaza no china, si bien durante cierto tiempo mantuvieron interés e influencia en las cuestiones políticas. Su jugada más significativa fue apoyar el derrocamiento de la dinastía Ch'ing impulsado por el Dr. Sun Yat-sen, reemplazando el emperador por un sistema de gobierno republicano. Sun podría haber reclutado activamente a las tríadas para asegurar el éxito de su revolución, una jugada obvia si, como sugieren muchos observadores, había sido miembro de la tríada Pandilla Verde/Sociedad de las Tres Armonías (San Ho-Hui) en su juventud.

Casi no hay dudas de que el sucesor de Sun como líder del Kuomintang (Partido Nacional del Pueblo), Chiang Kai-shek, era miembro de una tríada. Cuando la república china comenzó a colapsar por las luchas internas y la presión de los comunistas de Mao, Chiang buscó el apoyo de las tríadas, pero nada podía salvar al grupo corrupto de Chiang. La victoria de Mao en 1949 expulsó a

Chiang y sus seguidores a Formosa (ahora Taiwan), y los líderes de tríadas que prefirieron quedarse en China continental fueron perseguidos y ejecutados. Unos pocos escaparon a Macao, controlado por los portugueses, o a Hong Kong, donde el gobierno británico, debilitado por la reciente guerra con Japón y más tolerante que un siglo antes, seguía declarando ilegales las tríadas pero no podía hacer cumplir las leyes con el mismo fervor draconiano.

Durante la última parte del siglo XX, Hong Kong se constituyó en el centro de la actividad de las tríadas, siendo el núcleo operativo de muchos de sus negocios globales. Entre las organizaciones más grandes y famosas está la 14K, llamada así por la dirección (14 Po Wah Road, en Cantón) y la inicial de su fundador, el teniente general del Kuomintang, Kot Siu-wong, quien fundó la organización en la década de 1940. Para la década de 1980, se estimaba que, sólo en Hong Kong, la tríada 14K tenía más de veinticinco mil miembros, y el grupo fue identificado como participante principal en el tráfico de heroína, con ramificaciones en Holanda, Gran Bretaña, Canadá y Estados Unidos. Según investigadores de la Policía Montada de Canadá (RCMP), la 14K y otras tríadas están presentes en todas las comunidades chinas importantes de América del Norte, dedicándose a casi cualquier actividad criminal que garantice una ganancia, desde la extorsión y los préstamos abusivos hasta el fraude con tarjetas de crédito y la piratería de vídeos.

Cuanto más se alejaron las tríadas de los objetivos culturales y políticos hacia las actividades criminales, más refinaron sus rituales secretos, agregando nuevas y complejas ceremonias. El núcleo del rito de iniciación se mantiene arraigado en aspectos históricos de los grupos, con elaboradas ceremonias que pueden llevar hasta ocho horas. Entre los ritos que efectúan los iniciados está «El paso de la montaña de espadas», en el que caminan lentamente debajo de espadas amenazantes sostenidas a centímetros de su cabeza.

A los nuevos miembros de las tríadas se les enseñan saludos secretos y señales sutiles, una tradicional característica distintiva de esas sociedades. La manera en que se sostienen o se dejan los palillos y el número de dedos que se usan para agarrar una copa al beber transmiten señales importantes entre los miembros de las tríadas. Se usan ciertas frases para indicar información que no debe compartirse con otras personas. Según la RCMP, que infiltró y evaluó las tríadas con mayor eficiencia que cualquier otra policía occidental, «morder nubes» significaba «fumar opio», y «perro negro» era una clave para decir revólver. Uso el tiempo pasado porque, después de que en 1987 se publicó en un número de la *RCMP Gazette* (y más tarde en varias publicaciones más) una extensa lista de palabras en clave, es improbable que las tríadas conserven hoy las mismas definiciones.

En las tríadas más importantes, la iniciación puede incluir la decapitación ceremonial de una gallina viva. La sangre del ave todavía contorsionándose es vertida en un cuenco y mezclada con la sangre del iniciado, junto con una generosa medida de vino, y el cóctel es bebido por todos los presentes. Una vez consumida la mezcla de sangre y vino, se rompe el cuenco para significar el destino de cualquiera de los miembros que fuera desleal con la tríada.

El nuevo integrante de la tríada debe prometer que su obediencia al grupo sobrepasará la lealtad que le debe a su familia y a sus seres queridos, una promesa que comprende treinta y seis juramentos que se remontan hasta los orígenes de las tríadas, en el siglo XVII. Los juramentos son específicos, exigentes e inflexibles. En el primer juramento, el iniciado da su palabra de «tratar a padres y familiares de los hermanos juramentados» como a los de su propia sangre, y acepta que «sufriré la muerte por cinco rayos si no mantengo este juramento». En el juramento número cuatro, promete: «Siempre reconoceré a mis hermanos Hung cuando se identifiquen. Si los ignoro, seré muerto por una multitud de espadas». En muchos de los juramentos, el nuevo miembro acepta que debe «ser leal o ser muerto».

El juramento número treinta y seis, un reflejo del objetivo original de las tríadas, es común a todas las sociedades Hung: «Al cruzar las puertas Hung, seré leal y fiel, y me empeñaré en derrocar a los Ch'ing y restaurar a los Ming... nuestra meta común es vengar a nuestros Cinco Ancestros». Ese juramento hace por lo menos cien años que quedó desfasado, pero sigue siendo pronunciado como parte de la tradición de la organización, agregándole al acto un elemento extra de misticismo, un ingrediente siempre deseado por las sociedades secretas.

El tratamiento otorgado a los miembros de las tríadas aumenta el misticismo al relacionarse con la numerología. Todo miembro de una tríada se identifica de dos maneras: por una descripción del trabajo que explica, tangencialmente, sus responsabilidades dentro de la organización, y por un número.

El líder de la sociedad es La Cabeza de Dragón (Shan Chou o Chu Chi) y su número es el 489. Esos tres dígitos suman 21; los caracteres en idioma chino para 21 son muy parecidos a los caracteres que representan el término Hung. Además, 21 es 3 (los tres elementos que conforman el símbolo de la tríada: Cielo, Tierra y Hombre) multiplicado por 7, un número que se considera místico tanto en la cultura china como en la sociedad occidental. De esta manera, 489 consigue resumir el ciclo de vida de la sociedad.

Al asesor financiero de la organización, que cumple un papel similar al del *consigliore* en los círculos de la Cosa Nostra, se le llama El Abanico de Papel Blanco (Bak Tse Sin o Pak Tse Sin) y se le identi-

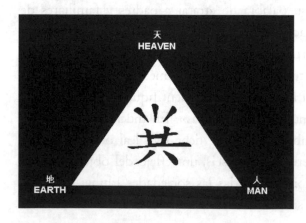

El término tríada *se deriva del símbolo de tres lados utilizado por la sociedad Hung Mun. Los lados representan el Cielo, la Tierra y el Hombre.*

fica como el 415. Los *ejecutores*, expertos en *kung fu*, son los Bastones Rojos (Hung Kwan), con el número 426. Otros operadores son el Sandalia de Paja (Cho Hai), número 426, que maneja las comunicaciones, y el Fu Shan Chu, número 428, una especie de secretario del Cabeza de Dragón. El número 438 corresponde al Maestro de Incienso (Heung Chu), encargado de los rituales. A la categoría más baja de la tríada, la del soldado o Sey Kow Jai, se le asigna el número 49.

Aunque es tentador establecer comparaciones entre las tríadas y la Cosa Nostra italiana, las diferencias entre esas organizaciones son sustanciales. La Cosa Nostra puede ser italiana en su esencia, pero en el pasado formó alianzas estratégicas con otros grupos étnicos, particularmente con criminales judíos e irlandeses. Las tríadas, en contraste, siguen siendo desafiantemente chinas en cuanto a sus miembros y su cultura; a diferencia de los criminales de origen italiano, que no hacen distinción entre los individuos y las organizaciones que pueden servirles de blanco, las tríadas eligen únicamente chinos como su principal fuente de ingresos. Aunque ha habido cierta connivencia entre las tríadas, la Cosa Nostra y la Yakuza japonesa, las tríadas han mantenido mayor independencia y secreto que los otros dos grupos criminales.

Otra diferencia clave entre las tríadas y la Mafia tiene que ver con la estructura y la disciplina. Como puede atestiguar cualquiera que haya visto las películas de *El Padrino* o un episodio de *Los Soprano*, las pandillas organizadas italianas están tan rígidamente estructuradas y son tan rigurosamente controladas como cualquier corporación (o lo eran, como veremos en el capítulo siguiente). Los miembros de la Mafia deben recibir la aprobación del nivel de autoridad inmediatamente superior para poder emprender cualquier actividad lucrativa, y deben acordar el pago de una parte de sus ganancias a esa autoridad. Olvidar o desafiar esa regla puede conducir a un severo castigo.

Las tríadas no son en absoluto tan rígidas, y la idea de hacer descender la aprobación hasta los trabajadores y de hacer ascender las ganancias hasta la jefatura no existe. Así es como un miembro de la famosa tríada 14K de Hong Kong le describió su arreglo a un investigador parlamentario durante un interrogatorio:

> No se me exigía pagar ningún porcentaje de mis ganancias a los líderes de 14K. Las tríadas no funcionan de esa manera. Los miembros de las tríadas se hacen favores unos a otros, se presentan gente y se brindan ayuda unos a otros, ejecutan planes criminales unos con otros, pero las tríadas generalmente no tienen el tipo de estructura organizativa rígidamente disciplinada que tienen otros grupos, como la Mafia italiana. Por ejemplo, a un miembro de una tríada no necesariamente se le exigiría pedir permiso al cabeza de dragón de su tríada para realizar un trabajo criminal particular... Por otra parte, en... las festividades chinas tradicionales, como el Año Nuevo Chino, los miembros de las tríadas tradicionalmente les hacen obsequios a sus «hermanos mayores» o «tíos», que suelen ser oficiales de las tríadas.

Puede sostenerse que en las tríadas se cultiva un mayor refinamiento que entre los miembros de la Mafia, cuya tendencia a la brutalidad es legendaria. Los *ejecutores* de las tríadas pueden ser tan directos como los matones de la Mafia, pero suelen formular sus amenazas mediante advertencias sutiles antes de actuar de forma drástica. A un comerciante de Hong Kong que decidió desafiar las amenazas de las tríadas le fue enviada la cabeza decapitada de un perro, tal vez por *ejecutores* impresionados por la famosa escena de la cabeza del caballo de *El Padrino*. Sólo cuando no quiso hacer caso de la amenaza fue muerto a puñaladas unos días más tarde.

Su limitada relación con el exterior vuelve a las tríadas doblemente difíciles de descubrir para los grupos de seguridad occidentales. Las comunidades chinas de América del Norte están entre los grupos étnicos más cerrados de todos, con justificable desconfianza de la gente de afuera que investiga su cultura. Como consecuencia, llegar hasta los líderes de las tríadas implica penetrar dos capas de defensa: la barrera cultural general erigida por todos los chinos contra los extraños, y el manto de secreto tendido sobre las tríadas en sí.

Otra complicación para los oficiales de las fuerzas de seguridad ha sido la habilidad de las tríadas para comprometer a las fuerzas de policía locales, especialmente en Hong Kong. Durante muchos años, antes del traspaso de Hong Kong al gobierno continental en 1977, la Policía Real de Hong Kong (RHKP) careció de todo tipo de sistema de inteligencia contra el crimen y pareció minimizar el tamaño y el impacto de las tríadas en la colonia. Sólo un detallado estudio de 1983 reveló el verdadero alcance de los grupos secretos. El informe también puso al descubierto un enorme nivel de corrupción en la RHKP, incluida una connivencia a largo plazo entre oficiales superiores de la policía y líderes de tríadas con respecto al tráfico de drogas. Muchos oficiales de la RHKP se hicieron enormemente ricos gracias a las conexiones con las tríadas y, según fuentes de la Policía Montada de Canadá, unos cuantos emigraron de la colonia a Gran Bretaña y Canadá antes de que los comunistas tomaran el control en 1997, llevando consigo sus riquezas y estableciéndose como respetables comerciantes acaudalados.

La llegada del régimen continental en julio de 1977 también hizo que miembros de las tríadas abandonaran el país para evitar la inevitable ofensiva en su contra, pero muchos observadores familiarizados con el nivel de corrupción existente bajo el régimen comunista consideran probable que las tríadas hayan recuperado desde entonces sus antiguos niveles de influencia. Hay una diferencia crítica, sin embargo. Bajo el régimen británico, los pocos líderes de tríadas que fueron atrapados y condenados tuvieron que enfrentarse a penas de cárcel. Si el gobierno de Beijing aplica en Hong Kong la misma política que aplica en el continente, los miembros jerárquicos de las tríadas pueden esperar que el castigo sea una bala en la nuca.

Las tríadas de Hong Kong pueden ahora ser responsabilidad de Pekín, pero su influencia se extiende literalmente a todo el mundo, aunque con distinto impacto. En Gran Bretaña, el Servicio Nacional de Inteligencia Criminal (NCIS) realizó, bajo el poco imaginativo título de Proyecto Palillo, un estudio de las actividades de las tríadas en ese país. Aunque el informe de 1996 del NCIS señalaba que había cuatro tríadas operando en Gran Bretaña, concluía que ninguna de ellas era controlada desde Hong Kong, y por lo tanto los grupos no eran parte de una conspiración criminal internacional. Las víctimas de las tríadas, indicaba el informe, eran habitualmente pequeños negocios manejados por inmigrantes chinos que generalmente evitaban denunciar el delito ante las autoridades británicas. Las tríadas, afirmaba el estudio, tampoco tenían un papel importante en el tráfico de drogas del país, contrariamente a la situación observada en Australia, Canadá y Estados Unidos.

En 1988, un estudio del gobierno australiano estimó que entre el 85 y el 95 por ciento de toda la heroína que entraba a ese país era controlada por tríadas chinas. Diez años más tarde, sin embargo, una investigación de Estados Unidos indicó que el control de las tríadas se había visto reducido por la competencia de organizaciones de países del sudeste asiático, principalmente Vietnam, Camboya, Myanmar y las Filipinas.

Durante las décadas de 1970 y 1980, la mayor parte de la heroína de alta calidad que entraba en América del Norte provenía de Turquía, de donde era embarcada a Marsella para ser procesada antes de ser enviada a Estados Unidos (la famosa Conexión Francesa), con la distribución controlada por la Mafia. La emigración de líderes de tríadas de Hong Kong en la década de 1990 les permitió a los chinos asumir el control de las redes. Evitando Marsella, que en el pasado había manejado el grueso del material, las tríadas establecieron rutas o bien a través de Ámsterdam o directamente a Toronto, Montreal y Vancouver antes de importar la droga a su mercado final, Estados Unidos. La mayoría de los investigadores identifican la tríada 14K como la principal proveedora de la droga.

Al final, sin embargo, los métodos de las tríadas pueden ser su destrucción. En el mercado de la droga de América del Norte, su control se ha visto amenazado por nuevas y violentas pandillas vietnamitas que dejan a un lado la tradición y el misterio en favor de la intimidación física sin rodeos. Desde hace largo tiempo se considera a los vietnamitas más crueles y agresivos que otros grupos asiáticos, una tradición que comenzó con su primera infiltración en América del Norte durante la década de 1980. Como explicó un oficial de la brigada de narcóticos de la policía de Canadá: «Los líderes de las primeras pandillas surgieron de las secuelas de la guerra de Vietnam. Esos sujetos ya estaban endurecidos. Podía haberlos entrenado el ejército o podían ser criminales callejeros, pero cuando (Vietnam del Norte) tomó el control, primero los metieron en campos de refugiados y luego tuvieron que luchar y sobrevivir mucho tiempo para llegar a Canadá o Estados Unidos sin un centavo a su nombre. Ya habían visto muerte y violencia en gran escala, y pensaban que tenían suerte de haber salido con vida de esa experiencia, así que realmente tenían poco que perder».

En muchas ciudades, las tríadas de hecho se retiraron de algunas actividades criminales en lugar de chocar con los vietnamitas, prefiriendo concentrarse exclusivamente en los negocios y los individuos chinos y dejándoles el resto del mercado a los recién llegados.

El futuro de las sociedades secretas chinas sigue siendo nebuloso. Algunos especulan que el creciente poder económico y los altos índices de corrupción que continúa habiendo en China producirán un correspondiente aumento de la actividad de las tríadas allí, pese a la política de ese país de ejecutar sumariamente a los criminales de alto nivel. Otros sugieren que las tríadas han florecido, hasta cierto punto, como consecuencia de la subordinación histórica de China a las potencias extranjeras, y que, con su poder económico creciente y su mayor influencia internacional, las tríadas pueden volver a su énfasis histórico en las cuestiones culturales.

Cualquiera que sea la evolución de las tríadas, conservarán el secreto y la estructura construida a lo largo de dos mil años, desde que las Cejas Rojas se juntaron para derrocar a un emperador dominante. De todas las sociedades secretas que operan en el mundo, las tríadas siguen actuando en un ambiente cultural y lingüístico que pocos occidentales pueden siquiera empezar a descifrar.

Capítulo VIII

La Mafia

Tipos listos y empresarios

Nada distingue tanto la Mafia de otras sociedades secretas como la *omerta*, su rígido código de silencio. Y nada muestra tan claramente la decadencia de la disciplina y la situación de la Mafia, al menos en Estados Unidos, como las acciones contrapuestas de dos miembros de alto rango: Louis *Lepke* Buchalter, jefe de una famosa banda de asesinos a sueldo, y Joseph *Big Joey* Massino, de cuatrocientas libras de peso, *don* de la otrora poderosa familia Bonnano. Buchalter murió en 1944, estólidamente sentado en una silla eléctrica. Sesenta años más tarde, Massino le dio a su propia organización un potencial golpe mortal que habría llevado al irascible Buchalter a un estado de apoplejía.

Entre ellos, marcan la caída de una de las sociedades secretas más poderosas del mundo, de una cúspide de autoridad y dominio a una banda de matones desorganizados, muchas de cuyas acciones causarían gracia si no fueran tan funestas.

La *omerta*, como la Mafia misma, no nació de las maquinaciones de una mente criminal, sino de la urgente necesidad de familias sicilianas de clase media que buscaban controlar su propia vida. Como en el caso de las tríadas y los templarios, el atroz comportamiento de la Mafia y su diversa progenie tuvo su origen en buenas intenciones.

El país más fácil de reconocer en un atlas de la región del Mediterráneo es Italia y su península con forma de bota. El dedo gordo de la bota italiana termina apenas a veinte kilómetros de las costas

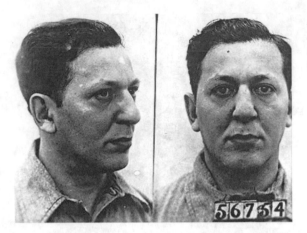

Louis (Lepke) Buchalter. Se sentó en la silla eléctrica como si hubiera estado yendo en el metro a trabajar.

de Sicilia, haciendo que la isla parezca una gran pelota de fútbol pateada eternamente en el mar. La imagen es apropiada; debido a su emplazamiento estratégico, Sicilia fue durante cientos de años objeto de invasión, colonización y explotación a manos de poderosos intereses externos. Sicilia era vital para el comercio y la colonización del Mediterráneo, un puerto importante para los mercaderes y las expediciones militares que iban y venían del norte de África, Oriente Próximo, Europa y el Adriático.

Tras el colapso del Imperio romano, la isla soportó una serie de invasiones, cada una de las cuales dejó una marca indeleble en su pueblo y su cultura. La expansión del islam llevó invasores árabes a sus costas en 826 d. C. Los musulmanes demostraron ser relativamente tolerantes con la sociedad existente, permitiendo a los no musulmanes practicar su propia religión, y su influencia en la cultura siciliana explica dos características de la Mafia mantenidas hasta este día.

Una se relaciona con la posición de la mujer en la sociedad. Hasta la llegada de los musulmanes, la sociedad siciliana funcionaba de modo muy parecido al de otras sociedades marcadas por la influencia judeocristiana, en las que la mujer tenía un papel relativamente importante en la toma de decisiones familiares. En comparación, la ley musulmana subordinaba a las mujeres. A partir de la presencia islámica, las decisiones dentro de la familia y de la cultura en general pasaron a ser tomadas exclusivamente por los hombres, una actitud que se arraigó más en Sicilia que en otras naciones cristianas que experimentaron la influencia mahometana, y que continúa hasta el día de hoy.

Los árabes también llevaron a Sicilia una forma de justicia interna. A falta de un sistema de seguridad que combatiera los actos criminales, las fuerzas islámicas dependían de la responsabilidad personal para castigar los delitos. Esas dos características —los derechos limitados de las mujeres y la necesidad de buscar venganza por cuenta propia— quedaron instaladas mucho tiempo en la sociedad siciliana cuando ya hacía mucho que los musulmanes se habían ido.

En el año 1000 d. C., una oleada de invasiones trajo a los normandos, que reemplazaron la influencia islámica, con la imposición de un sistema feudal en el que los vasallos les debían lealtad, y la propia vida, a los señores. Cada señor dispensaba justicia a su manera, resultando de ello un sistema hecho de retazos que dejaba descontentos y confusos a los sicilianos nativos. Sin el control de su propio destino, y sujetos a los caprichos de extraños, los sicilianos se encerraron en sí mismos, abrazando la premisa de que no se debía confiar en nada ni en nadie excepto en la propia familia. Sólo la familia daba esperanzas de seguridad y justicia, y no había crimen más infame que ignorar la lealtad a la propia familia. Con esa premisa, las semillas de la Mafia estaban sembradas en tierra fértil.

Por cientos de años, Sicilia siguió siendo un peón de las potencias extranjeras. En 1265, el papa Clemente IV, actuando en interés propio, declaró nuevo rey de Sicilia a Carlos de Anjou, hermano del rey francés Luis IX. Carlos llegó con un poderoso ejército y, resuelto a dominar por completo a los sicilianos, siguió fielmente los dictados del papa, convirtiéndose en uno de los monarcas más arrogantes y brutales del medievo.

Con el paso del tiempo, el odio a Carlos y sus administradores franceses generó una fábula que supuestamente explica los orígenes del término «mafia». Según el relato, la aversión siciliana por los franceses se expresaba en una consigna con la que se saludaban en voz baja los rebeldes sicilianos: *¡Morte alla Francia Italia anelia!* (¡Italia quiere la muerte de Francia!). Para evitar que los soldados franceses escucharan la frase, se la abreviaba al acrónimo *mafia*. La historia se considera como mínimo apócrifa; la mayor parte de los diccionarios definen la palabra como un término dialectal siciliano que puede significar «alardear» o «viril», y en Sicilia no necesariamente entraña una identidad criminal. Cualquiera que sea su origen, la palabra «mafia» terminó por simbolizar la naturaleza reservada y desconfiada que comúnmente se asigna a los sicilianos.

Carlos y su ejército trataron brutalmente a los sicilianos, hasta tal punto que toda la población de la isla se convirtió en una bomba de relojería a la espera de un detonador, que llegó el domingo de Pascua de 1282, de una manera típicamente «mafiosa». Ese día, una joven siciliana de Palermo de camino a la misa de vísperas fue abordada e insultada por un grupo de soldados franceses. Sin avisar, varios sicilianos indignados atacaron a los soldados, matándolos en el acto. Cuando se corrió la voz de su ataque, primero a las aldeas vecinas y finalmente a toda la isla, otros sicilianos se sumaron a la revuelta, abrumando y aniquilando la guarnición francesa en un explosivo levantamiento que pasó a conocerse como las Vísperas Sicilianas.

Los líderes sicilianos sabían que sólo era una cuestión de tiempo hasta que Carlos reuniera un ejército y volviera a Sicilia pensando en la matanza. En una jugada estratégica, pidieron ayuda al rey Pedro III de Aragón, un enemigo jurado de Carlos y poseedor de extensas tierras en España. Pedro, naturalmente, estuvo encantado de darla, proclamando su soberanía sobre Sicilia e impidiendo que Carlos descargara sobre los sicilianos la terrible venganza que había planeado. Con la muerte de Pedro, sin embargo, la fortuna de Sicilia estaba ahora en las manos de gobernantes españoles, en las que permanecieron quinientos años.

Los españoles, a diferencia de los musulmanes que abrieron la vida de Sicilia a otras culturas, ejercieron un control estricto, imponiendo una rígida censura en el país. Sicilia se mantuvo aislada del mundo por varios cientos de años, un período en el que el resto de Europa estuvo inmersa en los avances artísticos y científicos del Renacimiento. Como consecuencia, la erupción intelectual y cultural que cambió el carácter de la civilización europea esquivó por completo el territorio siciliano. Los progresos en música, pintura, escultura, filosofía, agricultura, ciencias, arquitectura y otros milagros del período les fueron desconocidos a gente que vivía literalmente a la vista de la bota italiana, donde estaban teniendo lugar muchos de esos avances.

Los españoles preservaron el sistema feudal impuesto por los normandos, extendiéndolo largo tiempo después de que se hubiera desmoronado en Europa continental. Los sicilianos sufrieron más con el régimen español que con el normando, porque los españoles eran todavía más discriminatorios y brutales en la administración de justicia. Algunos poderosos señores españoles que vivían en Sicilia, por ejemplo, estaban exentos de todo pago de impuestos. Para cubrir la cuota, otros señores tenían que imponer mayores tributos a sus propios vasallos y campesinos, aumentando la inequidad de la vida siciliana.

Los sicilianos que se atrevían a objetar a los dictados españoles se arriesgaban a ser ejecutados ya fuera por su señor o por representantes del gobierno español. El otro largo brazo de la justicia española, la temida Inquisición, sumaba la tortura al peligro de expresar el parecer o desafiar la autoridad de la manera que fuese.

A lo largo de la historia, hubo otras culturas sojuzgadas de modo similar. Pero sólo en Sicilia se impusieron tan pesadamente injusticias sobre un pueblo que había aprendido a introvertirse como una forma de defensa y autopreservación. Sólo en Sicilia la población fue privada por tanto tiempo de las influencias positivas del Renacimiento y de las ideas cada vez más ilustradas de la Iglesia católica. Y sólo en Sicilia surgió una cosa como la Mafia, en respuesta directa a esa larga letanía de violencia y humillación.

Alrededor de 1500 llegó a Sicilia una expresión de la vida contemporánea europea, cuando los comerciantes de la isla comenzaron a formar gremios. En otros países, los gremios funcionaban como un medio para que los comerciantes capacitaran personal y establecieran pautas, tal y como surgieron los masones en Inglaterra. Los gremios comerciales sicilianos agregaron una característica única a sus operaciones al asumir también un rol judicial, dispensando castigo a sus miembros sin participación alguna de los funcionarios locales, en quienes, por supuesto, no se podía confiar.

La aparición de los gremios coincidió con el surgimiento de pandillas de bandidos. Con algo de los legendarios (y altamente ficticios) bandidos encabezados por Robin Hood quinientos años antes en Inglaterra, las pandillas tenían como blanco a señores y nobles españoles, a quienes robaban y mataban, y representaban para la mayoría de los sicilianos la única forma posible de contraatacar a sus opresores. También distribuían comida entre las familias acosadas por el hambre en las aldeas que rodeaban el área de Palermo. Para asegurar su reparto justo, las familias elegían a alguien que las representaba y distribuía la comida entre los hermanos, hermanas y primos. A esos hombres, muchos de ellos miembros de las pandillas, se los llamaba *capodecina* o, en forma abreviada, *capos*.

Como los forajidos del bosque de Sherwood, los bandidos sicilianos crearon sus propios héroes populares, exaltando su valentía y sus hazañas como ejemplos de gallardía.

El más célebre de todos, un hombre llamado Saponara, fue capturado y encarcelado en 1578. Según la tradición siciliana, sus captores españoles lo torturaron para hacerle revelar el nombre de sus socios, pero Saponara prefirió morir antes que traicionarlos. Su valentía se convirtió en un símbolo para todos los sicilianos que creían que su salvación sólo podía lograrse a través de la lealtad.

Debido a que las acciones de las pandillas de bandidos aumentaban constantemente en fuerza y osadía, muchos terratenientes españoles abandonaron la campiña para instalarse en Palermo, la ciudad más grande de Sicilia. Para comienzos del siglo XVII, la mayor parte de las fincas más grandes eran manejadas por *gabelloti*, administradores elegidos por los terratenientes españoles por la prominencia y el respeto que infundían entre la población local. La función más importante de los *gabelloti* era la recaudación de impuestos, llevada a cabo por los *uomini di fiducia*, hombres designados para visitar personalmente a cada ciudadano y cobrar el impuesto fijado. Los recaudadores solían ir acompañados por los *campieri*, hombres armados y montados, asignados para mantener la paz e inspirar respeto.

Quienes conozcan un poco la historia de la mafia moderna, advertirán que los *gabelloti*, los *uomini di fiducia* y los *campieri* ilustran el organigrama de la Mafia en sus primeros tiempos. Incluso es reconocible el sistema administrativo. Desde un escenario distante y lujoso salía la orden, dirigida a una serie de jefes (capos), de recaudar estipendios exigidos a gente común. A una orden de los capos, trabajadores de bajo rango hacían visitas personales a las fuentes de dinero elegidas como blanco, acompañados por hombres armados para hacer cumplir la instrucción. Ni Al Capone ni Tony Soprano podrían haber inventado un método mejor para hacerse ricos.

La retirada de los señores españoles de las zonas rurales, y su reemplazo por jefes delegados, sirvió como inspiración para que los sicilianos comenzaran a asumir el control de su propio destino. Junto con el demorado surgimiento de la clase media, que buscaba prosperar a través del nuevo (para Sicilia) papel de intermediario, se había creado el marco para alcanzar riqueza y poder, y se mantuvo en su lugar después de que los españoles se retiraran a mediados del siglo XIX.

La ida de los españoles generó un vacío de autoridad. Durante mil años, Sicilia no tuvo ninguna estructura real de gobierno, y con la retirada española sólo había una organización que podía desempeñar ese papel: la Mafia. Giuseppe Garibaldi, el libertador y constructor de la nación italiana, llegó en 1860 para incorporar Sicilia al reino italiano, pero aquellos cientos de años de secreto e independencia no podían deshacerse de la noche a la mañana. De hecho, como lo demostró la historia, no se deshicieron en absoluto. La Mafia siguió ejerciendo su poder e influencia sobre las instituciones de gobierno impuestas por Roma a Sicilia, y en pocos años prácticamente todos los departamentos políticos y todos los tribunales sicilianos estaban infiltrados y controlados por elementos de la Mafia.

Los siglos de dominio extranjero habían dejado en el rostro de Sicilia una cicatriz que impedía a la mayoría de sus habitantes confiar en ninguna autoridad impuesta, por legítimo que fuera su poder o por muy equitativa que fuera su actitud. Tal como la ponía en práctica el gobierno, no se podía confiar en la ley para administrar justicia. Para la mayoría de los sicilianos, sólo la *vendetta* era efectiva, porque todo crimen era personal y toda venganza debía ser impuesta por la víctima oprimida y su familia, como dictaba la *omerta*.

El código de la *omerta* decretaba que cualquier hombre que acudiera a los agentes de la ley para reparar un daño era o un tonto o un cobarde, y cualquier hombre herido u ofendido que revelara el nombre de su agresor no merecía ni desprecio. La respuesta clásica de un hombre herido a su agresor, dada o no en voz alta, era: «Si vivo, te mataré. Si muero, estás perdonado».

La fuerza de la Mafia se originó con —y sigue proviniendo de— su estructura organizativa. Primitiva en comparación con otras instituciones de naturaleza más benéfica, como los gobiernos o la Iglesia católica, la mafia se las ingenió no obstante para desarrollar una configuración que ejercía disciplina y control sobre sus miembros. Con el tiempo, transformó el grupo en un cuerpo competente, de la misma manera en que las guerrillas desorganizadas se transforman en fuerzas de combate competentes al adoptar las técnicas de un ejército regimentado y motivado.

Ordenada de arriba hacia abajo, la organización de la mafia siciliana incluía:

Capo crimini / *Capo di tutti capi* (jefe máximo / jefe de todos los jefes)
Capo bastone (subjefe, o segundo al mando)
Contabile (asesor financiero)

Caporegime o *Capodecima* (jefe de una cuadrilla formada por diez *sgarriste*)

Sgarrista (soldado de infantería que realiza los negocios cotidianos de la familia; en Estados Unidos se le llama un miembro «hecho»)

Piciotto (soldado de bajo rango; ejecutor, «botones»)

Giovane d'onore (socio no siciliano o no italiano)

Los italianos sostienen con razón que la existencia de la Mafia ha creado estereotipos ofensivos. No todos los italianos son miembros de la Mafia, por supuesto, así como no todos los chinos son miembros de una tríada ni todos los musulmanes son partidarios de Al Qaeda. Pero hasta el patriota italiano más vehemente debe aceptar que la Mafia no es la única sociedad secreta italiana consagrada al delito y la violencia. Si bien existen bandas criminales prácticamente en todos los centros urbanos importantes del mundo, el tipo italiano sigue distinguiéndose por su estructura fija y su confianza en la violencia como método para lograr sus objetivos.

La Mafia, como dijimos, no es la única sociedad secreta italiana de carácter delictivo. En realidad, se mantienen activas por lo menos otras tres organizaciones importantes de raíz italiana, inspirada su existencia (si no alimentada) por la mafia.

De ellas, la *'ndrangheta* es la que guarda una relación más estrecha con la mafia, tanto geográfica como históricamente. Operando en las escarpadas regiones rurales de Calabria, el extremo meridional de la «bota» italiana, la *'ndrangheta* fue el resultado de los infructuosos esfuerzos del gobierno italiano por desarticular la Mafia expulsando de Sicilia, en la década de 1860, a sus líderes más violentos y poderosos.

Fue una jugada tonta. Las familias simplemente se reinstalaron en la península, justo al otro lado del estrecho de Messina, donde, en las remotas aldeas calabresas, formaron una sociedad secreta que difería de la mafia en dos aspectos: se volvió todavía más secreta, y puede decirse también que más violenta. Un oficial de alto rango del gobierno italiano describió recientemente a la *'ndrangheta* como «la más poderosa y peligrosa organización criminal de Italia, por su salvajismo».

El nombre de la organización deriva de la palabra griega *andragathes*, que significa un hombre noble y valiente, digno de respeto. Reflejando sus orígenes —aquellas familias violentas expulsadas de sus hogares ancestrales en Sicilia— la *'ndrangheta* está organizada casi exclusivamente por líneas familiares, lo que establece una profunda diferencia entre esa sociedad y la mafia siciliana. Los sicilianos están unidos por juramentos, los miembros de la *'ndrangheta* lo están por la sangre. Además, según se dice, la *'ndrangheta* usa de vez en cuando mujeres en roles activos, si bien su estructura sigue estando claramente dominada por hombres.

A diferencia de la clásica estructura piramidal de la mafia, la *'ndrangheta* está organizada horizontalmente, dividida en segmentos familiares o *'ndrine* claramente definidos. No hay ninguna superposición entre las actividades o la región geográfica de dos familias vecinas; cada una tiene el pleno control y el monopolio de las actividades dentro de su propio territorio. La combinación de estructura rígida y lazos de sangre le proporciona a la *'ndrangheta* una enorme capacidad para mantener tanto el secreto como la lealtad, consolidada a través de matrimonios cuidadosamente arreglados entre las *'ndrine*. En las culturas siciliana y calabresa, nada es más sacrosanto que la familia, y donde hay vínculos por matrimonio sería un acto de grave deshonor para una familia hacer cualquier cosa que pudiera amenazar la seguridad de una familia emparentada. Como explicó un cura párroco siciliano: «La fuerza está en la sagrada e indestructible estructura de la familia, el único lugar seguro. *Sólo la sangre no traiciona*» (las cursivas son agregadas).

Comparada con la *'ndrangheta*, la Mafia parece casi laxa y descuidada en su disciplina interna. Los hijos de miembros de la Mafia pueden o no seguir los pasos de sus padres en la organización; los hijos de los *'ndranghettisti* no tienen opción. Ser miembros de la familia criminal es su *diritto di sangue* (derecho de sangre), asignado al nacer. Mientras son preparados para el trabajo de su vida, un proceso que comienza poco después de la pubertad, los niños varones son *giovani d'onore*, o «jóvenes de honor». Al alcanzar la madurez, se convierten en *piciotti d'onore*, soldados que deben ejecutar las órdenes de sus superiores sin cuestionarlas y sin fallar. Los mejores de entre ellos son elegidos como *camorristi*, a cargo de grupos de *piciotti*. Cuando alcanzan el nivel siguiente de *santisti*, pueden finalmente reclamar una participación fija de los botines en lugar de los pequeños estipendios pagados a las filas inferiores.

Acreditando un trabajo excepcional, y después de jurar solemnemente con la mano en una Biblia su dedicación, el *santista* puede ser ascendido a *vengelista*, quizás para incorporarse más tarde al *quintino*, los cinco subjefes privilegiados con conexión directa con el *capobastone*, la máxima autoridad dentro de la familia *'ndrangheta*. A los miembros del *quintino* se les permite identificarse con el tatuaje de una estrella de cinco puntas.

El riguroso secreto, junto con la fama de extrema violencia, ha sido la clave de la *'ndrangheta* para mantener su poder y expandir su influencia. A diferencia de lo que ocurre con la Mafia, nadie puede estimar con certeza la dimensión y el alcance global de sus actividades delictivas, aunque en 2004 el gobierno italiano sugirió que la *'ndrangheta* estaba formada por ciento cincuenta y cinco clanes familiares y un total de más de seis mil miembros.

Ya sea como consecuencia del verdadero desconocimiento, del extremado secreto de la organización o de un esfuerzo por minimizar el poder de la *'ndrangheta*, algunos observadores sostienen que el grupo es inofensivo para los no italianos, y los mismos italianos se apuran a corroborar esa sensación. Promoviendo la región como destino vacacional, la oficina de turismo de Calabria admite que «usted no encontrará ninguna Florencia ni Venecia en Calabria». En cambio, en un acto de notable candor, la oficina señala: «Los caminos calabreses pueden ser terribles, y a veces están obstruidos por bloqueos policiales». La oficina, que organiza giras por Calabria, promete: «Hemos evitado planear itinerarios en ciertas áreas del interior que son virtualmente bastiones de la 'ndrangheta, la mafia local (*sic*), cuya principal fuente de ingresos es raptar niños de acaudalados industriales del norte y esconderlos en cavernas inaccesibles del Aspromonte hasta que se paguen rescates astronómicos por su liberación. Debe decirse que los turistas jamás fueron objeto de ese tipo de delito y, de hecho, si usted viaja a Calabria, probablemente nunca enfrentará ninguno de esos peligros».

Tranquilizador. Por supuesto, uno también puede entrar en una aldea calabresa y encontrarse con un espectáculo similar al que presenciaron los ciudadanos de Taurianova, una población no muy distante de Reggio di Calabria, donde la 'ndrina local primero decapitó a un concejal que se oponía a su control de la región, y usó luego su cabeza decapitada para practicar tiro al blanco en la plaza del pueblo. Ése no fue un incidente registrado en la era medieval ni un hecho acaecido hace cien años. Ocurrió en 1995.

En la década de 1860, un viajero que llegó a Nápoles por mar advirtió que, un instante después de pagarle el billete al barquero, un hombre se le acercó a éste, murmuró una palabra y recibió una parte del pago, para desaparecer de inmediato entre las sombras. El mismo viajero, al bajar del coche que lo llevó hasta su hotel ese día, observó un incidente similar: apareció un hombre al costado del conductor e inspeccionó el pago antes de reclamar una parte del mismo. Ya en el hotel, al llegar a la puerta de su habitación, el visitante se quedó observando al chico de las maletas, a quien acababa de darle una propina por llevarle el equipaje hasta su cuarto; mientras se alejaba, el chico se detuvo para entregarle una parte de la propina a otro hombre, tan furtivo y silencioso como los dos anteriores. Esa noche, el turista fue a la ópera, donde vio hombres de atuendo y conducta similar, contando cuidadosamente el dinero que cambiaba de manos, de los espectadores al vendedor de entradas. Cuando el turista le describió esos hechos a un amigo italiano al día siguiente, esperando una explicación, el amigo cerró los ojos, meneó ligeramente la cabeza y dijo simplemente: «Camorra».

La Camorra —la palabra puede derivar del término español para designar una riña, pero hoy se traduce simplemente como «pandilla» o «banda»— surgió como una variedad napolitana del mismo tipo de sociedad secreta que la mafia y la 'ndrangheta. A diferencia de esas dos asociaciones delictivas, la Camorra no se engendró dentro de familias emparentadas por la sangre, sino entre pandillas carcelarias que, al ser liberadas, llevaron a las calles su talento para la organización y la intimidación.

La Camorra se estableció en y alrededor de Nápoles como una organización paternal, dedicada a brindar a los ciudadanos y los negocios de Nápoles la seguridad de que no serían molestados por nadie excepto, claro está, los miembros de la Camorra, en el caso de que la misma no recibiera sus pagos. Las familias mafiosas de Estados Unidos adoptaron esa táctica, que pasó a conocerse como el «negocio de la protección», en la década de 1920. Los miembros también estaban a disposición para resolver disputas y ofrecer ayuda a las familias más pobres o las víctimas de accidentes y enfermedades.

La organización mostró ser tan brutal para manejar a sus propios miembros como lo era para intimidar a la gente, cuyos ingresos drenaba. La admisión en la orden exigía que los candidatos cometieran un delito importante para probar su coraje y dedicación. El acto mismo de que se le pidiera a alguien formar parte de la Camorra constituía una crisis, porque todo hombre que rechazara la oportunidad de unirse al grupo cometiendo el delito señalado se arriesgaba a firmar su propia sentencia de muerte, si a un candidato más valiente y menos escrupuloso le asignaban la tarea de llevar a cabo su asesinato.

Ya fuera que consideraran inútil combatir a los camorristi o que prefirieran ejecutar sus propias estrategias maquiavélicas, los oficiales del gobierno napolitano no sólo toleraban al grupo, sino que, según se dice, lo empleaban para los propios fines del gobierno. Durante años, las cárceles y prisiones napolitanas fueron administradas y disciplinadas por la Camorra, y se dice que la organización trabajaba con la policía local para investigar y castigar actos criminales realizados por cualquiera que no perteneciese a la Camorra.

La estructura del grupo se parece en gran medida a la de la Mafia, con un *capo di* Camorra que recauda y distribuye los pagos entre los diversos grupos menores formados por los líderes de segundo nivel y sus soldados. A diferencia de la Mafia, sin embargo, parece evitar las iniciaciones y prácticas misteriosas.

Como sucede con otras sociedades secretas envueltas en actividades delictivas, la fortuna de la Camorra tiene sus altibajos. Cada tanto, paladines políticos sostienen que ha sido enterrada, o que se encuentra tan debilitada que ya no constituye una cuestión importante. Recientes evaluaciones indican que la Camorra está formada por más de cien diferentes clanes y que tiene más de siete mil miembros.

A lo largo de buena parte del siglo XX, la principal fuente de ingresos de la Camorra fue el contrabando de cigarrillos en toda Italia y los países vecinos, realizado con tal eficiencia que la Camorra combinó fuerzas con la mafia para manejar la distribución europea de drogas de esta última organización, una jugada inmensamente lucrativa. Eso condujo a una serie de luchas territoriales dentro de la Camorra, lo que dio por resultado aproximadamente unas cuatrocientas muertes violentas y la marcha de unos doscientos miembros de la Camorra a Estados Unidos, donde rápidamente crearon pandillas para manejar lavado de dinero, extorsiones, robos, chantajes, secuestros y falsificaciones. A pesar de ese estallido expansivo, la Camorra sigue siendo básicamente una organización que opera en Nápoles, sin la histórica y misteriosa fascinación de la Mafia.

En el sur de Italia surgió otro grupo delictivo, esta vez en Puglia (o la Apulia), la península que forma el talón de la «bota». La Sacra Corona Unita comenzó, como la Camorra, con bandas carcelarias que se juntaron en regiones alejadas donde podían evitar el control de las autoridades centrales. Con su cuartel general en la ciudad portuaria de Brindisi, la Sacra Corona obtenía gran parte de sus ingresos con el contrabando de viajeros a y desde Croacia, Albania y otros países del otro lado del Adriático. Nunca alcanzó la escala de operaciones de la Mafia o la Camorra, ni en Italia ni en Estados Unidos.

Si la mafia se hubiera quedado en Italia, difícilmente habría constancia de la misma en otros libros que no fueran los que hablan exclusivamente de las organizaciones criminales. Su llegada a Estados Unidos en la cúspide del siglo XX y su metamorfosis en una variedad totalmente norteamericana de sociedad secreta la lanzaron a la conciencia pública y le aseguraron un lugar en la cultura popular. Todo el mundo en Estados Unidos conoce a la Mafia, pero pocos comprenden cabalmente su estructura, sus operaciones y su influencia.

Por ejemplo, el término «mafia» en sí no es del todo correcto cuando se habla de la contrapartida norteamericana, cuyos miembros llaman a su organización Cosa Nostra, o «cosa nuestra».[1] Y si bien la *omerta* y otras herramientas para asegurar el secreto se mantienen en su lugar, la rama norteamericana ha procurado estructurarse como un reflejo de los principios comerciales norteamericanos antes que como una extensión de los juramentos secretos medievales. Al menos en Estados Unidos, los valores de Wall Street conllevan más autoridad que los rituales sicilianos de hace mil años.

El primer incidente registrado de un crimen de tipo mafioso se produjo en Nueva Orleans, en 1891, cuando una familia criminal siciliana asesinó al jefe de policía local, quien había estado presionando a sus miembros con acoso y arrestos. Los jefes de la familia fueron juzgados por asesinato, pero gracias a algunos testigos sobornados y amenazados de muerte, fueron absueltos todos. Antes de que fueran puestos en libertad, sin embargo, una multitud enfurecida irrumpió

---

1. Los periodistas suelen escribir «La Cosa Nostra», lo que es gramaticalmente incorrecto. [*N. del A.*]

en la cárcel gritando consignas contra los italianos, arrastró a los inculpados a la calle y mató a tiros o colgó a dieciséis de ellos. Tal vez se aprendió una lección; aunque Nueva Orleans tiene una de las tasas de delito más altas de todas las ciudades de su tamaño en el país, la influencia de la Cosa Nostra nunca alcanzó allí el nivel que alcanzó en otras comunidades, pese a las afirmaciones de Oliver Stone en su película *JFK*.

Aunque las raíces de la Cosa Nostra estaban bien establecidas para finales de la Primera Guerra Mundial, dos hechos —uno en Italia y el otro en Estados Unidos— llevaron a la organización a convertirse en una fuerza de enorme peso.

La prohibición de 1919 generó una oportunidad de bajo costo, alta demanda y altas ganancias para los criminales, sobre todo para aquellos que operaban dentro de una organización que podía manufacturar, importar y distribuir sus productos bajo las narices (o con la colaboración) de las fuerzas policiales. Ninguna otra actividad criminal prometía ganancias tan enormes.

Entre tanto, el dictador Benito Mussolini ascendía al poder en Italia con la promesa de erradicar el crimen y asegurar que los trenes funcionasen a horario, entre otras propuestas. Tuvo éxito en ambas. Su administración fascista fue la única lo suficientemente brutal como para amenazar el control de la Mafia, y pronto muchas familias mafiosas emigraron al otro lado del Atlántico, donde se unieron con familias que estaban ganando grandes cantidades de dinero con el alcohol ilegal.

Ciudades del norte como Nueva York, Chicago, Cleveland y Detroit son las que más estrechamente se identifican con las actividades de la Cosa Nostra, pero más de dos docenas de comunidades de naturaleza tan bucólica como Des Moines, Iowa y San José, California, también se convirtieron en centros operativos. El levantamiento de la prohibición en 1933 dejó una organización intacta que volvió su atención a otras maneras ilegales de hacer ganancias. Una vez más, el sentido de la oportunidad fue providencial para los criminales y desastroso para la gente. Dos años antes de la prohibición, el Estado de Nevada legalizó el juego, y, al borde de la Segunda Guerra Mundial, Norteamérica desarrolló el gusto por los narcóticos. Ambos hechos fueron rápida y eficazmente aprovechados por las familias de la Cosa Nostra. Para la década de 1950, la Cosa Nostra era un factor dominante en casi todas las actividades delictivas de Estados Unidos, y el principal explotador de esa fuente de dinero en efectivo que era Las Vegas, cosechando anualmente decenas de millones de dólares provenientes del juego, la prostitución, los narcóticos y el ya viejo negocio de la seguridad.

Reflejando estrategias perfeccionadas por la 'ndrangheta, la Cosa Nostra mantuvo la estructura familiar, aunque dejó de lado la exigencia de lazos de sangre impuesta por la organización calabresa. De hecho, pasó por alto sin problemas todo requisito de que sus socios fueran de origen italiano, aceptando en ese carácter a criminales judíos e irlandeses.

Aunque todos los centros urbanos de Estados Unidos estaban puestos bajo la protección de una o más familias, las cinco familias de Nueva York y de la adyacente Nueva Jersey se convirtieron en las más famosas por su poder y por los medios de comunicación que cubrían sus actividades. Esas cinco eran:

Bonnano. Fundada por Joseph (Joe Bananas) Bonnano, la familia tuvo una vez una presencia importante en el negocio de la ropa, pero

Paul (Big Paulie) Castellano,
jefe de la familia Gambino,
en la cúspide de su notoriedad
y de su poder.

fue profundamente infiltrada por el FBI, como se narra en la película *Donnie Brasco*. Como veremos, su jefe más reciente, Joe Massino, le causó a la familia más problemas que los causados por Brasco.

Colombo. El jefe original fue Joe Profaci, quien manejó la familia desde 1930 hasta su muerte, en 1963, cuando Joe Colombo asumió el mando. Colombo fue un jefe competente hasta el día de 1971 en que le pegaron un tiro en una reunión ítalo-americana. Sobrevivió, aunque permaneció en coma siete años antes de morir. Se originó una guerra general dentro de la familia, con Carmine Persico emergiendo como ganador hasta que fue sentenciado a ciento treinta y nueve años de cárcel por asesinato y actividades ilegales.

Su hijo, Alphonse (Allie Boy) Persico, es uno de los pocos jefes de familia de la Cosa Nostra que fue a la universidad, donde aparenta haberse especializado en selección de guardarropa. A Allie Boy le gusta vestir bien, incluso cuando anda por las aguas de los Cayos de Florida en su lancha a motor de cincuenta pies bautizada *Lookin' Good*. Un día, la Guardia Costera de Estados Unidos, echándole un vistazo a Persico y a su lancha, encontró a bordo un revólver y una escopeta. Le ordenaron que descargase las armas, inspeccionaron la lancha, hallaron todo en orden y siguieron su camino.

Allie Boy había tenido mucha suerte, porque ninguno de los guardacostas acertó a comprobar sus antecedentes criminales. Sólo al volver a puerto la tripulación del barco se enteró de que Persico había cumplido una condena por delitos federales y de que, teniendo prohibida la tenencia de cualquier arma, estaba sujeto a una pena de diez años de prisión si lo condenaban por eso. La mayoría de los graduados universitarios habría arrojado las armas por la borda no bien se hubiese alejado el guardacostas, pero Persico aparentemente se saltó las clases de lógica porque, pocas horas más tarde, cuando la lancha de la Guardia Costera se detuvo junto a la *Lookin' Good* en el muelle de Key West, las armas seguían a bordo y Persico contemplaba una década a la sombra. Esa clase de lapsus de juicio hacían de *Allie Boy* un jefe tan incompetente que las demás familias de Nueva York dejaron de respetar al grupo Colombo.

Gambino. Ésa era la tristemente célebre familia de John Gotti, surgida en la década de 1920 y llamada así por Carlo Gambino, quien la manejó desde 1956 hasta 1976. Gambino, considerado uno de los jefes de familia más capaces de la Cosa Nostra, mantenía un perfil bajo, evitaba la publicidad y estaba en contacto con los miembros de la familia, a la que convirtió en una poderosa central financiera por medio de los narcóticos y el juego. En la década de 1970, agregó a las operaciones el robo de automóviles, vendiendo lujosos vehículos robados en el mercado de Oriente Próximo, vía Kuwait. El sucesor de Gambino, su primo Paul *Big Paulie* Castellano, perdió el apoyo de varios *capi*, entre ellos John Gotti y su subjefe, Salvatore *Sammy the Bull* Gravano, quienes orquestaron el asesinato de Castellano en 1985. Gotti murió en prisión, donde cumplía una condena de cadena perpetua, en 2001, y Gravano, responsable de veinte asesinatos documentados, ingresó en el programa de protección de testigos. Después de una serie de sucesiones, el hijo de Gotti, John Jr., es el actual jefe de la familia.

Genovese. Otra familia neoyorquina que data de la década de 1920, la pandilla Genovese se identificó originalmente con Charles *Lucky* Lucia-

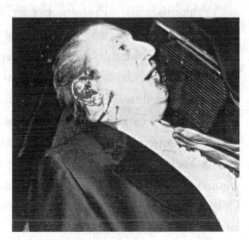

Big Paulie Castellano *junto a una alcantarilla de Nueva York, asesinado por órdenes de John Gotti.*

no y Frank Costello. Más de cincuenta años antes de que John Gotti sonriera y se pavoneara en las páginas de periódicos y los noticieros televisivos como alguien salido de un escaparate de los almacenes Saks de la Quinta Avenida, Frank Costello se distinguió por la clase, o al menos por tanta clase como puede mostrar un jefe de la Cosa Nostra.

Costello, dueño de habilidad política y capacidad para el planeamiento estratégico, adquirió el título de «primer ministro» entre los líderes de pandillas; era un hombre que prefería la conversación calma y los sobornos antes que los revólveres y las escopetas, aunque solía recurrir a estas últimas herramientas cuando era necesario. Durante varios años, alcaldes, gobernadores, jueces y oficiales de la policía de todo el nordeste de Estados Unidos sonreían ante la vista o la mera mención de Frank Costello, porque ambas cosas solían estar acompañadas de un sobre de efectivo. Costello fue el primer *don* atildado, que lucía trajes a medida de mil dólares, zapatos a medida, las uñas hechas y un corte de pelo a prueba de balas. Las apariencias lo eran todo para Frank. Cuando Costello debió enfrentar cargos de evasión impositiva, su abogado le aconsejó no comparecer en la corte vestido de un modo tan elegante, porque parecía estar ganándose la antipatía del jurado de clase trabajadora. «Empieza a usar trajes baratos, zapatos viejos, una corbata piojosa», le dijo el abogado. «Te irá mejor con el jurado.»

Frank disintió. «Prefiero perder el maldito caso», fue su respuesta.

Y así pasó. Mientras cumplía su condena, Costello trató de manejar la familia desde detrás de las rejas, pero Vito Genovese, el despiadado homónimo de la familia, tenía otras ideas. Genovese quería reemplazar a Costello en el mando, y siguió el método de sucesión más ampliamente aplicado. Mientras caminaba por una calle de Nueva York poco después de quedar en libertad, Costello oyó que alguien gritaba: «¡Esto es para ti, Frank!». Al escuchar su nombre, Costello volteó la cabeza, y la bala del revólver de aquel sicario parlanchín le rozó el cuero cabelludo.

Frank Costello eligió el ir bien acicalado antes que quedar impune.

El hombre captó la indirecta. Mientras se recuperaba en el hospital, Costello hizo correr la voz de que se retiraba de los negocios de la familia y le pasaba el mando a Alberto Anastasia, quien, careciendo de la buena fortuna de Luciano y de Costello, fue baleado en octubre de 1957 mientras esperaba a que lo afeitasen en el asiento de una barbería. Genovese asumió el liderazgo y le dio su nombre a la familia, pero tuvo poco tiempo para disfrutar la notoriedad; a los pocos años recibió una sentencia de quince años por actividades ilegales y murió de cáncer en una penitenciaría federal. El jefe actual es Dominick *Quiet Dom* Cirillo, un hombre salido del molde de Gambino que ha hecho de esa familia el grupo más poderoso y cohesionado de Nueva York.

En lo que respecta a Frank Costello, pasó los últimos años de su vida cultivando el trato con la élite neoyorquina, celebrando fiestas en su apartamento de Manhattan y su finca de Long Island. Entre su lista de invitados estaban algunas de las figuras sociales y políticas más famosas de su época, como el jefe del FBI, Edgar Hoover, cuya encubierta homosexualidad y gusto por el travestismo Costello explotó en su propio beneficio. Cuando el «primer ministro» de la Cosa Nostra murió mientras dormía, en 1973, su legado más destacado fue quizás la voz ronca que había adoptado Marlon Brando para su Vito Corleone en *El Padrino*, tomada prestada directamente de la manera de hablar de Costello.

Luchese. Gaetano (Thomas) Luchese se dedicó a la industria de la ropa durante su mandato, de 1953 hasta 1967. Entre sus jefes había un hombre llamado Paul Vario, que inspiró el personaje de Paul Cicero en la película *Goodfellas*. En los últimos años, la familia se ha visto debilitada con la conversión de tres miembros clave —Alfonse (Little Al) D'Arco, el subjefe Anthony (Gas Pipe) Casso y Peter (Fat Pete) Chiodo— en testigos del gobierno.

A medida que el perfil público de la Cosa Nostra fue creciendo entre la gente común, se generó un aura de glamour alrededor de los gánsters, alimentado por la relación con algunas celebridades. Frank Sinatra fue visto muchas veces en compañía de jefes de la Cosa Nostra a lo largo de su carrera, al igual que muchos de sus amigos, como Dean Martin, Al Martino, George Raft y, supuestamente, Bing Crosby y Jimmy Durante. El origen de Sinatra —sus abuelos paternos eran sicilianos— aportaba al menos un vínculo de sangre. El cantante negó vehementemente toda relación con familias criminales, pero una famosa fotografía que muestra a Sinatra tomado del brazo con los jefes Carlo Gambino y Paul Castellano, y el sicario Jimmy Fratianno, sugiere que eran buenos amigos. Si al cantante lo atraían los gánsters o si a los gángsters los atraía el cantante de origen siciliano sigue siendo una cuestión debatida.

Gran parte del glamour y la intriga que la gente de afuera asociaba con la Cosa Nostra provenía de la *omerta*, el código de honor sellado en una ceremonia de iniciación secreta que imponía la inviolabilidad del código sobre los nuevos miembros.

El secreto, junto con otros misterios del grupo, se rompió en 1990, cuando el FBI grabó el ritual de iniciación por el que Robert

A pesar de sus objeciones, a Frank Sinatra se le vinculó con jefes mafiosos como sus amigos Paul Castellano (el primero por la izquierda) y Carlo Gambino (el tercero por la derecha).

(Bobby Dee) Deluca entró en la familia Patriarca, de Boston. Reunidos todos en una pequeña casa de Bedford, Massachusetts, el jefe de la familia comenzó a decir en voz alta, en un dialecto siciliano: «*In onore della Famiglia, la Famiglia è abbraccio...*» (en honor de la Familia, la Familia abre sus brazos).

Los agentes del FBI escucharon a Deluca repetir un juramento dictado por el jefe: «Yo, Robert Deluca, quiero entrar en esta organización para proteger mi familia y para proteger a mis amigos. Juro no divulgar este secreto y obedecer, con amor y *oferta*».

Luego, los ocho hombres presentes se pincharon el dedo índice y dejaron gotear su sangre sobre una estampa religiosa con la imagen del santo de la familia Patriarca. Le prendieron fuego a la estampa y, mientras se quemaba, Deluca repitió el segundo juramento: «Como se quema este santo, se quemará mi alma. Entro vivo a esta organización y la dejaré muerto».

El magnetismo de una sociedad secreta, la pose de «macho» de sus líderes y la inmensa riqueza al alcance de la mano de sus miembros más exitosos atrajeron mujeres a la Cosa Nostra casi desde el principio. Por supuesto, también era cierto lo inverso: muchos jóvenes italianos ambiciosos querían unirse a la organización porque a los miembros de la Cosa Nostra no les costaba atraer mujeres bellas.

Toda mujer que se relaciona con la Cosa Nostra rápidamente advierte que las lecciones grabadas en la sociedad siciliana hace mil años por los musulmanes siguen arraigadas en la actitud de los hombres de esa organización. Para ellos, la mujer desempeña uno de los dos roles posibles: ángel o ramera, esposa o amante.

La esposa de un miembro de la Cosa Nostra disfruta de atractivos beneficios, a cambio de un precio. Los beneficios incluyen la perspectiva de que su hombre ascienda lo suficiente en las filas como para generar un enorme flujo de ingresos, permitiéndole a ella y a su familia disfrutar las ventajas de la riqueza: una gran casa, ropas exclusivas, autos lujosos y vacaciones de alto nivel. Otro beneficio es el respeto de su marido y los cohortes de éste. La familia sigue siendo una poderosa fuerza unificadora entre los sicilianos, y especialmente entre los miembros de la Cosa Nostra. Uno no avergüenza a su mujer y tampoco la maltrata. Hay excepciones, pero cualquier hombre de la Cosa Nostra que golpea a su esposa o es despectivo con ella pierde una cuota de respeto entre sus pares.

El precio que pagan las esposas es importante y conocido. La promiscuidad masculina dentro del grupo se considera un signo de hombría, y la sexualidad de cualquier «tipo listo» que no tiene una o dos amantes puede ser sospechosa. Se espera que las esposas comprendan y acepten eso, así como que entiendan que deben mantener un nivel de decoro. Toda mujer que dice palabrotas se arriesga a ser considerada una *puttana*, una prostituta, y engañar a un marido que da la casualidad de ser un hombre «hecho» es un delito capital.

Para evitar avergonzar a sus esposas, los hombres de la Cosa Nostra fijan las noches de los viernes para sus amigas; las noches de los sábados son para las esposas. El arreglo se respeta de manera estricta, evitándose la posibilidad de que un hombre de la Cosa Nostra y su esposa encuentren a un conocido con una mujer con la que no está casado. En otras situaciones, la tradición se vuelve flexible: más de un miembro de la Cosa Nostra ha llevado a su esposa y a su amante en un crucero de placer, la esposa con él en una suite y la amante confinada en un camarote de menos nivel.

En el ambiente de la mafia, el sexo y el asesinato se entrecruzan con consecuencias particulares. Se dice que Vito Genovese había matado a un hombre porque quería la mujer de la víctima para él. Los camaradas de Genovese excusaron el asesinato porque se sabe que el honor y las reglas no siempre pueden controlar los deseos del corazón de un hombre apasionado. Y mientras que la excesiva heterosexualidad de un hombre de la Cosa Nostra eleva su estatus, el menor grado de interés homosexual puede ser fatal, no importa cuál sea su posición en la organización, como lo demostró el destino de John *Johnny Boy* D'Amato.

D'Amato era jefe de la familia DeCavalcante, la más grande de Nueva Jersey y famosa por ser la base de la popular serie televisina

Los Soprano. También había sido un confidente del célebre John Gotti, una relación que podría haberlo protegido en otros tiempos y en otras circunstancias. Con su novia Kelly, D'Amato comenzó a frecuentar clubs donde hombres y mujeres intercambiaban parejas y se entregaban al sexo grupal. Más de una vez, en esas ocasiones, la novia de D'Amato lo vio practicar sexo oral a otros hombres, y con lágrimas en los ojos se lo comentó a uno de los amigos mafiosos de D'Amato. Cuando el amigo le informó del incidente al peso pesado de la mafia Vincet (Vinnie Ocean) Palermo, este ordenó el asesinato de D'Amato. El motivo estaba claro. «Nadie va a respetarnos si tenemos sentado un marica homosexual discutiendo de negocios», testificó el asesino de D'Amato en la corte.

Un milenio de secreto y actividad implacable daría la impresión de garantizar la supervivencia de la Mafia en Italia, donde su futuro parece asegurado a pesar de las periódicas declaraciones de la policía de ese país, que afirma haber «quebrado» la organización. En Estados Unidos, en cambio, el futuro de la Cosa Nostra no es ni remotamente tan claro. A diferencia de la Mafia italiana, la Cosa Nostra norteamericana enfrenta una mayor competencia de rivales a menudo más despiadados que ella, como los señores de la droga colombianos, las pandillas vietnamitas y la Mafia rusa.

Lo que es más crítico aún para la supervivencia de la Cosa Nostra, el respeto por el tradicional código de *oferta*, se está viniendo abajo justo cuando la sociedad más lo necesita, una situación que se

El fallecido Johnny D'Amato. Todo el sexo que tú quieras, mientras sea con personas del sexo opuesto.

demuestra mejor comparando las actitudes de los dos miembros de la Mafia que presentamos antes: Louis (Lepke) Buchalter y Joseph (Big Joe) Massino.

Buchalter comenzó en los días de gloria de la Mafia, allá por las décadas de 1920 y 1930, como matón en el distrito textil de Nueva York, donde se hizo famoso por su insensibilidad y sus modales violentos. Cualquier fabricante o tendero que no pagara la protección impuesta no sólo era advertido o se arriesgaba a que le rompiesen las piernas: sencillamente, lo mataban, por lo general en su negocio. El típico modus operandi de Buchalter después de cada asesinato era saquear el local y prenderle fuego, quemando la evidencia.

Gracias a su notoriedad y a algunos colegas traidores, Buchalter fue condenado por asesinato y sentenciado a morir en la silla eléctrica el 4 de marzo de 1944. A pesar de las peticiones de conmutación de pena presentadas por sus abogados, la sentencia de Lepke se mantuvo en firme y éste fue ejecutado junto con dos socios. Buchalter fue el último de los tres en enfrentar su suerte, y mientras que los primeros dos hombres habían entrado en la sala de ejecución tropezándose y temblando de miedo, Lepke entró caminando con paso resuelto y seguro, se dejó caer en la silla y se sentó tan impasiblemente como si estuviera yendo al trabajo en el metro. Cinco minutos después de ser amarrado con las correas, fue declarado muerto.

Al día siguiente, la viuda de Buchalter dio una conferencia de prensa en un hotel próximo a la prisión de Ossining, Nueva York, donde habían ejecutado a su esposo. «Mi esposo me dictó esta declaración en su celda», les dijo a los periodistas, «y yo la escribí, palabra por palabra». Según Beatrice Buchalter, Lepke había insistido en que su declaración recibiera la cobertura más amplia posible, y los reporteros escribieron cada palabra que Beatrice leyó de su nota.

«Estoy ansioso de que se entienda claramente», dictó Lepke, «que no ofrecí hablar y dar información a cambio de ninguna promesa de conmutación de mi sentencia de muerte. ¡Yo no pedí eso!». De acuerdo con la viuda, Lepke insistió en los signos de exclamación.

Buchalter, todos coincidieron, estaba dando una clara señal a los socios de la Mafia de que no había roto la *omerta*. Algunos observadores creían que lo hacía para evitar represalias contra su familia, pero otros sugerían que su motivación era menos práctica y más emocional. Aun en la muerte, era importante que los demás supiesen que había actuado de manera honorable para con sus colegas, ya que no para con sus víctimas. Ésa era cuestión de orgullo personal que ni siquiera la perspectiva de tener cinco mil voltios de electricidad recorriendo su cuerpo en pocas horas podía distraer.

Sesenta años después, Big Joey Massino era jefe de la familia Bonnano de Nueva York, la máxima autoridad de una de las cinco mafias más poderosas de Manhattan. Pero el jefe de cuatrocientas libras de un grupo que practicaba la extorsión en el mismo distrito textil en el que Lepke Buchalter había inspirado terror demostró ser una clase muy distinta de hombre. La *omerta* puede haber significado honor para Buchalter, pero no significó nada para Big Joey... no cuando estaba esperando una dura sentencia de cadena perpetua después de ser condenado por asesinato y actividades ilegales. Puesto en libertad bajo fianza en septiembre de 2004, el jefe mafioso hizo lo impensable para un hombre de su estatura en la sociedad criminal más poderosa del mundo: acordó usar un micrófono del FBI y grabar a un colega discutiendo el asesinato de un socio y la muerte planeada de un fiscal federal. Gracias a su cooperación, decenas de miembros de su familia fueron llevados ante la justicia, y Massino evitó una potencial sentencia de por vida.

Cuando se conoció la noticia de la conducta renegada de Massino, ésta golpeó a los miembros de la Mafia con el impacto de un tren expreso. Massino no fue el primero en romper el código de la *omerta*; Joe Valachi se le anticipó en 1963, cuando testificó ante el Congreso de Estados Unidos sobre la presencia de la Mafia, usando por primera vez en público el término «Cosa Nostra». De ahí en adelante, decenas de miembros buscaron aligerar sus sentencias cooperando con los fiscales. Sin embargo, en todos los casos anteriores se trató de mafiosos de rango inferior, con un conocimiento limitado de las operaciones de la familia, sin ninguna esperanza de alcanzar los niveles superiores donde se ganaba el dinero grande y quizás con algún resentimiento contra quienes estaban por encima de ellos. La traición de un jefe de familia no tuvo precedentes y presagió la posibilidad del colapso total de la disciplina dentro de la organización. ¿Cómo puede el jefe de cualquier familia de la Cosa Nostra generar respeto y lealtad y ejercer disciplina entre los miembros de menor jerarquía cuando un jefe de familia traiciona a toda la organización?

El futuro del secreto dentro de la rama norteamericana de la Mafia/Cosa Nostra es incierto. La perspectiva de que siga existiendo y su poder para controlar las actividades criminales asociadas al mismo son aún menos seguros.

Capítulo IX

Yakuza

Tradiciones y amputaciones

El barrio de Ginza, en Tokio, sigue siendo la misma área de entretenimiento glamourosa que ha sido desde el fin de la Segunda Guerra Mundial, una mezcla japonesa del Broadway neoyorquino y el Soho londinense, con un toque de Las Vegas. Una noche reciente, sobre una de las calles principales de Ginza, podían verse algunas decenas de empresarios sentados e hipnotizados delante de máquinas parecidas a *pin-balls*, observando el zigzagueo de pequeñas bolas brillantes por entre un laberinto de espigas de metal. Ése es el *pachinko*, una manía nacional entre los japoneses; su nombre deriva del sonido que hacen las bolas de cromo al rebotar una y otra vez contra las espigas.

En el club privado para hombres situado justo encima de la sala de juegos la atmósfera era muy diferente. Allí las luces eran tenues, el mobiliario lujoso y una música suave, tocada con instrumentos japoneses tradicionales, flotaba en el aire cargado de humo. En un rincón apartado, un hombre sexagenario estaba sentado delante de una mesa baja, flanqueado por dos muchachas que sonreían con una risita a cada orden que daba, con voz áspera y gutural, a algunos hombres jóvenes que estaban cerca. A su mandato, los hombres se aproximaban, asentían con la cabeza acatando sus instrucciones, hacían una reverencia y se retiraban, enviados con recados a otra parte del club o a la bulliciosa calle de abajo. Una simple señal con su cabeza bastaba para que una atenta camarera le trajese un trago o le sirviese tempura; un gesto similar hizo callar a uno de los sujetos más jóvenes en mitad de una frase. De vez en cuando les sonreía a las muchachas, una con vestido de cóctel corto y la otra con una falda plisada de colegiala y una blusa blanca almidonada. Cuando deslizaba su mano por la pierna de la mujer de vestido corto o acariciaba la blusa de la muchacha en uniforme de colegiala, las jóvenes reían nerviosamente y se cubrían la boca.

Para un occidental, la escena parecía una versión japonesa de un padrino de la mafia dispensando órdenes, castigos y recompensas a sus subordinados. En ciertos aspectos lo era. En otros no, sobre todo cuando un individuo joven apareció en la entrada del club y se quedó esperando que su presencia fuera advertida. Vistiendo el mismo traje ajustado que usaban los otros de su edad, el pelo brillante y la camisa blanca perfectamente almidonada, permaneció allí, balanceando nerviosamente el peso de uno al otro pie, con el rostro pálido. Tenía la mano izquierda vendada. En la derecha traía un pequeño objeto, cuidadosamente envuelto.

Finalmente, respondiendo a un gesto seco del hombre mayor y manteniendo bajas la cabeza y la mirada, el joven se acercó al rincón. Las muchachas dejaron de sonreír. Los otros jóvenes se hicieron a un lado, permitiéndole pasar. La sala quedó en silencio.

Parado delante del sexagenario, el recién venido, con la mirada y la cabeza siempre gachas, puso el pequeño envoltorio sobre la mesa, usando ambas manos en un gesto de solemne ceremonia. El hombre mayor miró la mano vendada, asintió con la cabeza e hizo una señal sobre el paquete indicando que lo quitaran. Uno de los otros jóvenes se aproximó y se lo llevó rápidamente.

Dentro del envoltorio estaba la última falange del meñique del recién venido, cortada y presentada como un acto de arrepentimiento y una solicitud de perdón. Algo que el joven había hecho había ofendido al hombre mayor, su jefe. Aparentemente, los otros hombres que estaban en la sala lo habían ofendido de modo similar, porque a muchos de ellos también les faltaba una parte de su meñique. Algunos directamente no tenían meñique, lo que indicaba más de una afrenta cometida en el pasado. Ésa era la Yakuza japonesa, una sociedad secreta criminal que tiene sus orígenes en los días de los guerreros samurái y que aplica la disciplina de la misma manera tradicional y terrible.

Como sucede con los caballeros galantes que defendían el honor de una dama y con los alguaciles de mirada pétrea del Salvaje Oeste norteamericano, muchos consideran a los guerreros samurái como los guardianes de las pautas morales del Japón medieval. Una vez más, la realidad dista mucho de la leyenda.

Los samurái surgieron de coaliciones de jefes guerreros del Japón del siglo XII, que estaba convirtiéndose en una sociedad feudal muy parecida a la que ya estaba establecida en Europa. Como con el feudalismo europeo, los líderes y grupos más débiles juraban lealtad a fuerzas más grandes y más poderosas a cambio de protección. Esos grupos, unidos por lealtades personales y familiares, comenzaron a seleccionar los mejores gladiadores entre ellos para servir como «caballeros guerreros», hombres expertos en el combate y preparados en todo momento para defender a sus jefes personales (*samurai* significa «el que sirve».)

Junto con su maestría para la lucha, los samurái se distinguían por una fanática consagración a la lealtad. Con el tiempo, ese compromiso con la lealtad anuló otros aspectos de la vida del guerrero. El amor a la esposa y los hijos, el deber para con los padres y el miedo a la muerte eran todos menos importantes que la obligación del samurái de una absoluta lealtad y de una absoluta ferocidad al enfrentar un adversario. Las batallas entre bandos rivales se convirtieron en hechos escalofriantes, marcados por los guerreros samurái que alardeaban de su destreza y de las hazañas de sus ilustres antepasados mientras blandían las espadas ante los cuerpos de sus enemigos.

Esa ferocidad y ese compromiso separaban al samurái del resto de la sociedad japonesa y les valían algunos privilegios especiales. Sólo a los samurái reconocidos, por ejemplo, se les permitía poseer una *katana*, la espada que se maneja a dos manos, reverenciada por los samurái como un objeto sagrado. Las armas samurái se convirtieron en el elemento central de un elaborado código de honor. Se creía que las espadas con las que se había dado muerte en batalla a muchos oponentes tenían poderes espirituales, y las espadas nuevas se probaban en cuerpos humanos, habitualmente los cadáveres de criminales decapitados. Si un samurái consideraba haber sido insultado por alguien de inferior cuna, podía cortar en dos al ofensor con su espada y no sufrir ningún castigo.

Como los caballeros medievales, los samurái ricos peleaban a caballo, vistiendo casco y una armadura flexible, mientras que los guerreros menos acaudalados funcionaban como soldados de infantería. Pero, a diferencia de sus homólogos europeos, los samurái no estaban motivados por el fervor religioso ni por causas caballerescas, sino por la simple consagración a las órdenes de sus caudillos. En ese sentido, parecían jefes de la Mafia antes que guerreros heroicos.

Tampoco se exhibía mucho heroísmo en las batallas samurái. Consideremos esta crónica de un ataque al palacio de un emperador, en el siglo XIII:

> Los nobles, los cortesanos e incluso las damas que esperaban en las habitaciones de las mujeres fueron muertos por la espada... se prendió fuego al palacio y cuando los ocupantes escapaban para no ser quemados, eran recibidos por los guerreros. Cuando volvían sobre sus pasos... eran consumidos por las llamas... [Otros] saltaban a los pozos en gran número y, de ellos, los del fondo se ahogaron en poco tiempo, los del medio murieron aplastados por sus compañeros y los de arriba fueron masacrados o quemados por las llamas...

De forma inexorable, las pautas de los samurái se corrompieron con el tiempo y, finalmente, hasta sus causas nobles comenzaron a desmoronarse. En el siglo XVII, durante un extenso período de paz, los *hatamoto-yakko* (sirvientes del *shogun*), una extravagante rama de

Los samuráis pueden ser aclamados como grandes y nobles guerreros, pero sus hazañas no están a la altura de su reputación. Ellos fueron también la inspiración para la Yakuza.

samurái independientes, hallaron que sus servicios ya no eran requeridos. Incapaces de funcionar en la sociedad común, pasaron de ejecutar servicios en nombre de sus caudillos a sembrar el caos entre la población. En algunos casos, actuaron como los héroes legendarios del tipo de Robin Hood, defendiendo a los pobres y desvalidos y compartiendo el botín robado con los campesinos hambrientos. En la mayoría, sin embargo, se volvieron tan despiadados y explotadores como cualquier grupo de matones, a pesar de su afición por el honor y la ceremonia.

Esa transformación de los samurái, de héroes guerreros a matones organizados, generó una reacción de las víctimas de sus saqueos, la gente común, que les retiró su veneración y respondió formando una milicia conocida como los *machi-yokko*. En pocos años, las cosas se habían dado la vuelta para los samurái; quienes ahora eran vistos como los protectores de los japoneses comunes eran los *machi-yokko*, que adquirieron un manto de respeto y reverencia operando por fuera de la ley, en un paralelo directo con el surgimiento de la Mafia siciliana. Al ser derrotados los samurái, los *machi-yokko* quedaron como los defensores de la gente ordinaria, incluso después de que llegara la cultura japonesa moderna con una autoridad centralizada y fuerzas policiales, dejando a los *machi-yokko* fuera de la ley.

Para esa época, las distintas ramas de *machi-yokko* comenzaron a referirse a sí mismas como Yakuza, un nombre derivado de la propensión de los grupos al juego. En uno de sus juegos favoritos, el *hana-fuda* («naipes de flores» o «juego de las flores»), se daban tres cartas a cada jugador y la peor mano posible totalizaba 20 puntos. En japonés, «ya» significa 8, «ku» significa 9 y «sa» *(za)* significa 3, coincidiendo con la temida mano de 20 puntos e implicando que los miembros de la Yakuza eran las «manos malas» de la sociedad.

Como hicieron los masones con la leyenda de los templarios, la Yakuza alimentó una asociación con los aspectos más nobles de los samurái, y su práctica de cortarse el meñique como castigo se relaciona directamente con esa antigua casta guerrera. Al esgrimir la *katana*, el meñique del espadachín ejercía más control sobre el arma que cualquier otra parte de su mano. Un samurái con el meñique herido o mutilado estaba en clara desventaja en batalla y dependía fuertemente de la protección que le brindara su amo. De ahí el castigo aplicado por los jefes de la Yakuza a los miembros descarriados.

El corte del meñique, lo que se conoce como *yubitsume*, constituye el castigo por disgustar o decepcionar a un jefe Yakuza y simboliza tanto el error como la valentía del subordinado. Al ofensor se le avisa de la necesidad de la amputación cuando su superior le entrega dos elementos: un cuchillo y un pedazo de hilo para detener el sangrado. No se pronuncia una sola palabra. No es necesario. El ofensor no debe tener contacto con el grupo hasta no cumplir su castigo, confirmar su ejecución y recibir el perdón del superior.

Además de por los meñiques incompletos, los miembros de la Yakuza pueden identificarse por sus llamativos tatuajes, a menudo aplicados no como símbolos individuales, como se prefiere en Occidente, sino como extensos murales que muestran dragones, flores, paisajes y diseños abstractos dibujados en las partes del cuerpo normalmente cubiertas por la ropa de todos los días. Con la cara, el cuello, los antebrazos, los tobillos y los pies sin tatuar, un Yakuza desnudo parece estar usando un pijama ajustado. La meticulosa aplicación de los diseños lleva cientos de horas y cuesta miles de dólares, aunque se mantiene oculta a la vista de todo el mundo, a excepción de los camaradas más cercanos. La intención es demostrar, a quienes ven el trabajo hecho en el cuerpo, que su dueño tiene la riqueza y la valentía de absorber el costo y el dolor.

Los occidentales que se topan con un grupo de Yakuza sin saber quiénes son podrían encontrarlos involuntariamente cómicos. A los miembros de la Yakuza les gustan los trajes de seda ajustados, los zapatos puntiagudos, el pelo lacio peinado a la *pompadour* y una manera de caminar que recuerda más a un personaje de la comedia televisiva *The Fonz* que a asesinos como Vito Genovese y Lepke Buchalter. Entre la gente de la Yakuza, el estereotipo del gánster se ve reforzado por la preferencia por automóviles Cadillac y Lincoln, norteamericanos, exageradamente grandes y ostentosos en la tierra de los Toyota y los Honda.

La Yakuza muestra la clásica estructura piramidal de la Mafia/Cosa Nostra, pero su organización es un poco más compleja, basándose

Contemplar a un miembro de la Yakuza desnudo puede constituir un espectáculo atemorizante. Los tatuajes que cubren el cuerpo entero significan riqueza y resistencia al dolor.

en la relación *oyabun-kobun*. *Oyabun* significa «rol de padre» y *kobun* significa «rol de hijo». A cada miembro de la Yakuza se le exige absoluta lealtad al jefe. Un precepto Yakuza dicta «cuando tu jefe dice que el cuervo que pasa es blanco, debes decir que es blanco», y los subordinados que desempeñanan el rol de hijos jamás deben discrepar con la opinión del «padre». El *oyabun*, a su vez, está obligado a ofrecer protección y consejo sabio a todos sus hijos.

En la cima de cada organización Yakuza está el *kumicho*, o jefe supremo. Inmediatamente debajo de él están el *saiko koman*, su asesor principal, y el *so-honchubo*, o jefe del cuartel general. Los *wagashira* son jefes regionales que manejan varias bandas, cada uno asistido por un *fuku-honbucho*, quien a su vez puede tener varias bandas propias. Los *shateigashira* son jefes regionales de menor jerarquía, con un *shateigashira-hosa* que los asiste. En cada familia pandillera hay varios *shatei*, o hermanos menores, y *wakashu*, líderes «junior».

El ritual de ingreso a la Yakuza está lleno de simbolismo, pero es de naturaleza sorprendentemente pasiva. El candidato y su *oyabun* se sientan frente a frente mientras se preparan para la ceremonia tazas de sake con sal y escamas de pescado agregadas al licor caliente, que es vertido en la taza de ambos hombres. Las tazas son todas del mismo tamaño, pero la del *oyabun* siempre se llena hasta el borde, mientras que al candidato se le sirve mucho menos. Cuando el *oyabun* alza la taza para beber, el candidato hace lo mismo. Luego, los dos hombres intercambian las tazas, bebiendo cada uno de la del otro. Ese momento de compartir la bebida sella el ingreso del joven al grupo.

La Yakuza existió durante trescientos años en Japón sin producir ningún impacto importante en la sociedad, aunque sus miembros fueron actores principales en la corrupción generalizada que marcó la sociedad japonesa en las décadas de 1920 y 1930. En los años que siguieron a la Segunda Guerra Mundial, sin embargo, la mayor libertad y prosperidad vio crecer de manera espectacular las cifras de la Yakuza. Una estimación reciente indica que en el país operaban unas cinco mil doscientas bandas de Yakuza, con un total aproximado de ciento ochenta y cuatro mil miembros, superando en número al ejército japonés en aquel momento.

En los últimos años, la presión de la policía japonesa ha logrado reducir el tamaño de la Yakuza, pero la organización sigue siendo una fuerza de peso en Japón y, a través de intermediarios y conexiones políticas, en Corea, China y las Filipinas. La Yakuza tiende a promover el negocio del sexo, manejando círculos de prostitución a menudo compuestos de jóvenes compradas a familias pobres de China y Filipinas. Otras jóvenes son llevadas a Japón con la promesa de empleos bien retribuidos como camareras, recepcionistas o modelos. Una vez en Japón, son puestas a trabajar como bailarinas y más tarde como prostitutas.

En años recientes, la Yakuza se ha diversificado, entrando en el contrabando de armas automáticas y de drogas, aunque hoy los narcóticos tradicionales como la heroína y la cocacína son menos populares que la metaanfetamina. También tiene fama de estar involucrada en el negocio del juego en todo el mundo, acechando a adinerados jugadores japoneses a los que les ofrece grandes préstamos de efectivo en Las Vegas, Atlantic City, Montecarlo y en otros lugares. Los jugadores, imaginando que los préstamos serán incobrables al volver a Japón, se ven tentados a pedir sumas considerables. Si pierden —y la mayoría lo hace, por supuesto— regresan a Japón para descubrir que los socios Yakuza de los usureros están decididos a cobrar la deuda con una mortífera tasa de interés.

Tal vez el negocio más lucrativo y la diversificación más provechosa de la Yakuza haya sido en el campo empresarial, donde sus líderes se han vuelto adeptos de una forma exclusivamente japonesa de extorsión. Tras adquirir una pequeña cantidad de acciones de una compañía cotizada en bolsa, la Yakuza reúne información escandalosa sobre los principales ejecutivos de la empresa. Algunas de las actividades de los ejecutivos, como los amoríos con prostitutas o el consumo de drogas, pueden haber sido fomentados por la propia Yakuza. La evidencia de otras prácticas, como la evasión impositiva, el mantenimiento de condiciones de seguridad deficientes en las fábricas y la ignorancia de leyes de protección ambiental, se obtiene mediante sobornos.

Cuando se ha acumulado suciedad suficiente, la Yakuza contacta con los miembros principales del comité ejecutivo de la compañía poco antes de la reunión anual de accionistas y les da un ultimátum: o la Yakuza es bien recompensada por destruir las pruebas o los *sokaiya* —los hombres del grupo presentes en la reunión como socios— revelarán la información en la asamblea anual. Los *sokaiya* son elegidos por su estilo vehemente, hombres capaces de hacer callar a gritos a cualquiera que trate de silenciarlos y capaces de describir la mala conducta de los ejecutivos con lenguaje colorido y provocativo.

La sociedad japonesa es sensible a cualquier revelación que cause vergüenza e incomodidad, y los presidentes, directores generales y demás directivos de empresa rápidamente acordarán pagar lo que exija la Yakuza. Según fuentes japonesas, en los últimos años la Yakuza ha hecho millones de dólares con esa técnica.

Aún así, los días de gloria de la Yakuza podrían estar terminándose. Muchos ciudadanos japoneses se niegan a ser intimidados por

Como a la Mafia, a la Yakuza se la ha representado de forma glamourosa y favorable en el cine.

los gánsters y han expulsado a sus pandillas de algunos barrios, a pesar de amenazas, palizas y asesinatos. Las pandillas también podrían estar quebrándose desde dentro, porque, a diferencia de la Mafia/Cosa Nostra, los miembros de la Yakuza no consagran su vida al grupo. Muchos matones de la Yakuza, unidos a la organización mientras eran jóvenes impresionables, prefieren dejarla cuando pasan los treinta años, quizás teniendo guardadas sus ganacias o atraídos por la vida empresarial, menos estresante. En algunos casos, esos desertores de la Yakuza han descubierto que las habilidades administrativas adquiridas durante sus años de gánster son muy valoradas en el mundo empresarial, y muchos aparentemente ocupan suites ejecutivas en corporaciones a las que quizás en el pasado eligieron como blanco para el ataque de los *sokaiya*.

Cómo se las arreglan para explicar la falta de un meñique o su elaborado tatuaje artístico sigue siendo un misterio.

Capítulo X

Brujería & Wiccanismo

La Gran Diosa y el Dios Cornudo

Entre las muchas sociedades secretas que hay en el mundo, la mayor parte eligió su carácter encubierto para evitar el hostigamiento de grupos e individuos que se sentían amenazados por su existencia. Tal vez en la historia ningún grupo haya sido tan seriamente perseguido, en Europa y en otros lugares, como el de las brujas y los hechiceros. Desde los comienzos del medievo hasta el Renacimiento, miles de personas murieron, a menudo en circunstancias horrendas, sólo por meras sospechas o acusaciones vacías. Con pocas excepciones, las víctimas fueron mujeres, y, en muchos casos, sus perseguidores fueron hombres pertenecientes a la Iglesia cristiana.

Aunque pensamos en los períodos del medievo y la Reforma europeos como la época de la persecución contra las brujas, la práctica de la brujería es anterior al cristianismo. Originalmente, el término «brujo» se aplicaba a cualquier persona que practicara la magia, y tanto los griegos como los romanos precristianos hacían una distinción entre magia «blanca» y magia «negra». La magia blanca era positiva, e incluía la habilidad de traer buena suerte o curar enfermedades, mientras que la magia negra era cualquier acción de tipo místico que causara daño a otras personas. Los romanos decretaron que cualquier brujo o mago que provocara la muerte de alguien por medio de conjuros o pociones estaría sujeto a la misma pena capital que alguien que cometiera asesinato con una espada o con veneno, una regla razonable en ese tiempo.

En realidad, generalmente la brujería era poco más que una extensión de religiones paganas que veían a sus dioses como encarnaciones de poderes naturales, como creían los druidas. Algunas de esa religiones les asignaban poderes no a ciertas plantas, como el roble y el muérdago reverenciados por los druidas, sino a ciertos animales: la cabra, la vaca y, sobre todo en Europa, el gato. Una buena parte de la brujería de ese período era tan inofensiva como cualquier práctica espiritual privada. Algunos practicantes, sin embargo, eran conscientes del poder que adquiría cualquiera que pudiese alegar convincentemente saber echar conjuros y mezclar pociones, actividades que implicaban miedo y dinero de los vecinos crédulos. En ese contexto, la brujería era vista simplemente como otro oficio, como la práctica de la medicina, probablemente con la misma cuota de éxitos y fracasos.

El advenimiento del cristianismo cambió todo. Se hicieron claras distinciones entre las prácticas místicas en alabanza del dios cristiano y actividades similares no aprobadas por la Iglesia. En una versión eclesiástica de la doctrina del «o estás con nosotros o en contra de nosotros», las actividades místicas no aprobadas fueron asociadas con Satán y, en consecuencia, condenadas.

De todos los pecados definidos por el cristianismo, los que más frecuentemente se asociaban con las prácticas satánicas involucraban el sexo, y como el poder dentro de la Iglesia estaba en manos exclusivas de los hombres, quienes a menudo se veían tentados por la vista o la actitud pasiva de las mujeres, éstas se convirtieron en el blanco de la persecución montada contra la brujería. Después de todo, ¿qué mejor método tenía Satanás para tentar con el pecado al hombre temeroso de Dios que a través de las artimañas de una mujer sexualmente atractiva?

Las mujeres eran vistas como intrumentos del demonio en su cruzada para cosechar las almas de los hombres cristianos y, tanto como cualquier otro factor, eso contribuyó a cientos de años de persecución. El ahorcamiento, la quema, el ahogamiento, el encarcelamiento y la mutilación de incontables mujeres en los últimos dos milenios no tuvo nada que ver con la ideología subversiva, la desviación religiosa o la discriminación racial. Tuvo que ver con el género y con el dominio de los hombres sobre las mujeres, un dominio de siglos que se extiende más allá de la sexualidad y el poder económico para incluir la autoridad espiritual.

Y si bien nosotros podemos ser más tolerantes y hasta divertirnos con las afirmaciones de la brujería y sus practicantes, los fundamentalistas cristianos no necesitan mirar más allá de la Biblia para encontrar justificación al maltrato de toda persona sospechosa de hechicería. «Porque como pecado de adivinación es la rebelión», leerán en Samuel I, capítulo 15, versículo 23, prueba de que la mayor falta de los brujos es negarse a recibir órdenes. En busca de intrucciones más directas, los cristianos pueden fijarse en el Éxodo, capítulo 22, versículo 18: «A la hechicera no dejarás que viva».

Los teólogos modernos pueden argumentar sobre la verdadera interpretación de esas admoniciones, pero hasta hace tan poco como el siglo XIX las civilizaciones europea y norteamericana las tomaban como la autorización explícita para quemar, colgar y ahogar mujeres por su supuesta condición de brujas. Los principales opresores de miles de mujeres que sufrieron ese destino a lo largo de los siglos fueron siempre hombres, y la raíz de sus acusaciones contra las víctimas siempre estaba asociada con un pecado por encima de todos: el sexo.

El cargo más devastador que podía presentarse contra las brujas de la mitología cristiana era que se entregaban a actos sexuales con el Demonio. Se creía que, quizás a manera de recompensa, Satanás les concedía a quienes cedían a su lujuria poderes ocultos tales como el de controlar la mente de otras personas, echar conjuros malignos y mover objetos sólidos con un mero gesto o el mero pensamiento.

A lo largo de la historia, la Iglesia católica asumió un papel principal en la demonización de las brujas, especialmente en 1450, cuando recicló muchas de sus viejas acusaciones contra los paganos.

Sin hacer ninguna distinción entre quienes decidían identificarse como hechiceros que realizaban actos mágicos y quienes practicaban religiones basadas en la tierra, que eran generalmente formas de druidismo, el único objetivo de la Iglesia era convertir a los «paganos» al cristianismo. Como a menudo fue el caso, sus motivos y sus métodos eran autocráticos y desconsiderados con la realidad. Al sostener que esos paganos «adoraban al demonio», por ejemplo, ignoraban convenientemente que el demonio es una creación judeocristiana. ¿Cómo podían los paganos «adorar» a un ser cuya existencia les era desconocida?

Ese tipo de realidades no detenía a los hombres de la Iglesia. Las brujas, decretaron, raptaban bebés, mataban y comían a sus víctimas, provocaban tempestades y tormentas de granizo, hacían que los caballos enloquecieran de golpe, vendían sus almas a Satanás (o al menos sus cuerpos, aparentemente) y —en una acusación notable, proviniendo de hombres consagrados a una vida de celibato— no sólo causaban impotencia e infertilidad masculinas, sino que podían hacer desaparecer los genitales masculinos, el acto supremo de castración.

Hasta la imagen estereotipada de la bruja cabalgando en una escoba era vinculada con el sexo. Las brujas podían volar, decían sus acusadores, pero, en la mente de los cristianos puritanos, cabalgar una escoba tenía más que ver con la función del mango de la escoba como un sustituto del pene para estimular el orgasmo antes que como un utensilio de vuelo. El verdadero origen tal vez sea menos sexual; en algunas culturas medievales, las mujeres corrían por los campos a horcajadas de una escoba intentando hacer con eso que los granos crecieran, o saltaban sobre el mango de una escoba implorando a los granos que crecieran tan alto como ellas podían brincar.

Los protestantes no eran más tolerantes que los católicos con respecto a las brujas. Lutero, en su *Comentario sobre la Epístola de san Pablo a los Gálatas*, escribió: «No debo tener ninguna compasión con esas brujas; las quemaría a todas». (También escribió: «Si una mujer

La costumbre legendaria de volar en escoba de las brujas tuvo su origen ya fuera en la estimulación de las cosechas o en la de los orgasmos.

se debilita y finalmente muere de parto, no importa. Déjenla morir de parto; está ahí para eso».) Y Calvino predicó: «La Biblia nos enseña que hay brujas y que deben ser muertas... esa ley de Dios es una ley universal». John Wesley, fundador de la Iglesia metodista, decía que aquel que negara la realidad de la brujería se oponía no sólo a la Biblia, sino a la sabiduría conjunta de «los hombres más sabios y mejores de todas las épocas y todas las naciones».

Los teólogos y los psicólogos especulan que el verdadero motivo detrás de la persecución de las mujeres sospechosas de ser brujas era ayudar a los escépticos a resolver sus propias dudas sobre la doctrina cristiana y fortalecer su fe en Dios. La existencia de mujeres que recibían poderes de Satanás sería una prueba de un mundo espiritual que, desarrollando un poco más esta idea, demostraba la existencia de Dios. Satanás no podría existir sin la presencia de Dios, ergo, Dios existe. Un cualificado observador de esta teoría dice: «Sin las brujas, a algunos teólogos de fines del medievo les quedaba enfrentar preguntas referidas a por qué suceden cosas malas. En su visión precientífica del mundo, basada en la Biblia, la alternativa lógica de las brujas y demonios como una explicación de la desgracia era [pensar en] un

Dios o no tan poderoso como para evitar que las cosas malas sucedieran, o no tan bueno como para intentarlo».

Durante mucho tiempo, las religiones organizadas asignaron a la mujer el papel de chivo expiatorio por hechos o aspectos de la vida que los líderes de la Iglesia no podían explicar. Las brujas no fueron las únicas víctimas de ese problema de teodicea, ni fueron los católicos y los protestantes los únicos grupos que lucharon con el dilema de un Dios absolutamente bueno y todopoderoso coexistiendo con el mal de nuestro mundo. Pero en Europa occidental y en Norteamérica, entre el año 1000 y el 1800 de nuestra era, esos dos grupos (en el caso de los protestantes, a partir de la Reforma y la colonización de América del Norte) tomaron en sentido absolutamente literal las directivas bíblicas con relación a las brujas. Y si bien sus métodos para erradicar del mundo la maldad derivada de la brujería diferían —en los países católicos, las ejecuciones se hacían en la hoguera; en los países protestantes, el método preferido era la horca—, los resultados eran los mismos.

Hacían falta pruebas para demostrar que las mujeres acusadas eran en efecto brujas, y sus perseguidores descubrieron una cantidad notable de medios para obtenerlas (notable porque el veredicto era casi siempre «culpable»). Considérense los métodos utilizados:

El *juicio por agua hirviendo*, que consistía en calentar un recipiente lleno de agua hasta que ésta hirviera y ordenarle a la persona acusada que sacara una piedra puesta en el fondo. La mano escaldada era vendada y el vendaje era sellado. Si al quitar las vendas aparecía una ampolla del tamaño de una nuez, el veredicto era culpable, lo que conducía a la pena de muerte. A la persona acusada se le aconsejaba rezar y hacer ayuno el día anterior a la realización del juicio. Aparentemente, la mayoría lo hacía. Aparentemente, pocas sacaron beneficio de esa práctica.

El *juicio por fuego* era una simple variación, por la que la persona acusada debía caminar descalza sobre una fila de rejas de arado calentadas al rojo vivo. La ausencia de quemaduras en las plantas del pie indicaba inocencia.

El *juicio por ahogamiento* constituyó la cúspide histórica de las situaciones en las que no había forma de salir triunfante. Tras arrojar al río a la persona acusada, los jueces observaban para ver si salía a la superficie. Si la víctima se hundía en el fondo y se ahogaba, la declaraban inocente; si conseguía emerger y mantenerse a flote, era declarada culpable y colgada o quemada en la hoguera de inmediato, a menos que primero fuese torturada, con la expectativa generalmente fructífera de que implicara a otras personas.

La *ordalía de la cruz* ponía al acusado y al acusador en una iglesia, habitualmente durante una misa regular. A ambos se les ordenaba pararse con los brazos extendidos, imitando la posición de Cristo en la cruz. La persona cuyos brazos caían primero era juzgada culpable.

La opresión contra las brujas aumentó y disminuyó en oleadas, sujetas a diversas influencias que iban desde desastres naturales hasta luchas intestinas religiosas. Los cien años que van de 1550 a 1650, cuando las relaciones entre católicos y protestantes eran particularmente virulentas, vieron tantos juicios y ejecuciones de brujas acusadas en Francia, Alemania y Suiza que el período pasó a conocerse como los tiempos de la hoguera. En el siglo XVII, la actitud hacia las brujas comenzó a ablandarse. En 1610, los Países Bajos prohibieron la ejecución de brujas, y 1684 marcó la última ejecución de una bruja en Inglaterra. Para la época de los juicios de Salem en Nueva Inglaterra, cuando decenas de mujeres y un puñado de hombres fueron ejecutados o murieron en prisión acusados de brujería, la ola había alcanzado su cresta en Europa.

El efecto duradero de los ataques católicos y protestantes contra quienes decidían explorar su espiritualidad basada en el mundo natural —siendo por ello relacionados con Satán— fue empujar el movimiento a la clandestinidad, y muchos de los conocimientos y tradiciones adquiridos a lo largo de siglos antes de que los obispos cabalgaran en busca de adoradores del diablo se perdió para siempre. Prácticas que una vez fueron consideradas abiertas y libres, como el rendir homenaje a la naturaleza, sólo se podían mantener a riesgo de la tortura y la muerte por tormento. Muchos hallaron solaz en esas prácticas a pesar del peligro; otros sufrieron horriblemente, cuando nunca habían pensado en realizar esos actos, simplemente por la acusación de vecinos.

Las creencias centrales de la brujería sobrevivieron porque aquellos que observaban los rituales y se aferraban al credo las mantuvieron en secreto. Sus descendientes espirituales emergieron a mediados del siglo XX como miembros del culto wicca, un término usado por los practicantes modernos para distinguirse de sus predecesores perseguidos.

La aparición de la wicca como una suerte de sistema unificado de principios surge de orígenes tanto antiguos como recientes. Entre ellos, la aversión a muchas prácticas corporativas de América del Norte y Europa juzgadas perjudiciales para el medio ambiente, como la destrucción de selvas y bosques tropicales, el exterminio de especies nativas y el consumo voraz de recursos limitados. Con diferentes etiquetas, esos movimientos dispersos finalmente comenzaron a hacer escuchar sus voces y a atraer seguidores heterogéneos, sobre todo entre la gente joven. A partir de percibir la necesidad del conservacionismo y la responsabilidad ambiental, hubo un paso corto para que esos adherentes exploraran y adoptaran muchas creencias del culto wicca.

La otra fuerza impulsora detrás del surgimiento del Wiccanismo fue una renacida reverencia por el chamanismo, que fue en realidad el origen de la brujería precristiana. Se cree que «chamán» deriva de una palabra siberiana que significa *el (o la) que sabe*, aunque la idea de un miembro de una tribu o una aldea que posee conocimientos para curar dolencias y brindar ayuda espiritual es anterior a toda religión organizada. En sociedades tribales dominadas por los hombres, cumplir el rol de chamán posibilitaba a la mujer alcanzar jerarquía y poder; esa característica sigue pesando en el Wiccanismo, que muestra sustancialmente más mujeres que hombres entre sus seguidores. La antigua literatura griega identifica prácticas y ritos chamánicos en los comienzos del período helénico, muchos de ellos adoptados más tarde por los líderes espirituales romanos. El budismo tibetano ha estado fuertemente asociado a principios chamánicos durante más de dos milenios, y todas las tribus nativas americanas, desde los inuit del ártico hasta las tribus patagónicas, practicaban variaciones de la misma creencia.

La determinación de los defensores del cristianismo de diseminar universalmente su credo tuvo sobre el chamanismo el mismo efecto en América que en otras partes del mundo, siendo impulsada en primer lugar por los colonizadores españoles. Los misioneros y sacerdotes católicos acusaron a los chamanes y sus seguidores de ser adoradores del diablo, ejecutándolos a miles de ellos. Aunque el grueso de esa devastación se produjo entre los siglos XVI y XIX, aún en la década de 1970 misioneros de la región amazónica estropeaban rutinariamente antiguos petroglifos que representaban creencias o leyendas chamánicas.

Las cosas no fueron nada mejor en el norte, donde a los chamanes nativos americanos se los etiquetaba de médicos brujos y las afirmaciones de que curaban dolencias con ingredientes naturales eran objeto de mofa general. Más tarde, los científicos observaron que muchos tratamientos universales tenían base en la realidad, como el masticar corteza de sauce para curar el dolor de cabeza y la fiebre, por ejemplo, pues el sauce es una fuente natural de ácido salicílico, el principal componente de la aspirina. Sólo después de que se generalizara una reevaluación positiva de las prácticas chamánicas los chamanes recibieron el respeto de otras culturas. Cuando muchas de sus técnicas fueron incorporadas a la creciente preocupación por el medio ambiente, el culto wicca revitalizó esos principios que lograron sobrevivir a mil años de intentos tendentes a erradicarlos.

Pero los viejos hábitos no son fáciles de abandonar. Gran parte del mundo civilizado continúa siendo hostil al movimiento wicca por motivos religiosos/morales, por miedo a que constituya una filosofía sediciosa, por su comportamiento secreto o simplemente porque sus seguidores se niegan a ser conformistas. En consecuencia, el culto wicca del siglo XXI sigue siendo desconocido y a menudo temido, visto como una sociedad secreta por aquellos que permanecen atrapados entre imágenes de brujas desdentadas y conjuros malignos.

La palabra *wicca* proviene de la voz medieval *wicce*, que significa «doblar», aunque la mayor parte de los diccionarios no hacen ninguna distinción entre wicca y brujería. Esa etimología sugiere que el culto puede ser doblado o moldeado para satisfacer las necesidades del practicante, un interesante contraste con el dogma inflexible de casi todas las religiones institucionalizadas. De hecho, el principio ético básico de la doctrina wicca, conocido como el Wiccan Rede [La ley o consejo wicca], es «si no dañas a nadie, haz lo que quieras», lo que recuerda en cierta medida la regla de oro tan cálidamente adoptada por las enseñanzas judeocristianas. Esa flexibilidad moral perturba a las religiones convencionales porque parece fomentar una ética adaptable a la situación, un anatema para quienes predican códigos rígidos de pautas éticas tomadas de fuentes como Los Diez Mandamientos y el Corán. ¿Cómo pueden esa flexibilidad y esa adaptabilidad proporcionar una guía moral firme? En respuesta, los practicantes del culto wicca exhiben la Ley del Tres.

Junto con el Wiccan Rede, la Ley del Tres les sirve a los practicantes del culto como guía moral. Según esa ley, toda energía emitida por el individuo le vuelve triplicada, en lo que constituye una interpretación mística de la ley de Newton sobre el principio de acción y reacción. En este caso, la energía sanadora positiva —amor, ayuda, plegarias para pedir buena salud y éxito— le vuelve al emisor con poder triplicado. En forma análoga, la energía dañina le volverá al emisor, de una manera u otra, con un efecto tres veces mayor que el que quiso causar en el blanco.

¿El culto wicca es una religión? Tal vez. Sus seguidores lo identifican como una «religión pagana», lo que suena demasiado parecido a un oxímoron para que algunos lo acepten. Otros practicantes del Wiccanismo prefieren verlo como «una celebración personal y positiva de la vida», algo que a mucha gente le gustaría ver reflejado en los objetivos y los actos de las religiones convencionales.

Todas las religiones adoran una entidad u otra, y el culto wicca cumple con los requisitos al menos en ese aspecto, al adorar no uno, sino dos dioses. La deidad más importante es conocida simplemente como la Gran Diosa, aunque tiene varias identidades paralelas o secundarias, entre ellas la Madre Tierra, la Dama de la Luna y la Diosa Estrella. También se la llama la Reina del Submundo y la Diosa Triple. En este último rol, representa tres caracteres: la Virgen, la Novia (o, si se prefiere, la Doncella o la Madre) y la Hechicera (o la Bruja).

En su rol de Virgen es la Creadora, la Dadora de Inspiración y la eterna doncella del dios-cabra Pan, lo que suscita algunos interrogantes serios acerca de la relación que mantienen entre ambos. Ella es, en la tradición wicca, la amante de todos pero la esposa de nadie, y su color sagrado es el blanco. Se la identifica con la luna en cuarto creciente y con Venus como la estrella de la mañana y del crepúsculo. En esa descripción resuenan ecos de la Virgen María, aunque los practicantes del Wiccanismo sostienen que esa figura es anterior al cristianismo. Por supuesto, si la religión posterior la tomó prestada de la precedente, no sería un hecho inusitado.

La identidad de la Gran Diosa como Novia surge de su función de Preservadora. Ella es la diosa de los ganados y los rebaños, la Dama del Amor y la Fertilidad, representada por la luna llena y por campos de ovejas y plantas exuberantes. El color sagrado de la Novia es el rojo.

En su tercer y último rol, la Gran Diosa se convierte en la Bruja Destructora, la Diosa de la Noche y el Submundo, el reino de las cuevas y las tumbas. Es aquí donde el espíritu cálido y ambiguo del Wiccanismo se vuelve oscuro y ominoso. La Bruja Destructora es la cerda que se come a la cría, una participante en el círculo de muerte y decadencia que finalmente genera nueva vida. Los practicantes del

Wiccanismo identifican a la Bruja Destructora con la luna en su fase decreciente, con una encrucijada en la noche y con el silencio de las sombras. Su color sagrado, por supuesto, es el negro.

El compañero de la Gran Diosa es el Dios Cornudo, y su título genera una reacción negativa entre las religiones fundamentalistas, que interpretan el nombre como una descripción de Satanás o de un sátiro. El Dios Cornudo claramente se asocia con la actividad sexual excesiva y extramarital, aunque las enseñanzas del Wiccanismo lo identifican en ese rol mediante varios títulos secundarios: el Antiguo Dios de la Fertilidad, el Señor de la Vida, el Dador de Vida y, especialmente, el Consorte Cornudo de la Gran Diosa. Más allá de esos títulos, las definiciones se vuelven más complejas y confusas. El Dios Cornudo es tanto el cazador como el cazado; es el Señor de la Luz y el Señor de la Oscuridad, el sol diurno y el sol en la noche.

Aquí se hacen más evidentes las tradiciones paganas que subyacen en el Wiccanismo. El destino del Dios Cornudo es morir con la cosecha, ser enterrado como semilla y renacer en primavera surgiendo del seno de la Tierra Madre. Como los dioses de las religiones y tradiciones precristianas, a menudo se lo describe provisto de cuernos de toro, de cabra, de carnero o de venado, una apariencia que convenció a los críticos del Wiccanismo de que su identidad real es la de Satanás, a pesar de la declaración wiccanista de que el demonio no tiene ningún papel en su dogma.

Esa supuesta conexión satánica, junto con ciertas prácticas heredadas del chamanismo, nos evoca siglos de persecusión y de prejuicios desde mucho antes de «los tiempos de la hoguera» hasta nuestros días. Como los chamanes, los practicantes de Wiccanismo buscan trascender el mundo físico para entrar en un mundo psíquico paralelo por medio de herramientas y métodos que no maneja la gente común. La transición, creen, se logra a través de otros estados de conciencia, y las herramientas para entrar en esos estados son conocidas. Las mismas incluyen el ayuno, la privación de agua, la concentración, los alucinógenos y la provocación de dolor. Para potenciar el efecto psicodélico, esos rituales suelen realizarse al son de tambores, música, cánticos y danza, llevados a cabo habitualmente en la oscuridad, con los efectos que añade la luz parpadeante de un fuego.

Esos recursos se reconocen como elementos ceremoniales de culturas nativas de todo el mundo, por lo que muchos escépticos están convencidos de que el Wiccanismo no es más que una versión «occidental y moderna» de los rituales que se ven en las películas viejas, cuando los indios norteamericanos realizan una danza guerrera o cuando se muestran los estereotipos raciales de las tribus nativas africanas. Esa postura ignora el hecho de que todas las religiones instituidas, que supuestamente funcionan en un plano intelectual y espiritual superior, han empleado sus propios rituales místicos a lo largo de la historia. La Iglesia católica, por ejemplo, convierte «mágicamente» hostias en carne y vino en sangre con la ayuda de incienso, música conmovedora y frases repetidas pronunciadas al unísono (y, durante cientos de años, de cantos gregorianos) para lograr objetivos similares. La práctica de la comunión es una analogía; el objetivo, sin embargo, es parecido.

Los practicantes del Wiccanismo ya no usan el dolor como un medio para pasar del mundo físico al mundo psíquico, y la mayoría de ellos rechaza el uso de alucinógenos. No obstante, el Wiccanismo sigue siendo estigmatizado por gente que equipara sus actividades con los rituales orgiásticos, la adoración del demonio y el uso de drogas y narcóticos. Por ese motivo muchos practicantes, hombres y mujeres, ocultan su condición de tales, temiendo el ridículo, la pérdida del trabajo, la violencia y, entre las mujeres separadas, la pérdida de la custodia de sus hijos. La única defensa contra esa clase de prejuicios es el secreto. (Con humor irónico, algunos seguidores del Wiccanismo describen la aceptación pública de sus creencias como «salida del armario de las escobas».) Como hemos visto en otros casos, el secreto aumenta la sospecha, conduciendo a una mayor justificación para el ocultamiento.

Aunque la wicca puede considerarse la más liberal y menos reguladas de las sociedades secretas, con los siglos se ha instituido una especie de ceremonia de iniciación. Los ritos suelen realizarse en presencia de un aquelarre, o grupo de brujas, pero, si lo prefieren, los wiccanos pueden iniciarse mediante un proceso llamado autodedicación o autoconsagración. En la jerga de la psicología moderna, eso viene a ser una especie de «contrato con uno mismo», una ceremonia en la que el individuo medita sobre la senda que desea seguir y, una vez comprometido con la travesía, se confirma a sí mismo como un hijo de la fe wicca, prometiendo vivir conforme al Wiccan Rede y crecer espiritualmente.

Ser integrante de un aquelarre wicca establecido puede implicar un ritual más elaborado y quizás un período de espera, a menudo «un año y un día», antes de obtener la condición de miembro pleno. Los aquelarres pueden además reconocer diversos niveles de jerarquía dentro del grupo, exigiéndose alguna prueba de progreso en experiencia o en habilidades, marcadas por grados de iniciación, para conceder la admisión plena. La obtención de esos grados puede entrañar cumplir con rituales sacramentales, con deberes y exigencias específicos.

En la mente de personas no familiarizadas con el Wiccanismo y preocupadas por dicho culto, la idea de aquelarre sigue generando imágenes de mujeres con capas negras revolviendo ollas de algún brebaje burbujeante bajo la luna llena, como sucede con las parcas en *Macbeth*. O, en un escenario más contemporáneo, bailando desnudas en los bosques. La escena de *Macbeth* es totalmente ficticia, pero la visión de desnudos en el Wiccanismo contemporáneo puede ser auténtica. Algunos practicantes del Wiccanismo prefieren efectuar sus rituales «vestidos de cielo», quitándose la ropa como una demostración de orgullo por el cuerpo que heredaron de sus dioses. Pueden hacerlo estando solos o en presencia de un aquelarre; la decisión, como en casi todas las cosas relacionadas con el Wiccanismo, es personal. Muchos wiccanos, por ejemplo, prefieren usar vestimentas rituales, especialmente para los festivales y sacramentos formales. Y, como veremos, el «vestido de ciclo» puede deberse más a la curiosidad carnal del hombre contemporáneo que a las tradiciones paganas.

Una de las actividades grupales más comunes en el Wiccanismo consiste en proyectar «El Círculo Mágico», que en realidad se concibe como una esfera que separa a los wiccanos del resto del mundo y de la negatividad de éste, y que se extiende por encima y por debajo del suelo.[1] Esto presenta un problema para los practicantes modernos que viven en apartamentos, pues un círculo del diámetro suficiente podría extenderse a las viviendas que están inmediatamente arriba y debajo de la que ocupa el wiccano. En consecuencia, se aconseja a los practicantes proyectar su círculo tarde a la noche, cuando los vecinos de arriba y de abajo están durmiendo y es improbable que pasen por el «espacio mágico».

El Círculo Mágicko contiene cuatro Torres de Vigilancia, una en cada cuadrante del compás; cada una representa uno de los cuatro elementos del Wiccanismo: aire, tierra, agua y fuego. En el norte está la tierra, que representa el cuerpo de la Vida. Como el más oscuro y pesado de los cuatro elementos, la tierra es Madre, el origen de nuestra vida y nuestro destino final. De la tierra los wiccanos obtienen estabilidad, abundancia, crecimiento y paciencia. El aire, que representa el hálito de vida y las brisas frescas del cambio, está en el extremo este del Círculo, donde sale el sol. El aire se considera un elemento masculino, que proporciona claridad de pensamiento, verdad y la expresión consciente de la Voluntad.

En el extremo sur del Círculo se encuentra el fuego, que representa la energía de la vida, el emplazamiento del sol al promediar el

---

I. «The Magickal Circle», en inglés. Esa grafía fue introducida en este contexto por Aleister Crowley (véase capítulo 5, «La cábala») para distinguirla de «magic» (mágico, en la grafía convencional), que alude a la magia como un mero entretenimiento. [N. del A.]

247

verano. Otro elemento masculino, el fuego, le proporciona energía a la Madre Tierra, favoreciendo una cosecha abundante y dando a los wiccanos coraje, convicción y pasión. También amenaza con ira y hostilidad si no le muestra el respeto adecuado.

El seno de la Madre Tierra es el agua, guardiana del cuadrante oeste del Círculo Mágicko. Allí es donde se pone el sol y donde las almas entran al mundo invisible. El agua también corresponde a la luna, al reconocer el efecto de ese satélite sobre las mareas. Es un elemento intuitivo, capaz de dejar perpleja la racionalidad lógica del aire, y los wiccanos encuentran en el agua purificación, sensibilidad, compasión y amor.

La técnica usada para crear el Círculo Mágicko hace pensar en un enfoque naif a lo Harry Potter. Todo ocurre dentro de la mente imaginativa del practicante, que, si crea un círculo para su uso personal, sólo necesita que tenga el tamaño de su propio cuerpo. El proceso parece tener tantas variaciones como fuentes, pero entre las instrucciones más comunes están las siguientes:

1. El espacio dentro del cual se forma el círculo puede ser el apartamento de una torre de viviendas o un claro frondoso en un bosque. El lugar es irrelevante.
2. El primer pase exige limpiar el espacio, ya sea bendiciendo el área (barriendo el piso o el suelo) o haciendo mucho ruido

Dos ejemplos de Círculo Mágico, en ambos casos visualizado como una esfera tridimensional.

para ahuyentar las influencias malignas (no recomendado en plena noche para quienes viven en apartamentos).

3. Cuando lo hace un wiccano solo, se para en el centro del círculo; cuando son tres o más quienes proyectan el círculo, se distribuyen alrededor de la circunferencia. Relajándose hasta que sienten la energía de la Tierra, se vuelven para mirar hacia una de las Atalayas o Torres de Vigilancia, absorbiendo su energía particular en una mano mientras extraen energía del cielo con la otra.

4. Usando ambas manos, aplican la energía a la forma esférica imaginaria que los envuelve, repitiendo el proceso con cada una de las Atalayas restantes. Cada aplicación sirve para levantar las paredes de la esfera, haciéndolas más gruesas y más protectoras.

5. Cuando los practicantes sienten que la esfera invisible es estable, dejan de construir sus paredes. Ahora la Esfera puede percibirse de varias maneras: como un color, como un espesamiento del aire, como una pared de energía eléctrica o simplemente como la fuente de un zumbido bajo.

6. Si un wiccano debe abandonar el círculo antes de terminar el ritual, tiene que cortar una «puerta» en las «paredes» con la mano, manteniendo los dedos estirados y dibujando un espacio rectangular por el que sale, «cerrando» la puerta una vez que está afuera. Al volver, «abre» la «puerta», la cierra suavemente y «alisa» su contorno con la mano.

7. En el círculo, los wiccanos pueden notar un marcado aumento de la temperatura; abrir una «puerta» crea una ráfaga de aire frío, la marca del negativismo.

El Círculo constituye un lugar seguro, confortable y adecuado para que los wiccanos inicien el cambio concentrándose en sus poderes naturales (el cambio en sí mismos, en sus seres queridos y en el mundo en general). Pero el cambio debe ser positivo; el Wiccanismo prohíbe el uso del poder mágico para dañar a otras personas.

Derivado de las raíces naturalistas del chamanismo, el culto wicca basa muchas de sus creencias y costumbres en los ciclos de la vida, la luna y, sobre todo, las estaciones, marcándolos con ocho fiestas de «sabbat» en la «rueda del año». Los principales sabbat caen en o cerca de los equinoccios tradicionales del sol; otros son en días «de cuarto cruzado», que caen en o cerca del primer día de febrero, mayo, agosto y noviembre. Los sabbat son:

El imbolg, también conocido como Candelaria, que se realiza el 2 de febrero para celebrar los primeros anuncios de la primavera y el retorno de la luz al mundo.

El ostara, realizado el día del equinoccio invernal, el 21 o 22 de marzo, cuando luz y oscuridad están en perfecto equilibrio, la luz dominando la oscuridad.

El beltane, el primer día de mayo, el comienzo del verano celta (beltane proviene del gaélico «bel-fire», el fuego del dios celta de la luz). El día de beltane se encendían fuegos para celebrar el regreso de la vida y la fertilidad, siendo una fecha adoptada por otras culturas para llevar a cabo celebraciones similares. El vínculo con la fertilidad tiene que ver con las parejas que se enamoran en esa fecha.

El litha, en el solsticio de verano, honra al sol, que da luz, calor y vida.

El lammas o lughnasadh, el 1 de agosto, es una invitación para que todos comiencen a cosechar y prepararse para el invierno. Lughnasadh deriva de Lugh, el guerrero celta que perdonó la vida a su enemigo a cambio de aprender los secretos de la prosperidad en la agricultura. El lammas es el primero de los tres sabbat dedicados a las cosechas.

El mabon, en el equinoccio de otoño, el 21 o 22 de septiembre, un día festivo en el que también el día y la noche están en equilibrio, ahora con la oscuridad dominando la luz. Marca el día de la segunda cosecha.

El samhain, el 31 de octubre, un día muy importante porque, entre otras cosas, indica el comienzo del año wiccano. La palabra proviene del gaélico *samhuinn*, que significa «fin del verano». Con el surgimiento del cristianismo, el samhain fue cambiado por el Día de Todos los Santos (o Hallowmass), para recordar las almas de los difuntos canonizados ese año, y la noche anterior se convirtió en el Halloween, la Víspera de Todos los Santos, o Hollantide. Se considera que el día del samhain, el principal sabbat del Wiccanismo, el velo entre el mundo material y el mundo espiritual está en su punto más tenue, un momento en que los espíritus de los seres queridos que han muerto pueden congregarse alrededor de los fuegos del samhain para calentarse y expresarles su amor a sus familiares vivos.

El yule, en el solsticio de invierno, el 21 o 22 de diciembre, marca la noche más larga del año y nos recuerda que los dioses deben renacer para traer otra vez luz y calor a nuestra tierra.

La mayor parte de los beneficios del Wiccanismo parecen estar en la mente de sus practicantes, quienes legítimamente podrían sostener que eso no invalida su poder. Pero, como vimos con los rosacruces, la cábala moderna y el Priorato de Sión, la verdadera historia del movimiento y muchos de sus mitos «antiguos» están ligados a personajes de credibilidad cuestionable. En este caso, al menos uno de los personajes consigue teñir de profundo escepticismo el movimiento wicca moderno.

¿Recuerdan los horrorosos juicios de brujas en los tiempos de la hoguera, especialmente los realizados en el momento cumbre de las más espantosas actividades de la Inquisición? La Iglesia católica es famosa por su registro metódico de los hechos, incluidas las sesiones de tortura conducidas por la Inquisición contra personas sospechosas de brujería. Asiduamente se escribía y revisaba el relato detallado de cada declaración y cada grito de agonía. Aterradas y atormentadas, las supuestas brujas admitían o informaban una serie de hechos mientras las torturaban. Sus confesiones con frecuencia incluían el tener relaciones sexuales con Satán, echar conjuros sobre personas inocentes, influir sobre el clima para producir tormentas y sequías, transformarse en gatos y otros animales y cualquier otra iniquidad que se les ocurriera a los inquisidores y se les exigiera confesar a las acusadas.

Pero, entre los miles de relatos, en ninguna parte las brujas hacen mención alguna a su Gran Diosa o su Dios Cornudo. No existe ninguna descripción de círculos mágicos en ninguna de las transcripciones, ni hay ninguna información referida a los sabbat y su celebración. ¿Es posible que, entre las miles de brujas acusadas sometidas a interrogatorio bajo tortura, ninguna estuviera suficientemente familiarizada con esos rituales como para describirlos o que ninguna fuera suficientemente débil como para revelarlos? ¿Es creíble que ninguna bruja practicante fuera sometida jamás a la Inquisición y que, por lo tanto, los torturadores no hayan tenido ninguna oportunidad de interrogar a las únicas fuentes reales de toda la maldad que buscaban erradicar?

¿O es probable que esos derechos y principios «antiguos» específicos no sean tan antiguos en realidad, sino inventos modernos que surgieron de la mente de gente que buscaba gloria, riqueza y, quizás, recompensa carnal por arrogarse el acceso a conocimientos ocultos supuestamente antiguos? Si es así, al menos dos hombres, ambos de cuestionable honor, son los principales sospechosos.

Uno es el conocido Aleister Crowley, quien empleó el ocultismo como un medio para romper prácticamente todas las leyes y preceptos morales que encontró a lo largo de su decadente vida. Cerca del final, cuando estaba casi sin un centavo y viviendo en Hastings, Crowley recibió la visita de Gerald Brosseau Gardner. Intrigado por las afirmaciones de Crowley, quien sostenía tener acceso a secretos ocultos, Gardner fue inmediatamente iniciado e incorporado a la Orden Hermética del Amanecer Dorado, de Crowley, y a la Ordo Templi Orientis (OTO) masónica. Como miembro honorable de esas organizaciones, se reunió con Crowley en varias ocasiones antes de que éste falleciera en diciembre de 1947. Poco después, Gardner declaró que había sido nombrado gran maestro de la OTO, destinado a ocupar el puesto de Crowley como el líder incuestionable de los movimientos ocultistas de todo el mundo angloparlante.

En muchos sentidos, Gardner parecía bien cualificado para el cargo. Nacido en 1884 en el seno de una familia inglesa de clase alta, pasó gran parte de su juventud recorriendo la región del Mediterráneo y Oriente Próximo, y vivió en Ceilán (hoy, Sri Lanka), Borneo, Singapur y Malasia, interesándose por las prácticas ocultistas que encontraba a lo largo de su camino. Se unió a diversas organizaciones, incluida la orden de los rosacruces, y a un grupo inglés autodenominado El Rito de los Misterios Egipcios.

Para la década de 1930, Gardner estaba casado y vivía en Inglaterra, cultivando un interés por el nudismo que mantuvo durante el resto de su vida. También comenzó a escribir, publicando un par de novelas mediocres y, en 1954, *Witchcraft Today* (*La brujería hoy*), su opus mágnum y el primer libro moderno sobre el tema del Wiccanismo. Resulta interesante el oportunismo del libro, aparecido apenas tres años después de que Gran Bretaña anulara las leyes que prohibían la práctica de la brujería, y su contenido es revelador. Basándose en los escritos de Margaret Murray, una ocultista cuyo libro de 1933, *The God of the Witches* (*El dios de las brujas*), identificaba la brujería como una religión pagana anterior al cristianismo, el libro de Gardner introdujo la idea de la Gran Diosa y el Dios Cornudo. Fue también el primer libro en que apareció el término wicca (que Gardner escribía wica) para describir el movimiento.

La obra tuvo un gran éxito y catapultó a Gardner, quien adoptó una apariencia seudosatánica, con barba puntiaguda y el cabello levantado hacia arriba, a la categoría de celebridad. Le siguió *The Meaning of Witchcraft* (*El significado de la brujería*), en 1959, y pronto comenzó a sostener que un «Cono de Poder» creado por brujas que vivían en Inglaterra había salvado al país de una invasión nazi durante la Segunda Guerra Mundial. Cuando se le pidieron detalles, fue más que vago. «Se hizo lo que no puede hacerse sino en grandes emergencias», explicó. «Se usaron fuerzas poderosas, de las que no puedo hablar. Ahora bien, hacer eso significa usar la fuerza vital de uno.»

Gerald Brosseau Gardner. ¿El padrino de la brujería moderna o sólo otro viejo verde?

O quizás no. El propio Gardner señaló que «las brujas son bromistas consumadas; se les enseña eso como parte de su especialidad». O estaba haciendo una broma o cometiendo un fraude cuando dijo haber obtenido un doctorado en filosofía en la Universidad de Singapur en 1934, lo cual, según descubrió una investigación de su pasado, fue varios antes de que esa universidad existiera. El doctorado en literatura que decía haber obtenido en la Universidad de Toulouse hizo que algunos se rascaran las cabezas: nadie en Toulouse tenía conocimiento o prueba alguna de que Gardner hubiera estudiado allí.

Hubo otras banderas rojas. Junto con el interés por el ocultismo, Gardner mantuvo un interés igualmente poderoso y una búsqueda de algo que sus seguidores justificaban como «realización carnal», tal vez una forma de alcanzar el desarrollo espiritual a través de los excesos físicos. Una de las normas de Gardner para las mujeres que practicaban el Wiccanismo implicaba que efectuasen rituales «vestidas de cielo», sobre todo al alcance de su vista y, quizás, más para su placer carnal que para la comunicación espiritual de las brujas. También propugnaba El Gran Rito, que consistía en Gardner teniendo una relación sexual sobre una mesa metálica con la Gran Sacerdotisa elegida de entre las mujeres jóvenes del aquelarre. Cuando no había voluntarias, Gardner recurría a la solución práctica de contratar una prostituta para que interpretara el papel.

Gardner murió en 1964. En pocos años, su movimiento, que quizás su fundador concibió más como un culto sexual libertino que como un método de realización espiritual, llegó a Norteamérica, donde tuvo un gran éxito llevado por las olas de la psicodelia y el hippismo. Entusiastas posteriores, en la luz más fría del amanecer de la década de 1970, transformaron el culto wicca en un neopuritanismo sobrio, que expresa su carácter suave y casi narcisista en visiones de ninfas angelicales bailando en túnicas diáfanas bajo la luna y a orillas de aguas que reflejan las estrellas.

El Wiccanismo sigue siendo una tradición secreta transmitida por practicantes que temer ser ridiculizados y condenados al ostracismo por la sociedad conformista, lo que hace imposible estimar con exactitud el número de acólitos que proyectan círculos mágickos y se juntan en aquelarres. Sus acciones pueden satisfacer anhelos espirituales y llevarles paz a muchas personas incapaces de explotar esos recursos en otra parte. Pero su afirmación de que el Wiccanismo constituye una fuente de sabiduría y misterios antiguos sigue siendo dudosa.

Capítulo XI

Calavera & Huesos

El *establishment* secreto de Estados Unidos

La mayor parte de las sociedades secretas son asociaciones fraternales con rituales complejos o grupos criminales cuyas actividades podrían ser limitadas con la aplicación inflexible de la ley.

No obstante, hay una que día a día ejerce influencia sobre la vida de prácticamente todo el mundo en el planeta, y que lo logra no con una organización rígidamente estructurada, sino a través de una asociación de jóvenes privilegiados que asisten a una prestigiosa universidad. Su existencia es verificable, su historia está ligada a las tradiciones masónicas y los objetivos de los Illuminati, sus prácticas son oscuras y sus actividades están repletas de conducta sospechosa. Es Calavera & Huesos *(Skull & Bones)*, una incubadora de líderes norteamericanos cuyos miembros no sólo han alcanzado poder y notoriedad en una altísima proporción con relación a su número, sino que mantienen lazos estrechos a lo largo de sus carreras, generando por lo menos la imagen de un conciliábulo, y quizás de mucho más que eso.

Oficialmente, Calavera & Huesos tiene su sede en un edificio sin ventanas, parecido a un mausoleo, en el campus de la Universidad de Yale. Conocido como «La Tumba», el edificio fue construido en 1856 y sigue siendo el lugar donde el grupo realiza sus reuniones todos los jueves y domingos por la noche. Sólo quince nuevos miembros se seleccionan anualmente de entre los alumnos de tercer año, que se incorporan a Calavera & Huesos en su cuarto y último año. Esta importante distinción indica que el foco de la organización está puesto en la actividad futura de sus miembros en el mundo exterior, no en su temporal vida universitaria. Que sean las fraternidades de siempre las que se dediquen a los encuentros juveniles en los que proliferan las borracheras y las travesuras; los miembros de Calavera & Huesos fijan su atención en cosas más grandes, incluido el ejercicio de la influencia global.

Los «bonesmen» —que ya no es un término preciso pero que se sigue aplicando a los miembros del grupo— muestran un barniz de enemistad hacia el mundo exterior, o al menos a la parte que se entromete en el campus de Yale. A los no miembros que preguntan sobre sus actividades y sus socios se los llama abiertamente «extraños» o «vándalos». A todos los miembros de Calavera & Huesos se les exige negar todo vínculo con la organización; si se menciona el nombre del grupo en público, deben abandonar el lugar sin hacer comentarios. No obstante, a lo largo de los más de ciento sesenta años de existencia de la sociedad se han revelado suficientes datos sobre sus miembros y sus prácticas como para corroborar las especulaciones más histéricas sobre sus objetivos y su poder. A pesar de su perfil serio, la organización recurre por lo menos a algunas cosas, especialmente en sus ritos de iniciación, que los fanáticos de la película *Desmadre a la americana* quizá consideren familiares y a la vez algo más perturbadores.

En 1876, mucho antes de que Calavera & Huesos estuviera siendo vista con creciente alarma por la gente de afuera, un grupo de estudiantes de Yale que se autodenominaba The Order of File and Claw (La Orden del Archivo y de la Garra) irrumpió en La Tumba y describió con regocijo su interior. Sonando más a un club de jóvenes del siglo diecinueve que a un lugar de reunión para futuros líderes mundiales, la descripción más emocionante fue la de una estancia interior identificada como la Sala 323, donde

En la pared oeste cuelga, entre otros cuadros, un viejo grabado de una cripta funeraria abierta en la que, sobre una losa, descansan cuatro cráneos humanos, agrupados alrededor de un gorro de bufón, un libro abierto, varios instrumentos matemáticos, una bolsa de mendigo y una corona real. Sobre la pared abovedada de la cripta se leen las palabras aclaratorias, escritas en letras redondas, «Wer war der Thor, wer Weiser, wer Bettler oder Kaiser?» («¿Cuál era el bufón, cuál el sabio, el mendigo o el rey?»). Y debajo de la cripta está grabada la frase: «Ob Arms, ob Reich, im Tode gleich». («Ricos o pobres, iguales en la muerte».)

Un siglo más tarde, la novia de un iniciado de Calavera & Huesos (que obviamente fue mal elegido como miembro de una sociedad secreta) declaró que éste la había llevado a hacer una visita guiada de La Tumba. El recuerdo más vívido que tenía de su interior era la vista de una pared llena de placas de automóvil. Todas las placas tenían el número 322, en alusión a la muerte del famoso orador griego Demóstenes, en 322 a. C., el mítico año en que supuestamente se fundó Calavera & Huesos. Todos los miembros de Calavera & Huesos, le informó su novio, estaban obligados a «confiscar» toda placa en la que apareciera el número 322, llevándola a La Tumba para ser exhibida en la pared.

A lo largo de los años, estudiantes de universidades menos prestigiosas que Yale han cometido vandalismos más serios que robar placas de automóviles, por lo que esto se podría considerar una cuestión trivial. Pero es interesante pensar en las ocasiones en que

El «322» bajo el símbolo inspiró la «liberación» de las matrículas de automóviles.

un joven de las zonas pobres de la ciudad —sin el privilegio que confiere una posición social como consecuencia de las circunstancias en que nació— pudo haber sido llevado por similares cargos de «confiscación» ante un juez o un fiscal que casualmente fuera graduado de Yale y miembro de Calavera & Huesos. ¿Al infractor menos privilegiado siempre le fue perdonada su transgresión?

Las calaveras humanas son otra cuestión diferente.

Según se dice, a cada clase de Calavera & Huesos se le exigía «confiscar» el cráneo de un individuo famoso, llevándolo a La Tumba como prueba del coraje de la clase. Se siguen exhibiendo muchos cráneos en La Tumba. «Confiscar» placas de automóviles que tienen el místico número 322 no implica mucho más que sigilo y un destornillador, pero robar un cráneo entraña nada menos que saquear una tumba, aparentemente una vieja tradición de los miembros de Calavera & Huesos, muchos de los cuales buscan tener su lugar en las primeras filas del poder norteamericano.

Howard Altman, un premiado escritor y editor estadounidense, declaró que en 1989 recibió la visita de un hombre llamado Phillip Romero, quien sostenía ser el tataranieto del célebre guerrero y jefe apache Jerónimo. Según Romero, el cráneo de su antepasado estaba entre los que exhibía la colección de Calavera & Huesos. Había sido sacado de la tumba del guerrero en 1918 —acusaba Romero— por Prescott S. Bush, padre del cuadragésimo primer presidente de Estados Unidos y abuelo del cuadragésimo tercero.

Cuando Altman le explicó que necesitaba verificar la afirmación antes de darla a conocer, Romero lo puso en contacto con un hombre llamado Ned Anderson, quien residía en la reserva apache de San Carlos, Arizona. De acuerdo con Anderson, unos años atrás éste había tenido un debate público con una familia a propósito del traslado de los huesos de Jerónimo de Fort Sill, Oklahoma, a Arizona. El debate atrajo la atención de un «bonesman» que sólo quiso identificarse como Pat. Los huesos, le manifestó Pat, hacía setenta años que no estaban en Oklahoma, y se habían usado en rituales celebrados por una misteriosa sociedad de Yale conocida como Calavera & Huesos.

La historia sonaba verosímil: Prescott S. Bush había estado destinado en Fort Sill en 1918, cuando habría tenido lugar el supuesto robo del cráneo de Jerónimo. La historia gana credibilidad al conocerse la existencia declarada de un documento impreso privadamente, redactado por F. O. Matthiessen, miembro de Calavera & Huesos, que describe la expedición y extracción del cráneo de Jerónimo de la tumba de este último. Una copia del documento fue entregada a una biblioteca de Harvard, donde, por un acuerdo entre Calavera & Huesos y los albaceas testamentarios de Matthiessen, no está disponible a la vista del público.

En 1986, Anderson había comprometido a su senador, John McCain, para que siguiera el asunto con George H. W. Bush, quien era entonces vicepresidente. McCain supuestamente organizó una reunión entre Anderson y diversos representantes de Calavera & Huesos, entre ellos Jonathon Bush, el hermano del vicepresidente. De acuerdo con Anderson, las personas de Calavera & Huesos le enseñaron el cráneo que, según afirmaban, era de su antepasado, ofreciéndoselo a cambio de un documento que les impidiera a él y a los miembros de Calavera & Huesos discutir el incidente. Anderson se negó, protestando por ese intento de amordazarle y sin creer que el cráneo que le enseñaban fuera realmente el de Jerónimo. Como la mayor parte de los Estados, Connecticut prohíbe la tenencia de restos humanos excepto para fines legales o profesionales especializados, un cargo que, como sucede con la «confiscación» de placas de automóviles, la gente de Calavera & Huesos no considera aplicable en su caso.

La controversia sobre el cráneo de Jerónimo provocó una serie de acusaciones relacionadas con la colección de Calavera & Huesos; entre ellas, la de que La Tumba albergaba el cráneo del legendario revolucionario mexicano Pancho Villa, y que había un cráneo de niño entre los expuestos. Faltan pruebas concluyentes, lo que no es extraño si se consideran tanto los cargos como la naturaleza de Calavera & Huesos. Sin embargo, si se compara con otras actividades del grupo y sus miembros secretos, las placas de automóvil confiscadas y los cráneos robados son cuestiones insignificantes al lado del espionaje, el contrabando de drogas, la especulación bélica y la interferencia en asuntos internos de naciones soberanas, todo ello involucrando a los «bonesmen». Sobre esos temas hay pruebas en abundancia.

Los orígenes de Calavera & Huesos están bien documentados y no son halagadores. En 1832, William Huntington Russell, cuya familia dirigía una firma llamada Russell & Company, regresó de una extensa visita a Alemania para iniciar su último año en Yale. En esa época, Alemania estaba bajo la influencia de la filosofía hegeliana, surgida de la mente de Georg Wilhem Friedrich Hegel, quien murió mientras era profesor de la Universidad de Berlín, el año anterior a la llegada de Russell a ese país.

Hegel propugnaba la idea de la *razón absoluta*, sosteniendo que el Estado «tiene supremo derecho contra el individuo, cuyo deber supremo es ser un miembro del Estado». Basándose en el trabajo de filósofos anteriores enmarcados en la escuela idealista alemana, como Immanuel Kant, los conceptos de Hegel fueron muy influyentes y sirvieron como fundamento teórico tanto del comunismo como del fascismo. Russell regresó a Yale rebosante de admiración por la sociedad alemana y las premisas hegelianas. Poco después de llegar a New Haven, se asoció con su compañero de estudios Alphonso Taft para formar «La Orden de la Calavera y los Huesos», que más tarde se convirtió en La Orden de Calavera & Huesos.

Algo que había en la atmósfera de Yale en esos días alentaba la fundación de sociedades secretas entre sus brillantes y privilegiados estudiantes. Para mediados del siglo XIX había por lo menos siete grupos dedicados a rituales subrepticios; y era común que sus miembros atravesaran rápidamente el campus en plena noche, compartiendo señales y nombres secretos para identificarse como integrantes de Scroll & Key [Pergamino & Clave], Book & Snake [Libro & Serpiente], File & Claw [Archivo & Garra], Wolf's Head [Cabeza de Lobo] o alguna otra organización que se regocijaba en la exclusividad de su nombre y sus rituales. La más exclusiva, más secreta y más ritualista era Calavera & Huesos.

La conexión original de Calavera & Huesos con Alemania generó especulaciones sobre una conexión directa entre Calavera & Huesos y los Illuminati. Los que suscriben esa idea apuntan a las palabras del fundador de los Illuminati, Adam Weishaupt: «Por el método más sencillo, pondremos todo en movimiento y en llamas. Deben asignarse y concebirse las ocupaciones para que podamos, en secreto, influir en todas las transacciones políticas». Poco más conecta las dos organizaciones, pero la familia de Russell estaba envuelta en actividades mucho más destructivas que cualquier cosa que se haya probado que perseguían los legendarios (y probablemente ficticios) Illuminati.

Cuando Russell cofundó Calavera & Huesos, su familia y su compañía estaban amasando una gran riqueza producida por el negocio del opio que compraban en la India y Turquía para vender en China. Las autoridades chinas trataban desesperadamente de prohibir el narcótico, que estaba drenando no sólo las divisas, sino también la productividad del país. Nada surtía efecto; en el siglo XIX, China era vista por las naciones occidentales como un mercado y como un pueblo sometido a una explotación descontrolada.

La firma Russell se convirtió en la tercera comerciante de opio más grande del mundo, detrás de la escocesa Jardine-Matheson y de la compañía británica Dent, y durante un tiempo fue la única importadora de opio de Cantón. La hipocresía de los gobiernos británico y estadounidense al respecto sigue asombrando hasta el día de hoy, pues ambos países habían prohibido la importación y el consumo de opio en su propio territorio, aunque insistían en el derecho de enviar anualmente toneladas del narcótico a China.

Los esfuerzos sostenidos de las autoridades chinas por prohibir el opio, y la resistencia a esas leyes por parte de los países importadores, condujeron a la Primera Guerra del Opio, en 1840. El conflicto de dos años vio a China derrotada por la superioridad técnica de las fuerzas armadas británicas. Por el Tratado de Nanking, de 1842, Gran Bretaña humilló a China al negociar derechos privilegiados de importación de opio a esa nación; Francia y Estados Unidos agregaron sus firmas al tratado dos años más tarde. Russell sacó provecho directo de esa oficialización de derechos sobre el opio. Mientras que los miembros de Calavera & Huesos pueden haber obtenido su fortuna de un sinnúmero de fuentes en los ciento setenta y cinco años de existencia del grupo, las raíces financieras de la organización están profundamente ligadas a uno de los episodios más escandalosos e inhumanos de la historia mercantil.

El director de negocio de la oficina que la firma Russell tenía en Cantón era Warren Delano Jr., abuelo del luego presidente de Estados Unidos, Franklin Delano Roosevelt. Delano encarnó el primero de una larga lista de nombres y familias influyentes relacionados con la compañía y con Calavera & Huesos, que ha actuado como incubadora de hombres que buscaron y que se hicieron con el poder, sin que existiera ninguna proporción entre su número y sus logros. El fundador de Calavera & Huesos, Russell, llegó a ser general del Ejército de Estados Unidos y legislador estatal, mientras que su socio Taft llegó a cargos gubernamentales y diplomáticos para convertirse luego en secretario de guerra —un puesto que ocuparon muchos miembros de Calavera & Huesos— y procrear a William Howard Taft, el único hombre en la historia norteamericana en servir como presidente de la nación y como presidente del Tribunal Supremo.

La lista de miembros de Calavera & Huesos parece una selección de los varones más prominentes de la edición norteamericana de *Who's Who [Quién es Quién]*: Whitney, Bundy, Harriman, Weyerhaeuser, Pinchot, Rockefeller, Goodyear, Sloane, Stimson, Pillsbury, Kellog, Vanderbilt, Lovett y, por supuesto, Bush; un lista más impactante todavía cuando se tiene en cuenta que sólo se incorporaban quince individuos por año.

El proceso de selección de los candidatos a integrar la organización es adecuadamente dramático. Una determinada noche de abril, estudiantes de cuarto año que pertenecen al grupo llegan hasta los cuartos de los estudiantes de tercer año elegidos y golpean sonoramente la puerta. Cuando el estudiante de tercer año abre, un «bonesman» le da un golpe en el hombro y grita: «¡Calavera y huesos!... ¿Aceptas?».

Si el candidato acepta la invitación, se le entrega una nota envuelta en una cinta negra y sellada con cera negra. Junto con el número místico 322, el mensaje le ordena al candidato presentarse en La Tumba la noche de iniciación y no usar o llevar puesto nada metálico.

A lo largo de casi toda su historia, los ritos de iniciación de los «bonesmen» fueron de los secretos mejor guardados del grupo, aunque poco a poco cierta información salió a la luz. El ritual más duradero, al menos hasta los últimos años, obligaba al iniciado a relatar la historia de su vida en dos partes. La primera entrega tenía lugar una noche de jueves y cubría los detalles generales de la vida del nuevo miembro, pudiendo ser tan liviana o tan entretenida como él quisiera. La segunda entrega, a la noche del domingo siguiente, le exigía yacer desnudo en un ataúd mientras contaba detalles de su historia sexual desde la masturbación en la escuela preparatoria has-

Durante más de ciento cincuenta años, extraños sucesos han tenido lugar en las profundidades de La Tumba en el campus de la Universidad de Yale.

ta su última conquista de sábado por la noche, lo que podía haber ocurrido menos de veinticuatro horas antes.

Con la llegada de estudiantes mujeres al campus de Yale, a finales de la década de los sesenta, los relatos sexuales generaban mucha excitación en los otros «bonesmen» presentes, y colérica vergüenza en las mujeres cuya privacidad era invadida por catorce estudiantes varones con mayor fidelidad a Calavera & Huesos que a sus propias novias. Una joven le confesó una experiencia sumamente personal a su pareja, quien le juró que jamás se la revelaría a nadie. Cuando su novio volvió de la sesión sexual del domingo por la noche, la joven supo en el acto, por la forma en que éste eludía su mirada, que les había contado a sus compañeros de Calavera & Huesos el secreto más oscuro de ella.

El ritual parece haber tenido variaciones. Según se dice, en los años de entreguerra, iniciados como el futuro peso pesado de Washington, W. Averell Harriman, y como el fundador de *Time*, Henry Luce, cumplieron con el rito de iniciación de los relatos sexuales en el ataúd. A finales de la década de los treinta, cuando el futuro juez de la Suprema Corte, Potter Stewart, era un «bonesman», los estudiantes de cuarto año se vestían con un disfraz de esqueleto y les aullaban a los nuevos candidatos, cuyo ingreso al grupo les exigía luchar entre sí desnudos en un pozo de lodo.

Quizás la recompensa justificara la humillación. Se dice que la admisión a Calavera & Huesos venía acompañada de un obsequio de quince mil dólares en efectivo y, cuando el candidato se casaba, de un reloj de pie, como regalo de bodas.

En el campus, la actitud de los no miembros hacia Calavera & Huesos fue negativa desde el principio. La reacción podría clasificarse como de despecho por parte de quienes no eran tenidos en cuenta para la selección, pero la crítica era, y siempre ha sido, específicamente dirigida hacia el enorme poder que tenía esa red de hombres privilegiados. En octubre de 1873 apareció en New Haven un periódico llamado *The Iconoclast*, con gran parte de su primera edición dedicada a desacreditar a Calavera & Huesos. Éstos son algunos de los puntos:

Hablamos a través de una nueva publicación porque la imprenta universitaria está cerrada para los que se atreven a mencionar abiertamente a los «Huesos»...

Calavera y Huesos saca sus hombres de cada clase. Ellos salieron al mundo y se convirtieron, en muchos casos, en líderes de la sociedad. Han obtenido el control de Yale. El negocio de Yale es realizado por ellos. El dinero pagado a la universidad debe pasar a sus manos y está sujeto a su voluntad...

El peligroso mal crece año a año. La sociedad nunca fue tan detestable para la universidad como lo es hoy... Nunca antes mostró una arrogancia y una veleidad tan grandes. Controla la imprenta universitaria y se esfuerza por regularlo todo. No se digna a mostrar sus credenciales, sino que se aferra al poder con el silencio de la culpa consciente.

... Es la Universidad de Yale contra Calavera y Huesos. Les preguntamos a todos, como una cuestión de derecho, ¿a cuál se le debe permitir vivir?

Al menos parte de la respuesta llegó rápidamente. Nunca más se volvió a saber nada de *The Iconoclast*.

Aun antes de que apareciera ese artículo, los miembros de Calavera & Huesos habían establecido en Yale un patrón de alianzas y actividades cuestionables. En 1856, tres miembros del grupo fueron a la Universidad de Berlín, como lo había hecho Russell, a estudiar filosofía. A su regreso, uno de los jóvenes, Daniel Gilman, se incorporó a Calavera & Huesos, oculta tras el nombre de Russell Trust Association, designándose a sí mismo tesorero y nombrando presidente al fundador del grupo, William H. Russell.

La conexión Russell mancilló la reputación de Calavera & Huesos desde su inicio. En algunos casos, como el de la participación de la familia Russell en el comercio del opio en China, las conexiones son tenues; no hay ninguna evidencia de que ningún miembro de Calavera & Huesos, aparte de la familia Russell, estuviera directamente involucrado en esa actividad. Pero a medida que pasó el tiempo, la relación continuó, con sospechas alimentadas por coincidencias poco habituales y, de vez en cuando, confirmadas con pruebas concluyentes.

Tal vez una de las revelaciones más impactantes en los últimos años haya sido la supuesta asociación entre el partido nazi alemán y miembros de Calavera & Huesos, encabezados por Prescott S. Bush, padre y abuelo de dos presidentes norteamericanos.

Prescott Sheldon Bush, de la promoción de Yale del año 1917, fue material perfecto de Calavera & Huesos, actuando en todos los lugares adecuados del campus, como el Glee Club [club de música coral], el equipo de animadores, el Cuarteto Universitario, el equipo de béisbol de la universidad y los famosos Yale Wiffenpoofs [el coro masculino de Yale]. Después de graduarse, Bush astutamente se casó con la hija de George Herbert Walker, uno de los hombres más ricos de Estados Unidos y uno de los menos admirados por algo que no fuera su propensión a sacarles tanto dinero como pudiese a socios y amigos. La carrera de Walker como boxeador profesional de los pesos pesados en su juventud determinó su personalidad; de acuerdo con sus contemporáneos, los pasatiempos de Walker eran el golf, la caza, beber whisky escocés y aporrear brutalmente a sus hijos.

Entre los socios comerciales de Walker estaba Averell Harriman, un «bonesman» de la promoción 1913, que fundó W. A. Harriman & Co. en 1920, nombrando a Walker presidente de la firma. Dos años más tarde, Harriman viajó a Alemania, un país que parece haber sido de especial interés para los primeros miembros de Calavera & Huesos, y abrió una sucursal en Berlín. En el mismo viaje, entabló una estrecha relación con August Thyssen, patriarca de la familia que dominaba la industria alemana del hierro y el acero. En los años de entreguerra, el valor del imperio industrial de Thyssen se estimaba en cien millones de dólares, una cifra que sería quizás cincuenta veces más alta en la moneda actual.

El hijo de August, Fritz, heredaría la riqueza de la familia. Preocupado por las oleadas socialistas que barrían su país tras la rendi-

Fritz Thyssen. Como banquero a tiempo parcial para los nazis, mantuvo una curiosa relación con muchos miembros de Calavera & Huesos.

ción alemana de 1918 y por la posterior hiperinflación, Fritz Thyssen comenzó a buscar dos salvadores: un verdadero líder político para Alemania y un banco extranjero para él, que pudiera servirle de ancla económica en momentos de peligro futuros. Los halló en Adolf Hitler y George Herbert Walker.

Hitler hipnotizó a Thyssen como, de hecho, hipnotizó a casi toda una nación desesperadamente necesitada de un liderazgo fuerte y decidido. En su primer encuentro, a fines de 1923, Hitler informó a Thyssen de que el partido nazi necesitaba con urgencia dinero para convertirse en un partido nacional, defenderse de los ataques de la conspiración comunista/judía y cumplir su sueño de un Estado fascista capaz de devolverle la gloria al país. Casi sin que se lo pidieran, Thyssen sacó su chequera y le entregó a Hitler cien mil marcos y la promesa de convencer a otros industriales para que siguieran su ejemplo. Lo hicieron, inundando las arcas nazis y proporcionándole al partido naciente suficientes fondos para sobrevivir a las consecuencias del Beer Hall Putsch [Putsch de Munich] de Hitler.

Mientras tanto, el hermano menor de Fritz Thyssen, que se había casado con una aristócrata húngara y había adquirido el título de barón Thyssen Bornemisza de Kaszon, se mudó a Rotterdam, donde tomó las riendas del banco holandés Bank voor Handel en Scheepvaart. En 1924, mientras Fritz seguía embelesado con el carisma y los planes de Hitler, el banco de Harriman, con Prescott S. Bush a la cabeza, unió fuerzas con el banco de la familia Thyssen para formar la Union Banking Corporation (UBC), con oficinas en el 39 de la calle Broadway, en Nueva York, la misma dirección que el banco de Harriman. A través de la UBC se vendieron a ciudadanos norteamericanos más de cincuenta millones de dólares en bonos alemanes, financiando el surgimiento del poderío industrial alemán en un estrecho paralelo con la creciente fuerza de Hitler y los nazis.

Con ese éxito, Walker le dio a su yerno un empujoncito en el escalafón corporativo, nombrando a Bush vicepresidente de Harriman & Co. Una vez establecido en la *suite* ejecutiva, Bush incorporó a su equipo a dos viejos amigos de Yale, los «bonesmen» Roland Harriman y Knight Wooley. Bush trabajaba duro, como lo hacía todo el mundo bajo el mando de Walker. Pero quizás trabajara más duro que los demás, porque su siguiente ascenso en su carrera implicó la supervisión de una nueva empresa de acero alemán, llamada la Thyssen/Flick United Steel Works, que incluía a la Consolidated Silesian Steel Corporation y a la Upper Silesian Coal and Steel Company, ambas situadas en Polonia.

Mientras Prescott S. Bush estaba manejando una de las principales fábricas de acero de Alemania, Hitler se topó con nuevos problemas económicos y una vez más recurrió a su viejo amigo Fritz Thyssen en busca de dinero. Esta vez, Thyssen le entregó entre doscientos cincuenta mil y ochocientos mil marcos alemanes —él dijo que fue la cifra menor, otros estimaron que fue la cantidad más alta—, que Hitler usó, entre otras cosas, para convertir el palacio de Múnich en un nuevo y sofisticado cuartel general del partido nazi.

La Gran Depresión de comienzos de la década de los treinta puso a Alemania y el resto del mundo en una pendiente hacia el desastre. Mediante una serie de manipulaciones políticas y la aplicación de la fuerza bruta, para 1934 Hitler controlaba totalmente Alemania, prometiendo construir un intrincado sistema de carreteras de alta velocidad y provocar «un renacimiento del ejército alemán». Para esto último, recurrió a las acerías de Thyssen, cuyas ganancias se dispararon a las nubes en los años siguientes, inundando las arcas del Bank voor Handel en Scheepvaart de Rotterdam y de la Union Banking de Nueva York.

Walker y su yerno, a través de la dirección de la organización financiera de Harriman, parecen haber tolerado, si no favorecido, los regímenes antidemocráticos. En 1927, tenían tratos comerciales tanto con el líder fascista italiano Benito Mussolini como con el partido comunista ruso mientras Stalin ejercía un férreo control sobre su país. La conexión rusa del banco movió a lord Bearstead a recomendar que la Union Banking abandonara sus tratos comerciales con Stalin, provocando la réplica de Walker: «Me parece que la sugerencia, con respecto a la opinión de lord Bearstead de que nos retiremos de Rusia, tiene algo de impertinente... Yo creo que hemos trazado nuestra línea y que debemos mantenerla». Después de todo, los negocios eran negocios.

Cuatro años más tarde, Harrison & Co. se fusionó con Brown Brothers, una firma inversionista británico-estadounidense, dando lugar a Brown Brothers Harriman, cuya oficina neoyorquina era manejada por Prescott S. Bush.

A lo largo de la década de los treinta, la relación de Bush con las finanzas alemanas nazis se expandió más allá de la Union Banking, añadiendo el negocio del transporte marítimo vía la Hamburg Amerika Line, manejada desde la oficina de Bush a través de una firma exclusivamente suya, llamada American Ship and Commerce Corporation. En septiembre de 1933, Bush ayudó a orquestar la fusión de Hamburg Amerika, o Hapag, con la North German Lloyd Company, para crear Hapag Lloyd. Entre tanto, se creó otra filial de la compañía matriz para coordinar todo el comercio entre Estados Unidos y la Alemania nazi, y Bush arregló la refinanciación de la German-Atlantic Cable Company, que proporcionaba el único enlace de comunicaciones directas entre Alemania y Estados Unidos. Los detalles legales de este último acuerdo fueron completados por un abogado de Wall Street llamado John Foster Dulles, quien sería más tarde un secretario de Estado de línea dura durante la presidencia de Eisenhower.

La Union Banking Corporation se convirtió en la principal conexión financiera entre la Alemania nazi y el resto del mundo, y, para mediados de la década de los treinta, la relación se estrechaba en los niveles más altos. Considérese la identidad de los ocho miembros de la junta de directores:

E. Roland Harriman, Calavera & Huesos, promoción del 17. Vicepresidente de W. A. Harriman & Co., Nueva York.

H. J. Kouwenhoven. Miembro del partido nazi; socio ejecutivo del Bank voor Handel N. V. (Banco agente entre el banco de August Thyssen y la UCB).

Knight Wooley, Calavera & Huesos, promoción del 17. Director de Guaranty Trust, Nueva York (una subsidiaria de W. A. Harriman & Co.).

Cornelius Lievense. Presidente de UBC; director de Holland-American Investment Corp.

Ellery S. James, Calavera & Huesos, promoción del 17. Socio de Brown Brothers & Co., Nueva York.

Johann Gröninger. Miembro del partido nazi; director del Bank voor Handel N. V. y de la Vereinigte Stahlwerke (acería de propiedad de Fritz Thyssen).

J. L. Guinter. Director de la UBC.

Prescott S. Bush, Calavera & Huesos, promoción del 17. Socio de Brown Brothers Harriman, Nueva York.

De esos ocho hombres poderosos, seis o pertenecían a Calavera & Huesos o eran miembros del partido nazi. Y aunque la firma madre de Brown Brothers Harriman daba empleo a varios graduados de Yale en puestos de autoridad y responsabilidad, sólo los miembros de Calavera & Huesos se sentaban en la junta directiva de la UBC.

Las redes de contactos, sobre todo entre alumnos de una universidad, no son nuevas ni, en sí mismas, dignas de preocupación. Que haya habido varios miembros de la misma organización universitaria en la junta directiva de una compañía que hacía negocios con un poder internacional con la fama de sanguinario que tenían los nazis pudo ser una mera coincidencia. Los alarmistas plantean otra posibilidad: la red de contactos se basaba en la agenda, conectando sucesivas generaciones de familias muy ricas y muy privilegiadas cuyos hijos pertenecían a una sociedad juramentada a mantener un nivel excepcional de secreto y centrada en la manipulación económica y política a escala global. Esto sería de aplicación si la organización en sí estuviera conscientemente orientada hacia esos objetivos o si sus intereses reflejaran la agenda de las familias que la dominaban, especialmente en los críticos años que van de 1920 a 1980.

La última posibilidad —la idea de que una organización pudiera mantener su plan a lo largo de sucesivas generaciones—plantea el fantasma de una conspiración entre los miembros de Calavera & Huesos para alcanzar sus objetivos secretos. Esa posibilidad es descartada por los escéticos que señalan que, entre los cientos de miembros supervivientes de Calavera & Huesos, muchos han revelado detalles de sus operaciones pero ninguno ha insinuado una conspiración de tal magnitud. Sin embargo, tal como demostraron hechos como el colapso de WorldCom y la relación hecha pública entre ejecutivos de Enron y sus auditores de la compañía Arthur Andersen, sólo hacen falta unos pocos individuos en los lugares convenientes para orquestar una operación que involucre a toda una organización y que beneficie únicamente a unos pocos elegidos.

Por otra parte, no es sólo el manejo de la UBC y otras organizaciones por parte de miembros de Calavera & Huesos lo que despierta interés y procupación; también hay pruebas de una manipulación solapada de los medios y del gobierno, como sucedió con la cobertura de la disolución de la Union Banking, la financiera de Hitler en Wall Street.

En 2003 su publicó *Duty, Honor, Country* [*Deber, Honor, Patria*], un entusiasta tributo a Prescott S. Bush escrito por Mickey Herskowitz, un cronista deportivo de Houston, Texas. Herskowitz había publicado anteriormente otros libros sobre figuras célebres, como el vaquero y estrella de cine Gene Autry, el comentarista de televisión Howard Cossell y el héroe del béisbol Mickey Mantle, hombres a quienes admiraba con un nivel de adulación que iguala el que aparentemente siente por Prescott Bush.

En prosa florida, *Duty, Honor, Country* describe la carrera de ese padre de un presidente norteamericano y abuelo de un gobernador estatal y posterior presidente al tiempo que nos ilustra sobre el recorrido político de su vástago, quien gana un escaño en el senado norteamericano, en 1952, y actúa como confidente político de Richard M. Nixon.

El libro es un elogio acrítico al patriarca de la familia Bush, uno que cualquier empresa de relaciones públicas de Beverly Hills se hubiera enorgullecido de presentar para cualquiera de sus clientes. En un tibio esfuerzo por ofrecer un retrato objetivo de su biografiado, Herskowitz menciona la historia en primera página que apareció en el *Herald-Tribune* de Nueva York durante la Segunda Guerra Mundial, revelando las estrechas conexiones entre la Union Banking y la Alemania nazi. «Thyssen tiene tres millones de dólares en efectivo en cajas fuertes en Nueva York», anunciaba el titular, seguido por el subtítulo: «La Union Banking Corporation podría ocultar ahorros de jerarcas nazis a los que él dio su apoyo en el pasado». El artículo, escrito por el periodista del *Herald-Tribune* M. J. Racusin, suministraba detalles de la conexión de la UBC con Thyssen y especulaba: «Tal vez no era en absoluto el dinero de herr Thyssen, sugieren algunas personas. Tal vez él lo envió allí para salvaguardar a algunos de los peces gordos nazis; tal vez a Goering, a Goebbels, a Himmler, o incluso al mismo Hitler».

Quienquiera que fuese el que tuviera derecho a reclamar el dinero —no surgió ninguna evidencia de que fuera otro que Thyssen—, la revelación fue embarazosa para todos, especialmente para Prescott Bush, quien ya había expresado sus ambiciones políticas.

Según Herskowitz, el presidente de la UBC, Prescott Bush, tomó medidas inmediatas cuando la historia salió a la luz. «[Él] actuó rápida y abiertamente en nombre de la firma, que gozaba de una reputación que jamás se había visto comprometida. Ofreción acceso a todos los registros y toda la documentación. Visto seis décadas más tarde, en la era de los escándalos empresariales en serie y de las carreras arruinadas, recibió lo que puede considerarse como el máximo certificado de limpieza.»

El adulador Herskowitz señala luego: «Antes, ese mismo año, [Bush] había aceptado la presidencia de la USO (United Service Organizations), una fundación de apoyo a las tropas. Recorrió el país durante los dos años siguientes, recaudando millones para el Fondo Nacional de Guerra y... poniéndose en el escenario nacional por primera vez... [y] estimulando la moral de los soldados norteamericanos».

Los registros muestran que en efecto Bush se subió al carro de las USO en la primavera de 1942. Lamentablemente, Herskowitz comete un error crucial de fechas a favor de su biografiado. El artículo del *Herald-Tribune*, apareció en el verano de 1942, insinuando con ello que Prescott Bush ya había asumido una posición antinazi con su participación en la USO varios meses antes. ¿Cómo podía alguien cuestionar el patriotismo de un peso pesado de Wall Street que asume un papel activo en el apoyo a las tropas norteamericanas (Estados Unidos entró en guerra con Alemania en diciembre de 1941) mucho antes de una revelación que podría haber puesto su ética en tela de juicio?

Pero la revelación del periódico en cuestión *no apareció* en el verano de 1942, como dice Herskowitz. Apareció el jueves 31 de julio de 1941, un dato que Herskowitz no puede haber pasado por alto, pues citó directamente del artículo mismo. En ese contexto, Bush hizo su jugada patriótica con la USO *después* de que apareciese la historia

Tres generaciones de la familia Bush —un senador y dos presidentes— confiesan orgullosos su relación con la organización Calavera & Huesos.

que lo relacionaba —a él y a su banco— con un régimen nazi que llevaba mucho trecho recorrido en lo que respecta al asesinato de millones de civiles inocentes y a la muerte de soldados aliados. Una vez que ya no puede hablarse de alistamiento altruista, la jugada de Bush ahora se ve más como un remiendo desesperado, y la historia de Herskowitz, como un encubrimiento consciente.

Bush y sus amigos de la UBC se las arreglaban para ocultar bajo la alfombra otras manchas polvorientas siempre que podían, como indica ese inocuo anuncio de una línea aparecido en las páginas financieras del *New York Times* el 16 de diciembre de 1944: «La Union Banking Corporation, 39 Broadway, Nueva York, ha recibido autorización para mudar sus oficinas centrales a 120 Broadway».

El anuncio ignoraba convenientemente el hecho de que la UBC había sido embargada por el gobierno federal de Estados desde hacía más de dos años en virtud del Trading With The Enemy Act [Ley de Comercio con el Enemigo], y que el 120 de la calle Broadway era en realidad la dirección de la Office of the Alien Property Custodian [Oficina de Custodia de la Propiedad Extranjera]. Para esa época, por supuesto, Prescott Bush y sus otros camaradas de Calavera & Huesos se habían ido, desfilando en nombre de los Bonos para la Victoria con sus camisas almidonadas y envueltos en la Vieja Gloria, listos para encarar la siguiente etapa de sus brillantes carreras que, en el caso de Bush, incluía la elección para el Senado de Estados Unidos.

Es ese evidente vínculo financiero/político entre miembros de Calavera & Huesos lo que alarma a mucha gente. Con tanto humo dando vueltas entre la organización y el gobierno de Estados Unidos, dicen, tiene que haber algún fuego. De forma predecible, y ciertamente inquietante, la sociedad secreta Calavera & Huesos ha tenido su mayor impacto en la más influyente de todas las sociedades secretas administradas por el gobierno, la Agencia Central de Inteligencia de Estados Unidos (CIA).

Considérese esta lista parcial de «bonesmen» relacionados con la comunidad de la inteligencia vía la Oficina de Servicios Estratégicos (OSS) y la CIA durante sus carreras:

NOMBRE	PROMOCIÓN
Hugh Wilson	1909
Robert D. French	1910
Archibald MacLeish	1915
Charles R. Walker	1916
F. Trubee Davison	1918
Amory Howe Bradford	1934
Hugh Cunningham	1934
Richard A. Moore	1936
William P. Bundy	1939
McGeorge Bundy	1940
Reuben Holden	1940
Richard Drain	1943
James Buckley	1944
George H. W. Bush	1948
Sloane Coffin Jr.	1949
V. Van Dine	1949

William Buckley	1950
Dino Pionzio	1950
David Boren	1963

Por definición, los «bonesmen» son brillantes, ambiciosos y, por pertenecer a la sociedad secreta, están eminentemente cualificados para prestar servicio en una organización encubierta como la CIA.

A primera vista, eso tiene mucho sentido. Los problemas surgen cuando se dejan al descubierto las capas de secreto que ocultan muchas conexiones y actividades de los «bonesmen», revelando indicios de acciones extralaborales clandestinas y notables coincidencias.

¿Recuerdan la Russell Trust Association, el nombre empresarial oficial de Calavera & Huesos? Según los registros del Estado de Connecticut, donde fue registrada la organización, la Russell Trust Association ya no existe. Pero por supuesto que existe, porque Calavera & Huesos continúa, más activa y, al parecer, más solvente que nunca. La organización madre de Calavera & Huesos se conoce ahora como RTA Incorporated, un nombre que adoptó subrepticiamente a las 10.15 a.m. el 14 de abril de 1961.

Es una fecha y hora interesante porque, menos de dos horas más tarde, la CIA lanzó su autofinanciada y autoconducida invasión de Cuba, que resultó en la desastrosa debacle de Bahía de Cochinos. El cerebro detrás de esa locura fue Richard Drain, un «bonesman» de la promoción de 1943. El contacto de la Casa Blanca era McGeorge Bundy, Calavera & Huesos de 1940, que trabajaba en estrecha colaboración con su hermano, William P. Bundy, Calavera & Huesos de la promoción anterior, en el Departamento de Estado. Juntos, los tres tramaron uno de los grandes desastres de la historia de Estados Unidos en el extranjero, aumentando el prestigio de Cuba en el Tercer Mundo, subrayando las afirmaciones de Fidel Castro acerca del imperialismo de Estados Unidos y conduciendo directamente a la crisis de los misiles, lo más cerca de una guerra nuclear que el mundo ha estado haste este día.

Restos de la invasión de 1961 de la Bahía de Cochinos continúan siendo exhibidos en Cuba para conmemorar la debacle comandada por los miembros de Calavera & Huesos.

El momento del cambio de identidad de Calavera & Huesos y la invasión de Bahía de Cochinos podrían considerarse una coincidencia, pero, con la perspectiva que da la historia y con nuestro conocimiento de las operaciones de la CIA a lo largo de los años, puede haber una explicación más práctica.

Aunque nadie ha revelado la fuente de financiación que les permitió a mil quinientos cubano-americanos lanzar la invasión, se sigue sospechando que el dinero fue suministrado por el gobierno de Estados Unidos a través de un grupo de operaciones de la CIA. Sin un conducto definido, sin embargo, no se puede verificar un vínculo financiero. Y sin una Russell Trust Association existente, todo registro de una potencial participación de la matriz de Calavera & Huesos como administradora encubierta de los fondos fue prolijamente borrado la mañana de la invasión. Pero sigue habiendo un dato, sin embargo: el individuo que manejó el papeleo del cambio de nombre y de la incorporación de RTA fue Howard Weaver, un «bonesman» de la promoción del año 45 que, convenientemente, se había retirado de su trabajo encubierto en la CIA hacía menos de dos años.

Las coincidencias se hicieron más y más curiosas. George H. W. Bush, presidente y padre de un presidente de Estados Unidos, pudiera o no haber trabajado para la CIA entre 1958 y 1966, lo que comprendería la fecha en la que se llevó a cabo la fallida invasión de la Bahía de Cochinos. Sus antecedentes oficiales lo identificaban solamente como presidente del Consejo y presidente de Zapata

Offshore Oil, una compañía con oficinas centrales en Houston, Texas. Sin alguna experiencia en espionaje, sin embargo, la posterior elección de Bush como director de la CIA en 1974 parecería extraña, por no decir más, y más de una fuente de confianza ha asegurado que la compañía Zapata era en realidad una tapadera para las operaciones de la CIA.

En todo caso, Zapata es casualmente el nombre en clave de la CIA para la invasión de Bahía de los Cochinos, y, como ingrediente adicional conspiratorio, dos de los barcos de apoyo en la operación fueron identificados como el *Houston* y el *Barbara*. Este último nombre es intrigante, porque, en sus aventuras como piloto durante la Segunda Guerra Mundial, Bush llamó a todos sus aviones como su esposa, la indomable Barbara Bush.

Otra coincidencia tiene que ver con el mismo ex presidente George H. W. Bush y el asesinato del presidente Kennedy, el 22 de noviembre de 1963. Una semana después del calamitoso acontecimiento, un documento oficial del FBI señalaba que se había recibido información sobre la posible participación de un exiliado cubano en la muerte del presidente, información «... oralmente suministrada al Sr. George Bush, de la Agencia Central de Inteligencia, y al capitán William Edwards, de la Agencia de Inteligencia de Defensa, el 23 de noviembre de 1963, por el Sr. W. T. Forsyth, de esta Oficina».

Cuando una reproducción de ese documento apareció en el número de julio de 1988 de *The Nation*, en el momento cúspide de la carrera de Bush por la presidencia de Estados Unidos, la CIA rápidamente emitió una declaración sosteniendo que el «Sr. George Bush» no era en realidad el candidato al cargo más alto del país, sino un hombre distinto con un nombre parecido: George William Bush. Eso pareció desviar las sospechas sobre la oculta carrera como espía del candidato a presidente, pero sólo hasta que George William Bush emergió de la oscuridad para admitir que sí, que había sido empleado de la CIA, entre otros puestos oficiales, pero sólo como investigador y empleado analista de nivel inferior. También echó por tierra la afirmación de la CIA con una declaración jurada en la que aseguraba:

> He revisado cuidadosamente el memorándum del FBI al director, Oficina de Inteligencia e Investigación, Departamento de Estado, fechado el 29 de noviembre de 1963, que menciona al Sr. George Bush de la Agencia Central de Inteligencia... No reconozco los contenidos del memorándum como información que me fuera suministrada a mí ya fuera oralmente o por cualquier otra vía durante el tiempo que estuve en la CIA. De hecho, durante el tiempo que estuve en la CIA no recibí ninguna comunicación oral de ninguna naturaleza de ninguna agencia gubernamental. No recibí del FBI ninguna información relacionada con el asesinato de Kennedy durante mi permanencia en la CIA. Basándome en lo antedicho, mi conclusión es que no soy el Sr. George Bush de la Agencia Central de Inteligencia al que se hace referencia en el memorándum.

Lo que nos lleva a la conclusión lógica de que George H. W. Bush era un agente de la CIA en un momento en que sostenía no serlo. No sorprende, dada la comprensible renuencia de la CIA a admitir nada que no tenga que admitir. Pero Bush también tenía, en aquel momento, una alianza con exiliados cubanos que estaban furiosos con la desvinculación de Kennedy con el fracaso de Bahía de los Cochinos, lo que alienta a algunos observadores a establecer una relación entre Bush y dos acontecimientos catastróficos de la historia norteamericana: la invasión de Bahía de Cochinos en 1961 y el asesinato de John F. Kennedy en 1963. Los medios prefirieron ignorar ambas conexiones, haciendo que los aficionados a las conspiraciones entraran en una ronda de especulaciones que ha durado años.

De cuando en cuando, Calavera & Huesos arremete contra aquellos que se atreven a indagar demasiado profundamente sus operaciones, como obviamente hizo cuando el productor de televisión holandés, Daniel de Wit, realizó un documental sobre el grupo. La premisa de de Wit relacionaba a Calavera & Huesos con la CIA en actividades de contrabando de drogas como medio para financiar operaciones encubiertas no autorizadas, una táctica confirmada durante las audiencias de 1988 por el caso de Irán y los *contras*. Antes de que su producción pudiera salir al aire, el gobierno holandés le ordenó a De Wit quitar toda referencia a la CIA y las drogas y suavizar sus críticas a Calavera & Huesos. Las supresiones redujeron el programa de sus ochenta minutos iniciales a apenas treinta. Terminado en 1998, el documental fue emitido una vez en Estados Unidos, un viernes a las cinco de la tarde, cuando, como señala de Wit, «... todo potencial espectador está de camino a casa». Jamás se volvió a emitir.

En agosto de 2003, De Wit recordó su experiencia con la CIA y Calavera & Huesos, diciendo: «Esas... instituciones y sus miembros muestran una fuerza bruta enorme y una gran concentración de poder que resultan abrumadoras y que podrían muy fácilmente volver escéptico a todo el mundo. Ésa también debe ser una razón por la que a la gente le gusta permanecer al margen de estas realidades».

Calavera & Huesos no es más inmune al paso del tiempo y a sus cambios que cualquier otra cosa o persona, y cualquiera que haya sido el impacto que haya tenido fuera del campus de Yale, podría estar desvaneciéndose. Después de todo, las elecciones presidenciales norteamericanas de 2004 mostraron al miembro de Calavera & Huesos George W. Bush, de la promoción de 1968, contra John Kerry. Según cuál sea el punto de vista de cada cual, eso demuestra o bien que los miembros de Calavera & Huesos dominan la arena política estadounidense en una medida que nadie imaginaba, o que la conspiración de la que se habla no existió, pues ¿por qué se enfrentarían dos conspiradores, cada uno a un lado de una división ideológica?

Cualquiera que sea la respuesta, los secretos más profundos de Calavera & Huesos vienen filtrándose por las paredes de La Tumba desde hace varios años, de la misma manera que la realidad de mundo exterior se ha filtrado en su interior. Seguramente, el cambio más importante se produjo en 1992, cuando, tras una enconada pelea en la retaguardia entre viejos «bonesmen» (uno, un prestigioso abogado del área de Washington, sugirió que aceptar estudiantes mujeres como miembros «conduciría a que hubiera casos de violación»), la organización acordó admitir mujeres. Para el año 2000, seis de los quince miembros de Calavera & Huesos ingresados en esa promoción eran mujeres.

Los cambios obrados por los últimos cuarenta años de agitación social —Calavera & Huesos considera ahora a judíos y negros como miembros potenciales, algo que evitó durante los primeros ciento cincuenta años de su existencia— hacen difícil que muchos de los viejos ritos de iniciación, como el relatar la historia sexual personal mientras se está desnudo en un ataúd, se sigan practicando. No obstante, con un capital estimado de cuatro millones de dólares en 2000, Calavera & Huesos todavía podría permitirse pagar el estipendio de quince mil dólares y obsequiar un reloj de pie como regalo de bodas.

El espectáculo de ver a dos candidatos presidenciales norteamericanos que son miembros de Calavera & Huesos podría constituir el eco moribundo de la excesiva influencia del grupo en el sistema político y judicial del país. En una era de mensajes instantáneos, economías globales y fortunas basadas en la tecnología, las redes de contactos sociales que impulsaban a la clase privilegiada de Estados Unidos más arriba aún en la jerarquía ya no son en absoluto tan importantes o siquiera necesarias. El contingente masculino WASP [blancos protestantes anglosajones] de la sociedad norteamericana ya no es tan exclusivo como lo era hace una generación, y, en los campus, las sociedades secretas se consideran en el mejor de los casos un anacronismo, una regresión a los días de panty raids [la irrupción sorpresiva de estudiantes varones en los dormitorios de las mujeres, para hacerse con su ropa interior] y de ridículos niños ricos en abrigos de piel de mapache. Calavera & Huesos parece estar tambaleándose hacia la extinción; en los últimos años, son más los estudiantes de Yale que declinaron la invitación a incorporarse que los que la aceptaron.

No obstante, su influencia durante el pasado siglo merece ser discutida. Demasiados de sus «mejores y más brillantes» miembros han estado involucrados en demasiados desastres económicos y de política exterior, desde Bahía de Cochinos a Vietnam e Irak, pasando por el asesinato de Kennedy, como para considerar a esta organización un grupo exclusivamente universitario, un puñado de jóvenes aventajados que juegan juegos tontos en una sala oscura, parecida a una tumba. Hay más cosas que contar. Pero ¿quién va a hacerlo?

Capítulo XII

Las sociedades secretas en la cultura popular

Una fascinación eterna

Cuantas más certezas tenemos en la vida, más nos intrigan los misterios. Su valor de entretenimiento es obvio, pero tal vez también necesitemos ver amenazada nuestra seguridad para apreciarla plenamente. En el proceso, especulamos sobre cosas que no podemos explicar, y, a menudo, nos obsesionamos con amenazas y hechos muy alejados de nuestra vida cotidiana. Es más cómodo de esa manera, lo que quizás explica por qué la mayor concentración de preocupaciones por las sociedades secretas está en la Europa civilizada y en la Norteamérica rica, cuyos habitantes tienen más que perder, material y espiritualmente.

Para aquellos de nosotros que no tenemos relación directa con gente fantasma, lo más preocupante es el secreto y su potencial impacto en nuestra vida, que es lo más amenazante, una actitud que varía según la proximidad. Para los ciudadanos de Calabria y Sicilia, la Mafia es una realidad sobre la que no se necesita especular, porque su presencia e influencia son evidentes. Actitudes similares pueden observarse entre los residentes de Hong Kong y Macao, que conocen de primera fuente las actividades de las tríadas, así como los empresarios japoneses conocen los delitos cometidos por la Yakuza. Para esos dos grupos, el «secreto» de las sociedades secretas tiene algo de contradictorio, cuando diariamente se percibe su impacto.

En el otro extremo del espectro, para poder sobrevivir, los campesinos *yak* de Mongolia, los refugiados de Somalia y los *inuit* de la isla de Baffin lidian cotidianamente con una serie de desafíos que los norteamericanos y europeos de clase media no pueden entender. El planificar su mera existencia les ocupa demasiado de su conciencia como para especular sobre el impacto de conspiraciones de mil años de antigüedad originadas en lugares remotos, ni siquiera como entretenimiento.

Para el resto de nosotros, el «secreto» denota misterio, y los misterios demandan soluciones. Cuando no se dispone de soluciones, la especulación será suficiente. Y cuando la especulación se separa de la razón y es motivada por la insinuación, comenzamos a sentir que estamos rodeados de conspiraciones, creyendo en su existencia aunque nos enfrentemos con pruebas que señalen lo contrario.

Cuanto más cómoda y predecible se vuelve nuestra vida, con mayor predisposición reaccionamos a la idea de las conspiraciones generalizadas, porque su existencia brinda solución a diversos misterios irresueltos. Las conspiraciones proporcionan culpa que asignar en hechos terribles que escapan a nuestra posibilidad de investigarlos. No existe mejor ejemplo que el asesinato de John F. Kennedy. Los que no pueden aceptar que Lee Harvey Oswald, actuando solo, pudiera dispararle a uno de los hombres más admirados de su época, buscan pruebas que apoyen su incredulidad. En ese caso, quizás aún haya mucho por descubrir, como vimos al hablar de Calavera & Huesos. En una escala más grande, podríamos atribuir el fracaso de nuestros sueños económicos a un cartel impenetrable y oscuro, la derrota de un político favorito a una conspiración internacional y los fenómenos climáticos no explicados a fuerzas sobrenaturales controladas por aquelarres.

La creciente atracción que suscitan las explicaciones secretas de acontecimientos catastróficos ha corrido paralela a la influencia de la cultura popular contemporánea, con cada uno de esos elementos alimentando al otro. En otros tiempos, las novelas y películas populares tenían que ver con personas comprometidas en relación directa unas con otras; sus motivaciones variaban entre el amor y la guerra, a menudo entrañando ambas cosas, pero eran en su mayor parte circunstancias abiertas, no oscuras. Hoy, los vehículos de la cultura popular encuentran más inspiración no en hechos que podemos comprender, sino en secretos que desafían nuestra explicación, llevados a cabo por organizaciones que operan en las sombras.

Consideremos la novela de misterio. La mayor parte de los críticos sitúan su origen en el cuento *El escarabajo de oro*, de Edgar Allan Poe, escrito en 1843. El descendiente literario de Poe, Dashiell Hammett, creó el prototípico detective privado que resuelve crímenes cometidos por individuos cuya vinculación más cercana con una conspiración internacional era habitualmente con «El sindicato», palabra en clave para referirse a la Mafia. Otros, como Arthur Conan Doyle, John Buchan, Sax Rohmer (creador de Fu Man Chu) y Sapper (seudónimo de Cyril McNeile, autor de la serie de Bulldog Drummond), perseguían criminales que operaban de uno a uno con sus víctimas mientras cometían robos, asesinatos y actos igualmente desagradables e intrigantes.

Hasta hace relativamente poco, las sociedades secretas casi nunca aparecieron en la literatura popular. Algunos lectores de Ayn Rand sugieren que su novela *Atlas Shrugged* trata acerca de valores relacionados con los Illuminati, lo que podría explicar en qué se basa la popularidad del libro. Los comunistas eran blanco frecuente en las novelas norteamericanas de la década de los cincuenta, pero en este caso la frecuencia parece haber provocado el aburrimiento; los comunistas eran un elemento cotidiano en los noticiarios, lo que, para la mayoría, los hacía villanos inofensivos en la ficción.

Debió aparecer Ian Fleming, y descendientes como Robert Ludlum y John Grisham, para abordar el miedo de los lectores a conspiradores oscuros que ejercen un poder generalizado sobre la vida de la gente común. Una variación de ese recurso argumental lanzó de la noche a la mañana los libros de Harry Potter como el fenómeno editorial más exitoso de la historia de la literatura infantil y de la literatura en general. En las tramas de Harry Potter hay por lo menos tres sociedades secretas, como por ejemplo la Orden del Fénix, cada una de ellas amenazando no sólo al héroe y sus compañeros, sino la seguridad del mundo mismo.

Harry Potter es divertido, por supuesto, aunque esté corriendo por los pantanos, perseguido por villanos oscuros. Eso es poco habitual. A pesar del aspecto casi ridículo de organizaciones como los rosacruces, probablemente nacidas de una juerga de estudiantes universitarios, y de la infortunada muerte de un iniciado masón, las sociedades secretas casi nunca son sometidas a la parodia en la cultura popular. En televisión, la vieja comedia de Jackie Gleason, *The Honeymooners*, en la década de los cincuenta, incluía a menudo una organización llamada The International Order of Friendly Sons of the Raccoons [La Orden Internacional de los Hijos Amigables de los Mapaches], cuyos miembros actuaban de manera sospechosamente parecida a los masones y los Santuaristas, usando palabras en clave y agitándose unos a otros la cola de sus gorros de piel de mapache. Más recientemente, la serie televisiva *The Simpsons* ha incluido a *Los Picapiedras* en varias de sus tramas. Claramente basados en los masones, *Los Picapiedras* se reúnen semanalmente en un edificio con forma de pirámide donde honran su Pergamino Sagrado antes de beber en abundancia y jugar al ping-pong. Como prueba de su poder, *Los Picapiedras* aseguran controlar la monarquía británica e impedir que se use el sistema métrico decimal en Estados Unidos. Es una acertada, devastadora y cómica parodia del lado más luminoso de las sociedades secretas.

En una vena semiseria, las adaptaciones fílmicas del James Bond de Ian Fleming fueron de las primeras en despertar el interés de Hollywood por las conspiraciones internacionales, en parte porque Fleming consiguió explotar la fascinación del público por las sociedades secretas maléficas. El grupo enemigo de Bond, SPECTRE [Agencia Especial de Contra-inteligencia, Terrorismo, Venganza y Extorsión], impulsó la idea de hombres con acento extranjero, características sociopáticas e ilimitadas fuentes de riqueza a niveles desproporcionados, que casi siempre proporcionaban diversión pero nunca dentro de los límites de la realidad. De manera similar, películas posteriores sobre libros de Robert Ludlum, Len Deighton y otros generalmente basan sus conspiraciones y conflictos en choques entre la CIA norteamericana, el MI6 inglés y la KGB rusa, con periódicas excursiones a los terrenos de los resurgimientos nazis y la Mossad israelí.

Le correspondió a la trilogía de *El Padrino*, de Francis Ford Coppola, retratar la Cosa Nostra con impactante realismo, y a *Los cazadores del Arca Perdida*, la primer película de la serie de *Indiana Jones*, de Steven Spielberg, explorar las excentricidades contemporáneas de antiguas sociedades secretas, con una saludable inyección de villanos nazis estereotípicos.

Tal vez porque su existencia actual es, para la gran mayoría, imposible de confirmar, los Illuminati bávaros a menudo sirven de oscuros villanos en películas y videojuegos. La película *Lara Croft: Tomb Raider*, estrenada en 2001, invirtió el orden tradicional de juegos que generan películas cuando adaptó un videojuego de gran éxito convirtiéndolo en una importante producción cinematográfica protagonizada por Angelina Jolie y John Voight. El argumento —lo que no sorprende, si consideramos la fuente— hace pensar en una nueva definición de la tontería, al enfrentar al personaje de la Srta. Jolie con la capacidad de los Illuminati de controlar el tiempo, como parte de los planes de esa organización para dominar el mundo.

Otro popular juego de ordenador, *Deus Ex*, también muestra a los Illuminati como una sociedad secreta que controla el mundo, en compañía de los caballeros templarios. Sumado a sus poderes políticos y económicos, ejercidos a través de la Organización Mundial de Comercio, en *Deus Ex* los Illuminati tienen una reserva oculta de virus con la que atacar grupos o países enteros que no cumplan sus exigencias. Los templarios están retratados de forma menos clara, siendo una de las cuatro fuerzas a las que el jugador puede unirse para lograr los objetivos del juego. Ninguno de los grupos, como se los presenta aquí y en otras partes, guarda mucha semejanza con las organizaciones homónimas auténticas.

En todas esas producciones literarias, cinematográficas y de video-juegos, los lectores y espectadores encuentran sencillo trazar una línea clara entre la fantasía y la realidad. Los espectadores de *El Padrino*, por ejemplo, abandonaban el cine sintiendo que habían adquirido una idea de las operaciones de la Cosa Nostra, pero pocos sentían una nueva amenaza para su vida. Tanto la película como el libro en el que estaba basada ignoraron la herencia histórica de la organización, prefiriendo concentrarse en las acciones de delincuentes brutales, unidos por la sangre y por matrimonios, que veían su trabajo simplemente como una manera de hacer negocios. Los grupos eran reales, pero la amenaza, aunque también real, seguía siendo lejana, y las raíces históricas de la Mafia nunca fueron abordadas.

No fue hasta la sátira filosófica *El péndulo de Foucault,* de Umberto Eco, en la que tres editores italianos quedan atrapados en una aparente vinculación entre sociedades secretas que se hacía remontar hasta la Crucifixión, cuando una novela se enfrentó con la realidad histórica. En el desbordante y a menudo humorístico relato de Eco, organizaciones tales como los templarios, los masones, el Priorato de Sión, los *asesinos*, los rosacruces, la cábala, los druidas, los gnósticos —todo el panteón de las sociedades secretas y sus personajes principales— aparecen al mismo tiempo como reliquias históricas y como actores contemporáneos. En parte un guión de los hermanos Marx, en parte un *thriller* de Robert Ludlum y en parte un tratado filosófico, el libro de Eco de 1988 satisfizo a dos grupos totalmente opuestos: los fanáticos de las conspiraciones que sospechan que los ocho mil millones de personas que viven en el planeta son controladas por un puñado de conspiradores oscuros, y los escépticos que se deleitan al ver finalmente desenmascarado el nuevo traje del emperador.

El péndulo de Foucault fue claramente inspirado por un libro de 1982 publicado ostensiblemente como no ficción, pero considerado mayormente como una obra de fantasía vagamente basada en la realidad. *The Holy Blood and the Holy Grial* [*La sangre santa y el santo grial*] apareció seis años antes que la obra de Eco, y mientras que esta última era entretenida e intructiva para los lectores que podían seguir su intrincada trama y responder a su humor cínico, la primera encendió algo más entre un público más crédulo.

The Holy Blood and the Holy Grial surgió de la experiencia de un productor cinematográfico inglés y ex actor llamado Henry Soskin, cuya previa cuota de fama había sido interpretar pequeños papeles en la serie televisiva de los años sesenta *Los vengadores*. Cambiándose el nombre a Henry Lincoln y pasando de estar delante de la cámara a estar detrás de la misma, Soskin detectó que en un oscuro libro sobre Rennes-le-Château faltaba la traducción de un mensaje cifrado. Tras investigar la historia del padre Saunière y su misteriosa riqueza, Lincoln produjo un documental sobre el supuesto tesoro, explotando cada detalle del relato para realzar el drama.

Tiempo después, Lincoln conoció a un profesor universitario y novelista en ciernes llamado Richard Leigh, quien tenía una fascinación por los caballeros templarios. Tal vez los templarios y el misterio de Saunière podrían vincularse, siguiendo la pista de una historia que se extendía desde la crucifixión de Cristo hasta la época contemporánea. Leigh reclutó a un ex periodista-fotógrafo llamado Michael Baigent y juntos, los tres, invirtieron cuatro años investigando, especulando, postulando y finalmente escribiendo un libro que convirtió una conjetura de cien mil palabras en una teoría que conectaba prácticamente a todas las sociedades secretas existentes, en la realidad o en la fantasía, a lo largo de dos mil años. El relato se centraba en tres afirmaciones no demostradas (y no confirmables):

1. Cristo no murió en la cruz; un impostor tomó su lugar, permitiendo que Cristo escapara por el Mediterráneo hasta el sur de Francia.
2. Cristo no era soltero y célibe; estaba casado con María Magdalena y tenía por lo menos un hijo, que fue con sus padres en el viaje.

3. Los descendientes de los hijos de Cristo trabajaron activamente para determinar el destino del mundo durante veinte
siglos.

Como premisa para una novela histórica, es un material espléndido. En manos de autores tan divergentes en sus épocas y estilos
como Thomas B. Costain o Don de Lillo, podría haber sido un respetable vuelo a la fantasía y una mirada entretenida, informativa incluso, a algunos de los acontecimientos más importantes de la historia.

Los autores y su editor no lo vieron de ese modo. Creyeron que
el impacto de una hipótesis no ficcional tenía mejores chances de
generar interés y ventas que una novela histórica, y demostraron
estar en lo cierto cuando *The Holy Blood and the Holy Grial* apareció en
la lista de libros más vendidos casi desde el día de su publicación,
en 1982. *The Holy Blood* también inspiró el único libro que en los
últimos tiempos ha desafiado seriamente en ventas a la serie de
Harry Potter: *El Código Da Vinci*, de Dan Brown. Hasta ese momento, difícilmente Brown se había distinguido como un escritor destinado a la grandeza. Su obra anterior, *Angels and Demons [Ángeles y
demonios]*, combinaba a los Illuminati y los ismaelíes sirios de una
manera hilarantemente torpe e incluía la suposición errónea del
autor de que los musulmanes de Siria, Irak, Irán y la India hablaban
y escribían el mismo idioma.

The Holy Blood y *Da Vinci* están tan estrechamente relacionados
como pueden estarlo un libro «madre» y un libro «hijo», incluso
hasta el punto de ser cada uno una imagen especular uno del otro:
The Holy Blood es ficción imaginativa que pretende ser realidad y *Da
Vinci* es seudorrealidad que pretende ser ficción.

A pesar de sus afirmaciones, cuando dice que muchos de los
personajes, las organizaciones y los hechos de su libro son reales,
Brown puede esquivar sin esfuerzo las críticas a su novela señalando la categoría de «ficción». El trío de autores que concibió *The
Holy Blood* no tiene esa defensa, sino sólo las protestas por recibir

ataques injustos de críticos escépticos, que han expresado con gran pasión y convicción en ediciones posteriores de su libro. Pero las quejas sobre críticas injustas no pueden superar los puntos flacos de una historia que no consigue suspender la incredulidad de los lectores agudos.

A lo largo de su relato, los autores frecuentemente plantean la pregunta «¿qué hay si...?». ¿Qué hay si el poder de los templarios crecía hasta hacerle sombra al de un individuo prominente que daba la casualidad de ser su contemporáneo? ¿Establece eso una relación? Tal vez, pero difícilmente la demuestre. Una vez planteada la premisa de «¿qué hay si...? », de ahí en adelante se la trata como una afirmación probada sobre la cual puede hilvanarse una red entera de suposiciones. El resultado es una telaraña que soporta a su constructor, pero que es rápidamente barrida por la primera brisa fresca.

Las obras más serias de no ficción basan sus premisas en datos accesibles, validados por una fuente creíble que le es comunicada al lector. Los autores de *The Holy Blood* adoptan una posición sorprendentemente nueva. La historia sólo puede ser interpretada seriamente, sostienen, cuando el investigador busca conclusiones entre hechos aparentemente no relacionados, aunque los hechos sean, en el mejor de los casos, apócrifos. En realidad, están sugiriendo que los hechos documentados no son más importantes —y que quizás lo sean menos— que los mitos adornados. Si en verdad es ése el caso, un enorme volumen de nueva información aguarda ser descubierto por historiadores imaginativos que vinculen, por ejemplo, la consolidación del poder nazi en Europa, en 1944, con los niveles de nieve sin precedentes registrados el invierno de ese año en América del Norte.

La analogía de la telaraña puede favorecer la fuerza de la telaraña en prejuicio de la capacidad de *The Holy Blood* para soportar un análisis atento, porque los mismos autores le piden al lector que perdone sus frecuentes trucos de manos. Considérense estas puertas de salida de la verdad que aparecen en páginas consecutivas de la edición de bolsillo de 1996:

Ésta, por supuesto, era sólo una hipotesis especulativa, sin ninguna confirmación documentada. (pág. 115)

La posibilidad no se puede demostrar, pero tampoco puede descartarse sin un análisis más profundo. (pág. 116)

Sobre la base de estas conexiones, hemos formulado una hipótesis tentativa. (pág. 117)

Reiteradamente, Lincoln et al sacan ventaja de la vistosa especulación que plantean sus teorías al mismo tiempo que descartan toda evidencia concluyente que las desacredite. También brindan una corroboración de sus argumentos, material que no sólo es de dudosa veracidad, sino que, más de una vez, es sustancialmente fraudulento. Gran parte de sus argumentos se apoyan en *Les Dossiers Secrets de Henri Lobineau*, que supuestamente contienen líneas de sangre detalladas que parten de la dinastía merovingia del jefe franco Meroveo, en el siglo quinto, y que, a través de la misteriosa Giselle de Razes, llegan hasta a Sigisberto VI, en el siglo noveno. Las mismas ya habían sido declaradas un invento por el hombre reconocido como su autor, el bromista y dipsómano Phillipe de Chérisy, cuando entabló juicio a Pierre Plantard para reclamarle el pago por haber realizado el fraude de los documentos. Plantard, quien declaraba ser un descendiente directo de Dagoberto y Giselle, y director del Priorato de Sión, jamás impugnó el reclamo de Chérisy, aunque más tarde inventó la historia de que Chérisy solamente había copiado los pergaminos originales que estaban en posesión de Plantard. En ninguna parte de *The Holy Blood* aparece mencionado el juicio de Chérisy contra Plantard ni nada relacionado con los cuestionables antecedentes de Chérisy.

Noel Corbu, quien inventó gran parte de la fábula como un modo de generar clientes para su hotel y restaurante, es mencionado tan sólo como el comprador de Villa Bethania, un hombre que quedó frustrado por la muerte de Marie Dénarnaud antes de que ésta pudiera relatarle detalles de su pasado. Nada más se dice de él ni del cuento montado para los clientes de su restaurante mientras cenaban.

Ambos hechos, por supuesto, harían trastabillar toda la tesis postulada por los autores, que preferían que nada obstruyera su pretensión de estar resolviendo quizás uno de los más grandes secretos de todos los tiempos.

The Holy Blood reta a sus lectores a probar la existencia de una realidad negativa al pedirles que demuestren que un hecho hipotético *no* ocurrió. Probar que algo no existe puede funcionar en las matemáticas, donde los negativos pueden teorizarse y evaluarse, pero no en la historia. Para demostrar la vacuidad de *The Holy Blood*, imagínese una obra de no ficción sobre la existencia de Santa Claus, basada en la prueba de que nadie ha comprobado todavía que *no* existe.

Todo esto podría ser materia de polémica literaria, apropiada para que ratones de biblioteca entablaran una justa en los suplementos literarios semanales de los periódicos más imporantes, produciendo poco más que egos magullados y ataques de celos entre autores y editores («¡Por qué no se me ocurrió *a mí* la idea de ese libro...!»). Si ése fuera el único subproducto, ninguno de nosotros querría o debería detenerse a considerarlo. Pero quizás haya más de lo que se ve.

Aunque pueda ser entretenido rastrear ideas dispersas entre pistas históricas, tejiendo decenas de lazos para crear una aparente cadena de puebas, la práctica genera riesgos en ciertos sectores inestables de la sociedad. Los más nefastos de esos grupos se hallan en los extremos derecho e izquierdo del pensamiento político, que son rápidos en atribuir todos los problemas de la vida, ya sea a escala personal o global, a la acción de grupos secretos o agentes de poder. A primera vista, eso no debería ser importante. La paranoia no es algo nuevo ni es necesariamente, cuando se extiende entre grupos sin nada mejor que hacer con su tiempo libre, motivo de preocupación. Lamentablemente, la base de buena parte de esa paranoia muchas veces es racial, y allí es donde el juego se vuelve serio.

Si *The Holy Blood* puede prestar credibilidad a fraudes tan fáciles de comprobar como El Priorato de Sión, también puede ser convincente para aquellos que están abiertos al convencimiento de que aberraciones como los Protocolos de los sabios de Sión tienen fundamento en la realidad.

En *The Holy Blood* se hace mención a los Protocolos de una manera desgraciadamente típica. Primero, los autores desacreditan su veracidad («Hoy, los expertos concuerdan —y con razón, hemos concluido— en que los Protocolos, al menos en su forma presente, son una falsificación vil e insidiosa».) Luego, después de acordar con fuentes respetables que los Protocolos son una falsificación, sostienen que esa obra desacreditada es «de máxima importancia para el Priorato de Sión».

¿Cómo y por qué es importante? No se da ningún detalle. Casi doscientas treinta páginas más adelante, se vuelve a hacer mención a los Protocolos, pero sólo brevemente y por última vez, cuando se usa una referencia a los mismos para respaldar la afirmación de los autores de que un nuevo rey llevará «la semilla sagrada de David». Si los Protocolos son una «una falsificación vil e insidiosa», ¿por qué confiar en ellos para lo que fuera? Allí los autores están efectuando una pirueta, moviéndose alrededor de un texto difamatorio mientras se mantienen lo suficientemente cerca para usarlo como apoyo cuando sirve a sus propósitos.

Nada que se haya establecido con relación a los Protocolos indica que sean algo más que una fábula presentada como una realidad para lograr objetivos cuestionables, a menudo abominables. En breves palabras, ésta es su historia:

En 1868, un novelista alemán llamado Hermann Goedsche, usando el seudónimo inglés de sir John Retcliffe, publicó una novela titulada *Biarritz*. El argumento se centraba en una camarilla secreta judía que tenía por objeto controlar el mundo. Goedsche parecía haberse inspirado en el autor francés Maurice Joly, cuyos *Diálogos en el infierno entre Maquiavelo y Montesquieu* desarrollaban una historia basada en la oposición a Napoleón III. Goedsche, un notorio antisemita, tomó la línea argumental de Joly, introduciendo en la trama a los judíos como los villanos.

Todo esto podría haber quedado sepultado bajo el peso de otros escritos de calidad tan mala como ése, si no hubiera sido por la precaria situación del zar ruso Nicolás II hacia el final del siglo XIX. En una jugada pensada para fortalecer su control sobre el pueblo ruso y debilitar a sus oponente políticos, el zar exigió algo que mostrara que sus enemigos se habían aliado en una conspiración para la dominación del mundo. Desde nuestra perspectiva actual, la «dominación del mundo» suena a las palabras de un guionista de Hollywood en otra película de James Bond, pero en la embriagadora paranoia de Rusia en 1895, tenía un suficiente tufillo a validez como para convencer a alguna gente.

Con la orden del zar, la *okhrana* —la policía secreta rusa— saqueó diversas fuentes en busca de inspiración. La halló en la novela de Goedsche y, en 1897, publicó como dato real la parte relacionada con la conspiración judía. Ocho años más tarde, los *Protocolos* fueron traducidos al inglés y circularon ampliamente como actas registradas durante el Primer Congreso Sionista celebrado en Basilea, Suiza, en 1897, presidido por «el padre del sionismo moderno», Theodor Herzl.

Los *Protocolos*, pensados para ser leídos como un manual de instrucciones para dominar el mundo, resultan o escalofriantes o absurdos, según sean nuestra credibilidad y nuestro gusto por el humor negro. Colaborando en ese ambicioso proyecto de dominación global, declara el documento, están los masones, cuya agenda está siendo manipulada por los Sabios, y los Illuminati, que son actores o ingenuos o voluntarios.

Las lecciones prácticas contenidas en los *Protocolos* varían entre las generalizaciones espeluznantes y la farsa absoluta. El Protocolo n.º I, por ejemplo, dice: «Por lo tanto, al gobernar el mundo, los mejores resultados se obtienen mediante la violencia y la intimidación, y no a través de las discusiones académicas», en tanto el Protocolo n.º 23 propone que a la población general se la debe hacer infeliz, para así someterla, mediante la aprobación de leyes que prohíban la embriaguez.

A Theodor Herzl, «padre del sionismo moderno», se le considera en algunos ámbitos el creador de los Protocolos de los sabios de Sión.

Muchos de los Protocolos más preocupantes fueron adoptados por los políticos de la época para motivar a sus seguidores más fervientes. Al elegir los elementos que más convenían a sus necesidades y cargarlos en el tren siempre en marcha del antisemitismo, todos, incluido Adoplh Hitler, sostuvieron que los *Protocolos* eran auténticos.

Para los fascistas, se convirtieron en un tesoro de justificación racional. «Destruiremos en las masas la importancia de la familia y su valor educativo», declaraba el Protocolo n.° 10. El Protocolo n.° 12 prometía: «Le pondremos silla y bridas [a la prensa] con un freno ajustado [...] Ni un solo anuncio llegará al público sin nuestro control». Para ajustar un poco más los tornillos, el Protocolo n° 14 proclamaba: «Para nosotros, será indeseable que exista ninguna otra religión que la nuestra... Por lo tanto, debemos barrer todas las otras clases de creencia».

En el caos económico y político que sobrevino después de la Primera Guerra Mundial y la Revolución rusa, sólo se necesitaron las más breves referencias a los *Protocolos* para que buena parte de la cultura popular norteamericana y europea las tomara como prueba de una conspiración secreta. Entre los promotores estaba el magnate de la industria automotriz Henry Ford, quien en 1920 lanzó en Dearborn el periódico *Independent*, en parte para divulgar los *Protocolos*, junto con sus reiterados ataques a los comunistas.

Entre los líderes políticos y económicos que apoyaron la veracidad de los Protocolos estaba Henry Ford.

Por un tiempo, Ford se aferró empecinadamente a su opinión de que los *Protocolos* eran indicio de una conspiración judía para dominar el mundo. En una entrevista aparecida el 17 de febrero de 1921 en la revista *World* de Nueva York, Ford decía: «La única declaración que me interesa hacer sobre los *Protocolos* es que hasta ahora se han ajustado a la situación mundial. Se ajustan en este momento». Mientras tanto, Hitler citaba los *Protocolos* en *Mein Kampf [Mi lucha]* y en el Parlamento rumano se leían fragmentos del libro como justificación moral para expulsar de ese país a los judíos.

Hitler citó los Protocolos en su Mein Kampf.

Poco a poco, gracias a la investigación seria realizada por periodistas escépticos, la verdad de los orígenes de los *Protocolos* fue saliendo a la luz. Entre los primeros en exponer su base fraudulenta estuvo un reportero del *Times* de Londres llamado Philip Graves, quien rastreó su génesis hasta Joly y Goedsche. Lentamente, el peso de las pruebas alcanzó tal masa que hasta el obstinado Ford admitió que se había equivocado. En 1927, en una retractación pública, pidió disculpas por su apoyo al fraude de los *Protocolos*, culpando a sus asistentes por engañarlo.

Pero la percepción persiste. La débil denuncia de *The Holy Blood* con respecto a los *Protocolos*, para luego emplearlos como respaldo de su premisa, aumenta la sospecha, entre quienes se aferran a cualquier esperanza disponible, de que las especulaciones descabelladas mereces consideración.

Al insertar los *Protocolos* en su obra, los autores de *The Holy Blood* crean el efecto especular mencionado antes. En su caso, un trabajo de reconocida no ficción trata un hecho ficticio como si tuviera vestigios de realidad. En su libro *El Código Da Vinci*, el autor Dan Brown usa una obra de ficción para ridiculizar a una organización real, el Opus Dei, como si fuera una amenaza para la humanidad tan genuina y peligrosa como los *Protocolos* ficticios.

El imprudente uso de datos reales que hace Brown para añadir verosimilitud a su obra de ficción ha sido criticado con sumo detalle por numerosos críticos; en este contexto, sólo abordaremos la descripción sesgada del Opus Dei.

En la historia de Brown, el Opus Dei es el villano de facto, tan empeñado en proteger el secreto de la supuesta estirpe de Cristo que recurre a asesinos contratados, de los cuales al menos uno es un personaje decididamente sádico. Eso puede ser adecuado para las historias de James Bond y la ficticia SPECTRE, o para los relatos de Len Deighton con demonios nazis conocidos, pero atribuirle esas características ilusorias a una organización existente en respaldo de una premisa fantástica le parece a mucha gente, católica y no católica, ultrajante.

La Iglesia católica es un blanco de críticas tan apropiado como cualquiera, y considerando muchas de sus acciones menos admirables a lo largo del pasado mileno, más apropiado que la mayoría. Pero la agenda de orientación familiar del Opus Dei, por mucho que los católicos liberales puedan discrepar con su tendencia conservadora, es retratada por Brown de una manera particularmente extraña. Para la trama del autor, que involucra a un monje albino sadomasoquista, es clave la premisa de que el Opus Deis funciona como una orden monástica. Eso es una ficción y la antítesis de la verdadera premisa de la organización: los monjes buscan la santidad apartándose de la sociedad, en tanto que el Opus Dei opera en medio de la sociedad secular.

Otros detalles de la historia de Brown no pueden sino considerarse difamación. Entre ellos, las referencias a reclutas del Opus Dei que son drogados para que guarden silencio, el uso de un cinturón con púas como instrumento masoquista y la insinuación de que el Opus Dei «sacó de apuros» al Vaticano cuando su banco tuvo que hacer frente a dificultades financieras, comprando con ello favores especiales del papa. En un frenético esfuerzo maníaco por denigrar la organización, Brown confundió incluso las entradas de la sede del Opus Dei en Manhattan. Hombres y mujeres pueden entrar al edificio por la puerta que quieran, pero como la sede tiene residencias separadas para los hombres y mujeres solteros, los ocupantes de cada sección suelen entrar por la puerta que lleva de manera más

La ordenación del prelado del Opus Dei, Álvaro del Portillo, por Juan Pablo II, quien declaró que el Opus Dei «estaba guiado por la gracia divina».

directa a sus habitaciones. Brown sostiene que todos los hombres deben entrar por la puerta principal que está sobre la avenida Lexington y que todas las mujeres deben hacerlo por una puerta lateral. No sólo esa restricción de género es falsa, sino que es al revés de lo que sucede: las mujeres entran en su área de residencia por Lexington; la entrada para los residentes varones es por la calle adyacente.

Los apólogos de Brown y sus editores señalan que *El Código Da Vinci*, después de todo, es una obra de ficción y exhibe la conocida descarga de responsabilidad en la página contigua a la de la dedicatoria («Todos los personajes y hechos de este libro son ficticios, y cualquier semejanza con personas reales, vivas o muertas, es mera coincidencia»). Pero al dar la vuelta a esa página, uno se encuentra con las afirmaciones de Brown, que dice que el Priorato de Sión «es una organización real», que el Opus Deir realiza supuestamente «lavado de cerebro, coerción y una práctica peligrosa conocida como "mortificación corporal"» y que «todas las descripciones de las ilustraciones, la arquitectura, los documentos y los rituales secretos que aparecen en esta novela son fieles». Las tres afirmaciones están hechas sin el menor toque de ironía. ¿Con cuánta seriedad debemos tomar esas y otras discrepancias del libro? Después de todo, *es* solamente una novela, y no una muy seria en ese sentido. A los autores se les debe permitir el lujo de la libertad cuando dan rienda suelta a su imaginación para crear historias cuyo objetivo principal es el entretenimiento, sea su idea una novela barata de detectives o una obra digna de Dickens o de Hemingway. Esa premisa no se verá desafiada en este libro y es de esperar que no lo sea en ninguna otra parte.

La imaginación es una cosa; malignizar injusta e inexactamente a individuos o una organización existente para agregar realismo es otra cuestión. No es exagerado comparar el impacto inicial y generalizado de los *Protocolos de los sabios de Sión* con el de *El Código Da Vinci*, y su primera aparición en una obra de ficción; aunque la Iglesia católica no es en absoluto tan vulnerable al tipo de abusos que los *Protocolos* generaron para los judíos, el principio sigue siendo el mismo.

Durante cientos de años, los masones, rosacruces, druidas, gnósticos, wiccanos y otros grupos cuyas prácticas eran benignas, si bien fuera de la corriente establecida, sufrieron ataques de personas que detrás de cada símbolo inocente veían una conspiración y detrás de cada hecho imprevisto una intriga. En muchos casos, esos elementos extremistas influyeron sobre el tejido principal de la sociedad con lamentables resultados. Durante ya casi un siglo, los escritos histéricos y antisemitas de Nesta H. Webster han sido aceptados como fácticos por lectores por lo demás sagaces de su libro, *Secret Societies and Subversive Movements*.

No obstante ser ampulosa casi sin interrupción, la obra de Webster se ha mantenido en imprenta durante casi ochenta años. Notablemente amplia (sus referencias a fuentes a menudo oscuras son respetables dado el enfoque académico de estas últimas), es un ejemplo ideal de una mezcla de buena investigación académica que conduce a una premisa poco sólida y motivada por un racismo profundamente arraigado. Desde su punto de vista inmediatamente posterior a la Primera Guerra Mundial, Webster identificó la masonería del Gran Oriente, el teosofismo, el pangermanismo, el mundo de las finanzas internacionales y el judaísmo internacional como las principales amenazas a la paz mundial.

La estudiosa de las sociedades secretas Nesta H. Webster
ha sido alabada a pesar de su racismo manifiesto.

Como británica superpatriótica, sus preocupaciones acerca del nacionalismo alemán no eran tan proféticas como parecen; todo el imperio británico seguía furioso con los crueles alemanes mientras Webster escribía su libro a comienzos de la década de los veinte. Su postura política era de extrema derecha, su odio a todo objetivo socialista era casi palpable, su posición antisemita era inquebrantable y sus anteojeras eran grandes y muy ajustadas: no hizo ninguna mención a Marx o Lenin ni ninguna referencia al comunismo, y siguió insistiendo en que la Revolución francesa se realizó según una agenda de varias sociedades secretas. Curiosamente, la Revolución norteamericana recibió de ella tanta atención como el comunismo.

Webster tenía derecho a expresar sus opiniones, y los lectores deben seguir teniendo la libertad de incorporarlas. La misma libertad, puede argumentarse, se les debe conceder a *Mein Kampf*, de Hitler y al *Libro Rojo*, de Mao.

Esas libertades deben ir acompañadas de una conciencia del riesgo de que organizaciones sociales, y los individuos que las integran, puedan ser convertidos en blanco de una forma que exceda la capacidad de éstos para probar su inocencia, un principio de la libertad de prensa que olvidamos por nuestra cuenta y riesgo.

En la otra cara de la moneda se haya el peligro de que organizaciones verdaderamente amenazantes puedan ser subestimadas e ignoradas si están entre las niñas mimadas de los que viven en los extremos. Como lobos que se ocultan entre las ovejas, al menos un puñado de sociedades secretas pueden constituir una genuina fuente de preocupación, estando identificadas en la mente del público ya sea como benignas o como incomprendidas.

Es fácil desestimar de esa manera esas organizaciones. Eso también puede ser peligroso.

Capítulo XIII

Críticos, alarmistas y teóricos de la conspiración

¿Cuándo tiene sentido la paranoia?

Con excepción de las sectas religiosas fundamentalistas radicales, la mayor parte de la gente adopta una postura de *laissez-faire* hacia sus vecinos y colegas que profesan una creencia en los duendes y las hadas, los OVNI, los ángeles personales o entidades similares. Mientras que la aceptación o el escepticismo no afecten nuestra vida, nos sentimos libres de albergar nuestras propias convicciones y tolerar las de los demás.

¿Debería ser distinta nuestra respuesta a la creencia de un vecino en sociedades secretas? Dado que, salvo la Cosa Nostra, las tríadas y la Yakuza, la mayor parte de las organizaciones que se encuadran en la categoría de sociedades secretas son mayormente grupos benignos, ¿con cuánta seriedad debemos tomar las afirmaciones de que manipulan nuestra vida sin que lo sepamos y sin que lo aprobemos? ¿Y hasta dónde debemos llegar al investigar la agenda de esos grupos?

Esta última es una pregunta concreta, con limitaciones concretas.

Cualquiera que tenga conexión a Internet y un motor de búsqueda puede ver decenas de sociedades cuyas creencias declaradas van desde la promoción de la alquimia (Central Ohio Temple of Hermetic Science) y el «satanismo benévolo» (Iglesia Luciferana Unida de Francia) hasta las comunicaciones telepáticas con Marte (Aetherius Society). Muchas de esas organizaciones son, en realidad, variaciones de sociedades antiguas, como los masones y los gnósticos, o religiones alternativas que creen en el karma y la reencarnación. Sus actividades, no importa cuánto o cuán poco suscribamos sus principios, deberían seguir siendo exclusivamente cosa suya.

De vez en cuando, sin embargo, el velo se descorre para mostrar actividades perturbadoras, a menudo trágicas. Entre ésas se cuentan las de la Orden del Templo Solar. Su impacto puede haber sido mínimo y limitado, pero la lección de su aparición y su desaparición es importante, aunque no sea más que para determinar el punto de transición entre un culto y una sociedad secreta. El Templo Solar comenzó como lo primero y estuvo a punto de transformarse en lo segundo.

El Templo Solar estaba formado por algunas decenas de miembros incautos y sus hijos, al mando de dos líderes carismáticos: Joseph Di Mambro, un ciudadano francés nacido en el actual Zaire que se convirtió en una especie de experto en efectos audiovisuales, y Luc Jouret, un médico belga que, según se dice, sacaba fuerzas para dirigir las ceremonias del grupo teniendo relaciones sexuales con una de las mujeres miembros de la congregación. La Orden del Templo Solar fue fundada por Jouret y Di Mambro en 1984; su nombre formal, revelado solamente a los miembros del nivel más alto, era Organización Internacional de Caballería de la Tradición Solar. Di Mambro había abandonado su trabajo de joyero tras hacerse miembro de AMORC, el principal grupo rosacruz. Dejó AMORC en circunstancias confusas, con una acusación de estafa de por medio, y en 1970 se mudó a una región de Francia próxima a la frontera suiza, donde se hizo pasar por psicólogo durante varios años.

En 1978 conoció a Luc Jouret y juntos se unieron a La Renovada Orden del Templo, dedicada a temas templarios y rosacruces. Jouret se convirtió en el gran maestre, pero antes de un año fue obligado a irse por —se rumoreó— malversación de los fondos de la orden. Di Mambro y muchos otros seguidores se fueron con él, y este grupo variopinto formó finalmente La Orden del Templo Solar, con Jouret como gran maestre.

Originalmente un médico titulado, Jouret demostró ser un líder carismático que atrajo a muchos miembros a la organización durante una gira de conferencias dadas en Suiza, Francia y en Quebec, Canadá. Al crecer el número de miembros, Jouret y Di Mambro fijaron tres niveles de seguidores. El primer nivel, Amanta, era para los nuevos iniciados atraídos por las conferencias y seminarios de Jouret. El siguiente nivel, los Archedia Clubs, estaba reservado para los miembros que deseaban explorar más las ideas y enseñanzas de la orden. Los miembros del nivel más alto se sumaban a la Organización Internacional de Caballería de la Tradición Solar.

Jouret continuó en el circuito de las conferencias, promoviéndose como «Luc Jouret, médico, revela secretos del amor y la biología». Las sesiones pasaban del «amor y la biología» a un intimidante mensaje de espiritualidad y apocalipsis, con Jouret alertando sobre erupciones volcánicas, bosques que desaparecían y otros desastres ambientales. Sólo un pequeño núcleo de gente sufientemente fuerte física y espiritualmente sobreviviría a la catástrofe, advertía Jouret a su público. La Tradición Solar estaba buscando a aquellos que cumplían con los requisitos para sobrevivir, preparándolos para heredar la tierra cuando todos los demás hubieran desaparecido.

En sus conferencias, Jouret sostenía haber sido un caballero templario en una vida anterior, y aseguraba que llevaría al más leal de sus seguidores a un planeta que gira alrededor de Sirio. También aseguraba ser una tercera reencarnación de Jesucristo, y que su hija había sido concebida sin mácula. Con el tiempo, él y Di Mambro cristalizaron la filosofía del Templo Solar en una mezcla de neo-templarismo, filosofía *new-age*, cristianismo y paranoia de la supervivencia. La vida era una ilusión, se les enseñaba a los miembros. «La liberación no es lo que los seres humanos creen que es», advertía Jouret. «La muerte puede constituir una etapa esencial de la vida.» El fin estaba cerca, el mundo ardería en llamas y sólo los miembros más fieles del Templo Solar escaparían del fuego. Mientras tanto, Jouret prometía conducir al grupo hacia una serie de objetivos grandilocuentes que recordaban las metas de los templarios; entre ellos:

1. Restablecer en el mundo las ideas correctas de autoridad y poder.
2. Afirmar la primacía de lo espiritual sobre lo temporal.
3. Devolver al hombre la conciencia de su dignidad.
4. Ayudar a la humanidad durante su transición.
5. Participar en la Asunción de la Tierra en sus tres marcos: cuerpo, alma y espíritu.
6. Contribuir a la unión de las Iglesias y trabajar por la unión del cristianismo y el islam.

Cada ceremonia comenzaba con la confesión de pecados. En lugar de la privacidad que le concede a ello el catolicismo, esta confesión se hacía como una meditación grupal guiada, realzado el efecto por partículas luminosas surgidas del cuerpo de los participantes, cortesía de los trucos de vídeo realizados por Di Mambro.

Las cosas se hicieron más extrañas. Antes de dirigir las ceremonias, Jouret buscaba una mujer de la congregación para que, teniendo sexo con él, le proporcionara la fuerza que necesitaba para dar sus sermones. En muchas de las ceremonias, seres espirituales parecían aparecer a una orden de Jouret no gracias a los poderes espirituales de Jouret, sino a caros aparatos electrónicos manejados por Di Mambro. Aunque la tarea principal de Di Mambro se desarrollaba entre bambalinas, también le gustaba participar en intercambios sexuales con mujeres de la orden, presumiblemente para que le diesen fuerza para usar el proyector.

Los miembros ya eran unos quinientos a principios de la década de los noventa, que es cuando llegaron los problemas. Jouret les había aconsejado a sus seguidores que almacenaran armas preparándose para el fin del mundo, lo que le valió ser acusado de posesión ilegal de armas en Canadá. Poco después de que un miembro de la orden llamado Tony Dutoit hiciera denuncias públicas contra el Templo Solar, él, su mujer y su hijo fueron asesinados en su casa de Morin Heights, Quebec. Los tres habían sido asesinados de forma

ritual con horrible salvajismo. Dutoit recibió más de cincuenta puñaladas, su esposa fue apuñalada cuatro veces en la garganta, ocho en
la espalda y una en cada pecho, y su bebé fue apuñalado seis veces
antes de que envolvieran su cuerpo en una bolsa plástica negra colgada de una estaca de madera. Una investigación descubrió que Dutoit
les había dicho a otros miembros que las pretendidas apariciones de
las ceremonias de la orden eran una farsa.

La orden comenzó a desmoronarse, siendo Jouret y Di Mambro
humillados por algunos de los miembros que desertaban. Era demasiado para que sus egos pudieran aceptarlo. La noche del 4 de octubre de 1994, habitantes de Chiery, Suiza, informaron de incendios
en el área donde estaba la sede del Templo Solar. A la mañana siguiente, en las ruinas del edificio, se hallaron los restos de cincuenta y
tres miembros, incluidos Jouret y Di Mambro. Los informes de
autopsia revelaron que dos víctimas murieron por sofocación, mientras que a veintiuna de ellas se les suministraron píldoras para dormir antes de dispararles en la cabeza. Otras fueron halladas con la
cabeza envuelta en una bolsa de plástico y muchas mostraban signos
de lucha, indicando que las muertes no fueron parte de un pacto
suicida masivo.

Un año más tarde, en un chalé incendiado de los Alpes suizos
se encontraron los restos calcinados de otros dieciséis miembros,
dispuestos en el suelo en forma de estrella, con los pies hacia la
fuente del fuego. Entre los muertos estaban la esposa y el hijo de
Jean Vuarnet, quien había hecho una fortuna con el negocio de la ropa
de esquí y las gafas de sol. Las víctimas habían sido o muertas de
un disparo, o apuñaladas, ahogadas o envenenadas. Dos años después, las últimas cinco vidas fueron arrebatadas en St. Casimir, Quebec, en la casa incendiada de Didier Queze, un miembro de la orden.
Cuatro cuerpos hallados en un dormitorio del piso superior habían
sido dispuestos en forma de cruz; el quinto, el de la madre de
Didier, estaba en un sofá de la sala de estar, con una bolsa en la
cabeza.

Un total de setenta y cuatro miembros murieron a manos de esa orden neotemplaria. Se presentaron cargos de asesinato contra un miembro del Templo Solar y ex director de orquesta llamado Michel Tabachnik, pero fue declarado inocente y puesto en libertad. Nadie jamás fue condenado ni se localizaron las armas usadas para matar a las víctimas.

No obstante, se reveló lo suficiente sobre la orden como para generar especulaciones descabelladas basadas en datos mínimos. En boletines informativos y sitios de Internet comenzaron a circular historias de que el Templo Solar se había financiado mediante el negocio de armas entre Europa y América del Sur, lo que condujo a hablar de un «complejo militar oculto», todo para lograr los objetivos de «la logia fascista-masónica».

A menos, claro está, que el lector suscribiera la versión según la cual periodistas de Radio Canadá habían descubierto que la organización en realidad ganó su dinero lavando cientos de millones de dólares a través del Banco de Crédito y Comercio Internacional (BCCI), de triste fama. Cerrado en 1991, el BCCI se permitió realizar fraude contable, incurrir en transacciones financieras deshonestas, violar las normas de propiedad de bancos y lavar dinero dentro de una estructura tan compleja que todavía no se dispone de un cuadro completo

La Orden del Templo Solar, fundada por Luc Jouret, podría haber obtenido la categoría de sociedad secreta.

de sus actividades. (Para que quede claro, ninguna fuente legítima, incluida Radio Canadá, hizo jamás públicas historias sobre la actividad del Templo Solar, más allá de calificarlas como «rumores».)

Di Mambro y Jouret fueron hombres perturbados y peligrosos, cortados de la misma tela deforme que James Jones, quien condujo a cientos de personas a su muerte en la masacre de Guyana, ocurrida en Jonestown en 1978, y que David Koresh, cuyos seguidores murieron en un feroz tiroteo con el FBI, en 1993.

¿Qué debemos hacer con líderes que tienen un control de vida y muerte sobre sus seguidores, y qué sucede si esos líderes deciden ejercer su poder en un escenario global? La línea entre el culto y la sociedad secreta se vuelve borrosa y poco clara cuando la organización crece en alcance y poder.

Cualquier búsqueda de amenazas serias planteadas por sociedades secretas en un radio más amplio podría empezar, quizás, con un fragmento de diálogo de la película *Apache*, un *western* de Hollywood de 1948, entre Owen Thursday, un teniente coronel recién llegado, interpretado por Henry Fonda, y el curtido capitán de Fuerte Apache, interpretado, por supuesto, por John Wayne.

> *Tnte. Cnel. Thursday:* «Me parece que los apaches están deteriorados, a juzgar por algunos de ellos con los que me topé en mi camino hasta aquí».
> *Capitán Yorke:* «Si los vio, no eran apaches».

Como los apaches mencionados por el personaje de Wayne, todo grupo clandestino que plantee una amenaza a sectores más amplios de la población buscarán ocultar o camuflar sus verdaderos móviles. Por lo tanto, las organizaciones más peligrosas o son desconocidas o han conseguido «esconderse a plena vista». Sobre esa base, «sociedades secretas identificables» es tanto un oxímoron como un indicio de que el peligro que representan, si representan alguno, es mínimo.

Para evaluar el riesgo que cada grupo representa se podría empezar por clasificarlos según cuatro categorías:

1. Sociedades inventadas o históricas que pueden estar operando de manera clandestina.
2. Organizaciones cuya premisa declarada es, de manera comprobable, benigna o no amenazadora.
3. Grupos cuya relación conspirativa todavía debe ser revelada.
4. Departamentos gubernamentales que ejercen poder por encima del mandato que les fue conferido.

Sociedades inventadas o históricas. De este grupo, los Illuminati bávaros atraen la atención más persistente de los denunciantes de conspiraciones, como ha sucedido durante doscientos años. Su fundador, Adam Weishaupt, un ex jesuita al que algunos teóricos de la conspiración derechistas consideran no obstante un judío, consiguió atraer a algunos individuos destacados a su sociedad antes de que la misma colapsara, primero por la prohibición del gobierno bávaro y luego por la renuncia del propio Weishaupt a su filosofía.

De manera coincidente con la expansión de los Illuminati se produjeron los levantamientos radicales de la Revolución francesa, un hecho de naturaleza tan apocalíptica que muchos observadores conservadores insisten en verlo como el producto de una vasta conspiración. Se niegan a aceptar que los ciudadanos comunes de Francia, indignados ante los caprichos de la clase gobernante durante tantos años, pudieran triunfar sin la poderosa ayuda de diversas organizaciones clandestinas. Sin duda, el derrocamiento de la monarquía francesa no pudo haber surgido de la mente y la voluntad de una masa casi iletrada, argumentan, de la misma forma que los escépticos rechazan la idea de que Shakespeare pudiera ser tan erudito y prolífico. Los revolucionarios, postulan, debieron de ser manipulados por una sociedad secreta, y los culpables número uno son los Illuminati.

Fundados como un grupo secreto oculto bajo las faldas de los masones, y con el éxito de la Revolución francesa como prueba supuesta de su poder, los Illuminati se convirtieron en una fijación entre los teóricos de la conspiración. Ningún grupo hizo tantos esfuerzos como la Sociedad John Birch para promover esa idea, ni fue tan clásico en el uso de la paranoia que las sociedades secretas pueden generar. Los *birchers* se sumaron a la ostensiblemente antisemita Nesta H. Webster en la opinión de que los Illuminati habían pergeñado la Revolución francesa para sus propios fines. Curiosamente, tanto los *birchers* como Nesta pasaron por alto el hecho de que la monarquía francesa fue restaurada tras la caída de Napoleón en 1815.

El fundador de la Sociedad Birch, Robert Welch, llegó a afirmar que el programa de los Illuminati había sido usurpado a principios del siglo XIX por la familia Rothschild para controlar la política extranjera de Estados Unidos. El éxito bancario de la familia y la estructura cerrada proveían toda la materia prima que Welch necesitaba. Fundada a fines del siglo dieciocho por Mayer Rothschild, la firma financiera debió su éxito a la táctica de Rothschild de instalar a cada uno de sus cinco hijos en diferentes centros de Europa: Frankfurt, Viena, Londres, Nápoles y París. Arregló para sus hijos matrimonios con miembros de familias estrechamente vinculadas con ellos, manteniendo las operaciones del banco totalmente dentro de la familia y operando de una manera cerrada, clandestina. Este último aspecto le permitió a la compañía mantener una discreción absoluta sobre el volumen de su riqueza así como sobre sus múltiples conexiones y sus logros comerciales, ofreciendo con ello un terreno fértil para personas como Welch. Entre tanto, el escudo familiar, un puño cerrado que sujeta cinco flechas, sugería una actitud beligerante normalmente no asociada con los banqueros.

La conexión Rothschild, según Welch y otros, también explicaba cómo una organización tan grande y poderosa como los Illuminati consiguió no ser detectada en doscientos años. Obviamente, se había empleado la riqueza de los Rothschild, pero la clave del encubri-

Robert Welch instruyó a los miembros de la John Birch Society para lograr sus objetivos operando de la misma manera que lo hace una sociedad secreta.

miento había sido la asociación del grupo con la masonería, declaraba Welch.

Varios otros comentadores, desde la inexorable Nesta H. Webster hasta Jacob Katz, autor de *Jews and Freemasonry in Europe [Los judíos y la masonería en Europa]*, sostenían que los Illuminati habían tomado el control de la masonería alemana y mudado sus cuarteles generales a Frankfurt. Allí, reclutaron a una serie de destacados líderes y financieros judíos, incluidos el rabí Zvi Hirsch y el empleado principal de Rothschild, Sigismund Geisenheimer, creando, como los describió un observador, «una sociedad secreta dentro de una sociedad secreta». Welch puso todo el peso de ese poder otrora influyente detrás de esa idea, generando suficiente impulso como para mantener la especulación rodando cincuenta años más tarde.

La importancia que debemos otorgarle a la idea de que una sociedad secreta se las arregló para ocultar pruebas de su existencia durante dos siglos, al mismo tiempo que manipulaba la economía, la política y los conflictos armados internacionales, es mínima. ¿Cómo pudieron los Illuminati mantener el secreto total entre sus miembros cuando, por ejemplo, diversos elementos de la Mafia habían divulgado secretos profundos de esa organización, en algunos casos desafiando inclusive lazos de sangre? ¿Los labios de los Illuminati realmente estuvieron sellados de forma hermética durante más de doscientos años?

Convencido de que Estados Unidos estaba amenazado por los Illuminati, cuyo objetivo de dominación mundial incluía traicionar la soberanía norteamericana a favor de las Naciones Unidas y gobernar el mundo mediante un gobierno socialista internacional, en 1960 Welch exhortó a sus seguidores a apoyar la campaña «¡Salgamos de la ONU!». Ellos, aconsejó Welsh, debían crear células influyentes de oposición y acción encubierta «uniéndose a su asociación de padres y maestros local al comenzar el año escolar, logrando que sus amigos conservadores hagan lo mismo y poniéndose a trabajar para controlarla». Quizás Welch fue el único en no ver que estaba proponiendo la creación de una nueva sociedad secreta, disfrazada de una organización de servicio público para prestar ayuda en la educación de los niños pero dedicada en realidad a poner en práctica su propia agenda internacional.

No existe nada que pruebe que los Illuminati no desaparecieron con su fundador, quien lamentó y rechazó los principios originalmente propuestos por él mismo. Hasta que no aparezca evidencia fidedigna de lo contrario, los Illuminati siguen viviendo sólo en la fértil imaginación de los creadores de videojuegos y en los que con estos últimos juegan, y en la mente de quienes todavía creen que puede hallarse sabiduría entre los detritos de los meandros trazados por Welch en la guerra fría.

Organizaciones benignas o «no amenazadoras». Empleando la estrategia de «esconderse a plena vista», éstas pueden declarar abiertamente a sus miembros, anunciar sus intenciones y proclamar que operan en interés de un bien mayor. También pueden evitar las trampas relacionadas con las sociedades secretas «tradicionales», como los ritos de iniciación, las ceremonias misteriosas y los votos de silencio.

Con tanta libertad, esos grupos, desde el Ejército de Salvación hasta un club vecinal, sólo podrían ser vistos como sociedades secretas peligrosas por los eternamente paranoicos, pero, en los últimos años, una de esas organizaciones ha aventajado a todas las demás como candidata a las malas intenciones: el Grupo Bilderberg.

Los críticos del movimiento Illuminati reconocen que Adam Weishaupt fundó el movimiento, pero pocos saben cómo lo repudió.

El Grupo Bilderberg suele asociarse con la Comisión Trilateral, fundada en 1973 para promover una cooperación más estrecha entre Europa, Japón y América del Norte, y con el Consejo de Relaciones Extranjeras, una organización productora de ideas o *think tank* dedicada a incrementar la comprensión que Estados Unidos tiene del mundo. Estos vínculos dejan al grupo expuesto a acusaciones que le atribuyen estar activamente involucrado en diversos planes para ejercer el control global de actividades financieras, militares y diplomáticas. Quienes manifiestan esas preocupaciones sobre los objetivos del grupo señalan que no es solamente una cuestión de cómo se aplica ese control; es también cuestión de *quiénes* lo aplican. Los jefes de Estado de monarquías democráticas como Gran Bretaña, Suecia, los Países Bajos se ven imposibilitados para ejercer un papel activo en el proceso político, sostienen, pero Bilderberg les proporciona precisamente esa arena, subvirtiendo la voluntad de las naciones democráticas y evocando el derecho divino de los reyes.

Las decisiones que se toman en los encuentros del Grupo Bilderberg incluyen supuestamente la selección y aprobación de los candidatos al cargo más alto en todas las grandes democracias del mundo; sin la aprobación de Bilberberg, sostiene la argumentación, los candidatos presidenciales de Estados Unidos y de otras naciones, y los primeros ministros de Gran Bretaña, Australia, Canadá y otros países parlamentarios, no pueden alcanzar el poder.

Otras denuncias incluyen afirmaciones de amplio espectro, pero no específicas, de que los miembros del Grupo Bilderberg manejan los hilos del mundo de común acuerdo entre ellos o en conjunto con los Illuminati, los masones y el resto de los sospechosos habituales. De forma extraña, el grupo ha sido acusado de eliminar la guerra para controlar y dirigir los objetivos e ideas nacionalistas entre las naciones europeas, como si sustituir la guerra por la diplomacia fuera una actividad peligrosa.

Curiosamente para una sociedad con un supuesto poder tan grande, sus miembros y sus lugares de reunión, donde se proponen y aprueban las próximas agendas relacionadas con la dominación del mundo, son anunciados de antemano.

El Grupo Bilderberg debe su existencia y notoriedad a la habilidad, las conexiones y la visión de un hombre que, casi cincuenta años después de su muerte, todavía es mencionado como la *eminencia gris*. Joseph H. Retinger, educado por jesuitas, tenía un enorme instinto político, una inteligencia incisiva y mucho encanto, todo lo cual le permitió influir en la burocracia de la Iglesia católica hasta tal punto que se convirtió en el enlace clave entre el papa y el padre general de la orden jesuita. En el funeral de Retinger, en 1960, uno de los oradores rememoró: «Recuerdo a Retinger en Estados Unidos, levantando el teléfono y arreglando inmediatamente una cita con el presidente, y en Europa tenía acceso absoluto a todo círculo político, como una especie de derecho adquirido a través de la confianza, la devoción y la lealtad que inspiraba».

Los objetivos originales de Retinger en vida dan testimonio de un sistema de valores con conciencia social. En su juventud, pasó un tiempo en México, apoyando los esfuerzos por organizar allí un movimiento sindical eficiente en la década de 1920 y convenciendo al gobierno mexicano de nacionalizar los intereses petroleros controlados por Estados Unidos. Si la escasa información biográfica que hay sobre Retinger es cierta, estaba hecho del material de las leyendas. Durante la Segunda Guerra Mundial, trabajó como asistente político del general Sikorski, y en 1943, a la edad de cincuenta y ocho años, se lanzó en paracaídas en territorio ocupado por los nazis cerca de Varsovia, para dirigir misiones de sabotaje.

Los intereses y logros de Retinger abarcaban la reconstrucción de la Europa devastada, y en 1949 tuvo un papel decisivo en el establecimiento del Consejo Europeo, con sede en Estrasburgo. Como miembro del comité ejecutivo del consejo, Retinger comenzó a cumplir su sueño de evitar conflictos similares a las guerras mundiales que destruyeron Europa en 1914-1918 y 1939-1945 mediante la creación de una unión europea económica, política y militar. Una manera de lograr eso era vía organizaciones internacionales cuyo compromiso a largo plazo con el progreso neutralizara los conflictos ideológicos a corto plazo que surgían continuamente entre los gobiernos. Los beneficios, para cualquiera con un mínimo conocimiento de la situación empantanada que sumió a las naciones en la Primera Guerra Mundial, serían inapreciables. Un grupo neutral multinacional que expresara la voluntad de intereses poderosos dentro de una asamblea de países podría desactivar el tipo de estallidos, enhebrados en una cadena de tratados y obligaciones explosivos, que habían detonado la guerra en 1914.

Tras asegurarse el apoyo del ala izquierda con su trabajo en Europa, y empleando sus conexiones con el ala derecha producto de sus lazos con el Vaticano, Retinger era el mejor hombre para servir de catalizador para una organización como ésa. Lo demostró en mayo de 1954, cuando convenció al príncipe Bernhard de Holanda de realizar un congreso secreto con los representantes de los países de la OTAN. El príncipe, un importante inversor de Royal Dutch Petroleum, actualmente Shell Oil, escogió como lugar de reunión el Hotel Bilderberg, en Oosterbeek, Holanda. Entre los asistentes al primer congreso estaban el general norteamericano Walter Bedell Smith, director de la CIA, y representantes de la familia Rockefe-

*Joseph H. Retinger: el papa y el presidente de EE. UU.
siempre respondían sus llamadas.*

ller, quien controlaba Standard Oil, la principal competidora de
Shell.

El grupo se ha reunido anualmente durante los más de cincuenta años transcurridos desde entonces, generando sus encuentros un frenesí de especulación entre los expertos en conspiraciones. Ver un grupo de hombres poderosos (y un número cada vez mayor de mujeres) reunidos en sitios lujosos mientras mantienen conversaciones privadas da pie a todo tipo de oscuras especulaciones.

Los críticos norteamericanos del ala derecha sospechan que la gente del Grupo Bilderberg está tramando la formación de un gobierno mundial para anular derechos y libertades conseguidos con mucho esfuerzo. Si lo lograran, sostienen, Estados Unidos se vería cargado con un sistema nacional de atención médica y desarmado por leyes draconianas de prohibición de tenencia de armas. Mientras tanto, los del ala izquierda ven a los representantes del grupo manipulando monedas, negociando derechos sobre recursos y eviscerando sindicatos con el fin de reforzar su control de la economía global. Algunos sitios web de mentalidad amplia (o quizás meramente confundida) respaldan las dos interpretaciones de los móviles del grupo.

Sobre una base más realista, las críticas serias al Grupo Bilderberg tienden a señalar cuatro preocupaciones específicas:

Es *una organización supragubernamental*. Todas las organizaciones no gubernamentales que representan intereses internacionales merecen ser supervisadas. Otros grupos de esta categoría podrían ser desde la OPEC hasta los investigadores universitarios que profundizan en el desarrollo de nuevos tipos de armamento o en la manipulación genética. Un poco de sentido práctico y de confianza es no obstante recomendable. Dado el desdén de los gobiernos democráticos por reconocer preocupaciones globales a largo plazo y abordarlas de una manera adecuadamente expeditiva, ¿sorprende que un grupo como el Bilderberg quiera reunirse para discutir prioridades y para ejercer influencia a fin de que se tomen en cuenta?

Manipula monedas y fija tasas monetarias globales. La manipulación de moneda y su impacto en los mercados y la gente sin duda puede ser una preocupación legítima. ¿Pero es razonable esperar que las discusiones sobre esa cuestión involucren a presidentes y primeros ministros que consientan cualquier plan que afectaría negativamente a sus votantes y perjudicaría así sus perspectivas de reelección? Es más lógico —y potencialmente más peligroso para la gente— que bancos y otras instituciones realicen esas manipulaciones en privado y no en una sesión cuyo emplazamiento, fecha y participantes son ampliamente conocidos. Los teóricos de la conspiración rechazan esta idea y sugieren que las perspectivas de elección de los líderes democráticos están estrictamente controladas por la gente de Bilderberg, con lo que se elimina cualquier objeción seria que los líderes puedan tener a decisiones tomadas en los congresos. Quizá sea así, pero una gran parte de la población mundial que conoce las maquinaciones registradas durante las elecciones presidenciales de Estados Unidos en 2000 y 2004 está convencida de que, si la manipulación de elecciones existe, sus perpetradores viven más cerca de casa que entre los Bilderberg.

Elige figuras políticas para convertirlas en futuros gobernantes y apunta con tra gobernantes actuales para desplazarlos del poder. La imagen de unas pocas decenas de hombres y mujeres que se reúnen para nombrar y aprobar al próximo presidente de Estados Unidos, el próximo primer ministro de Inglaterra y el próximo *sheik* de Qatar resulta sin duda una perspectiva escalofriante. Pero, si ése es el caso, los líderes rechazados tienden a aceptar su destino con notable cortesía y silencio. En la reunión Bilderberg que tuvo lugar en Stressa, Italia, del 3 al 6 de junio de 2004, estuvieron —según se informa— el presidente norteamericano George W. Bush, el primer ministro británico Tony Blair y —sorpresa, sorpresa— el candidato a vicepresidente norteamericano John Edwards, quien, junto con su compañero de candidatura John Kerry, perdió la elección ante Bush cinco meses más tarde.

¿La decisión de concederle la reelección a Bush se tomó realmente un día de junio en Italia? ¿Edwards aceptó mansamente la regla, quizás con la promesa de ser ascendido al estatus presidencial en 2008? ¿Estaba dirigiendo Steven Spielberg?

Decide qué países librarán una guerra contra otros. El extenso período de paz disfrutado por Europa desde 1945 no tiene precedentes dado el potencial para un conflicto en esos sesenta años, y gran parte de la armonía puede atribuírsele directamente a la visión de Retinger. Los teóricos de la conspiración pueden argumentar que el Grupo Bilderberg controla la paz lo mismo que la guerra, pero la mayor parte de los conflictos bélicos registrados desde la creación del grupo involucraron a naciones y comunidades ajenas al grupo, como Vietnam, Irán, Irak, la ex Yugoslavia y otras jurisdicciones. Eso no elimina el interés de los *Bilderbergers* en esos sitios particulares, pero...

Algunas críticas siguen siendo válidas, sin embargo, y la raíz de muchas de ellas puede estar en la base de los miembros del grupo. El propio fundador del Grupo Bilderberg, el príncipe Bernhard, identificó la fuente de esas preocupaciones cuando dijo, «es difícil reeducar a personas que fueron educadas en el nacionalismo y hacerlas que se acostumbren a la idea de ceder parte de su soberanía a un organismo supranacional».

Esa actitud, junto con el alcance de las conversaciones celebradas en las sesiones Bilderberg y la influencia de sus participantes, alimentan la preocupación entre gente normalmente tranquila. La agenda del Grupo Bilderberg, según la evidencia disponible, parece concentrarse más en la propagación de su propio poder y el enriquecimiento de sus miembros que en las cuestiones de la salud mundial, el suministro de energía, las crisis ecológicas y el hambre generalizada.

Los que defienden al Grupo Bilderberg dirán que entre personas de opiniones muy diversas se deben realizar conversaciones naturales en confianza para fomentar la franqueza y la honestidad. También sostienen que todas las decisiones políticas y económicas, tomadas tanto en salones de junta corporativos como en salones de gabinete políticos, están sujetas a distintos niveles de secreto. Bastante cierto. Es el aspecto internacional del Grupo Bilderberg lo que perturba a la mayor parte de la gente. El núcleo de la preocupación con respecto al grupo es éste: nos gusta pensar que, como miembros de una sociedad seudodemocrática, ejercemos al menos un control periódico sobre los hechos que ocurren dentro de nuestras propias fronteras estatales, provinciales y nacionales, y somos renuentes a cederles ese control a gente de afuera.

Grupos sin una acción conspirativa visible. Los miembros de Calavera & Huesos no tienen ninguna influencia fuera del campus de Yale mientras son estudiantes allí. Pero ¿qué hay de la relación entre los miembros cuando ingresan al mundo de los negocios y la política?

La idea de las redes de influencia ha existido desde que los hombres se organizaron por primera vez en tribus. Sería infructuoso supervisar y tratar de controlar las actividades entre hermandades, logias, clubes de servicios, escuadrones de exploradores y asociaciones similares. ¿Pero qué pasa cuando miembros de esas organizaciones operan en connivencia, extendiendo al escenario mundial los votos secretos que parecían inocentes en el ámbito de un campus?

Consideremos un grupo de hombres inteligentes y privilegiados que buscan activamente altos puestos de poder para perseguir objetivos que reflejan los valores de una sociedad cerrada a la que una vez juraron eterna lealtad. Recordemos luego las actividades de los hermanos Bundy, el linaje de la familia Bush y las cuestionables excentricidades de The Russell Trust y la Union Banking Corporation, entre las varias aventuras de Calavera & Huesos.

Es muy improbable que los miembros de mediana edad de Calavera & Huesos sigan acostándose desnudos en ataúdes mientras se recitan unos a otros sus hazañas sexuales (especialmente ahora que es una organización mixta), o que al encontrarse intercambien algún ritual secreto sin sonreír de vergüenza. Pero la idea de que hombres de ese poder, ambición y concentración puedan olvidar fácilmente el vínculo que les une cuando planifican conjuntamente estrategias internacionales financieras y políticas resulta igualmente difícil de aceptar.

Organizaciones oficiales gubernamentales que ejercen poder por encima de su mandato. Si se toman decisiones encubiertas que afectan adversamente a las sociedades democráticas, puede ser que los responsables no sean organizaciones secretas con tradiciones centenarias, sino intereses poderosos que operan dentro del aparato gubernamental, y que sus acciones se vean ocultas bajo el manto impenetrable de la seguridad nacional.

Aunque puede ser cierto que esas organizaciones no adoptan prácticas asociadas con las sociedades secretas, como pueda ser por ejemplo una compleja ceremonia de iniciación, en un mundo donde el reconocimiento por ordenador de huellas digitales o patrones de iris sirve para identificar instantáneamente a un amigo o un enemigo, ¿quién necesita realmente palabras y gestos en clave para confirmar identidades?

La idea de que un reconocido organismo federal gubernamental como el Consejo Nacional de Seguridad de Estados Unidos (NSC) sea sometido a evaluación en el mismo contexto que los *asesinos* y la Cosa Nostra puede resultar ofensiva para algunos, y, si ése fuera el único punto de comparación, la crítica sería justificada. Pero en una escala más amplia, hay pruebas de que decisiones secretas tomadas por esa organización tienen mayor impacto negativo que cualquier acto corroborable cometido por los masones, los templarios, los rosacruces, los seguidores de la cábala, los Illuminati y otros blancos favoritos de los expertos en conspiraciones.

El NSC ha sido descrito como «el club exclusivo de Washington por excelencia, un quién es quién de aquellos con poder para moldear la historia». Creado por el presidente Harry S. Truman en 1947 para mantenerse al tanto de los acontecimientos internacionales, los miembros del NSC pertenecen a un selecto grupo de personas cuyas carreras se han entrecruzado a lo largo de años de participación en cuestiones de política de defensa, inteligencia y relaciones diplomáticas.

Controlando el NSC desde el primer día de su ingreso al grupo, durante la administración de Nixon, está Henry Kissinger, un hombre que nunca fue elegido para un cargo público pero cuyos cuarenta y tantos años de actividad en asuntos internacionales clandestinos lo califican como la figura más influyente de nuestro tiempo.

A diferencia de otros organismos federales norteamericanos, el NSC funciona de acuerdo con un mandato sin límites definidos, siendo su vago propósito supuestamente ayudar al presidente a decidir y coordinar la política militar y extranjera. Esa deliberada vaguedad permite a personalidades como Kissinger y sus diversos aduladores ejercer un inquietante nivel de control sobre los asuntos estadounidenses que, por definición, están relacionados con cuestiones internacionales.

El pináculo del poder de Kissinger a este respecto aconteció en los últimos días de la presidencia de Richard Nixon. Debilitado por las revelaciones de Watergate y tambaleándose hacia su inevitable destino, Nixon abdicó todo control sobre el NSC. En el vacío creado se metió Kissinger, tomando el mando del grupo e, inmediatamente antes de la renuncia de Nixon, poniendo a las fuerzas armadas en estado de alerta, un acto que constitucionalmente es facultad exclusiva del presidente.

Esto podría considerarse una anomalía, una respuesta extraña a una situación sin precedentes, pero hay dos factores dignos de preocupación aquí. Uno es la labor bien conocida que Kissinger ha desempeñado en actividades internacionales ilegales, como el bombardeo de Camboya y el derrocamiento de Salvador Allende, el presidente democráticamente electo de Chile. Ambos son ejemplos inquietantes del poder otorgado a miembros del NSC, que carecen tanto de la autoridad oficial como de la responsabilidad directa de acuerdo con la Constitución del país.

El otro es la cuestión de la transparencia. Los defensores del NSC y de Kissinger argumentarán, con gran convicción, que el interés de la seguridad nacional exige que ciertas decisiones sean tomadas en secreto, sin ninguna consulta previa o confirmación posterior de que han sido tomadas. Lo mismo pueden decir los altos directivos de empresa para justificar el ocultamiento a los accionistas de lo dispuesto en el salón de juntas. Pero las decisiones del NSC a menudo tienen un impacto y una influencia globales, muy superiores al alcance que puedan tener las compañías. Evidentemente, sería hacer un uso más útil de la energía que la feroz preocupación por el supuesto poder ejercido por grupos como los templarios, los masones, los Illuminati, el Priorato de Sión y otros se enfocara en cambio a organizaciones existentes y conocidas, incluido el NSC, cuyo poder y potencial para el abuso son tan patentes como amplios.

El mundo se tambalea. La falta de un equilibrio perfecto y el efecto de una inercia eternamente en aumento deberían alertarnos y hacernos comprender que nada es tan estable y predecible como nos dicen nuestros sentidos y desean nuestras preferencias. Las desviaciones orbitales y la fuerza de las mareas ocurren más allá no sólo de nuestra capacidad de alterarlas, sino también de nuestros medios para percibirlas.

Reconocemos su existencia y los peligros que representan cuando la catástrofe golpea bajo la forma de una era de hielo que se nos echa encima o de un terremoto cataclísmico. Si no, tratamos esas posibilidades de la misma manera que tratamos nuestra propia mortalidad: como un rumor que sólo puede confirmarse cuando se cumple.

Antes que tratar con riesgos cósmicos, muchos de nosotros preferimos preocuparnos por otros peligros, incluida la amenaza planteada por grupos oscuros cuya existencia tal vez se limite a las especulaciones y fantasías de autores y dueños de páginas web excesivamente imaginativos. Al parecer, las sociedades secretas en las que proyectar nuestros miedos, justificados o no, nunca nos alcanzan. Y al parecer, tampoco estamos dispuestos a jubilar a grupos oscuros cuyo último acto conocido ocurrió hace cientos de años.

Cada año germinan nuevas sociedades secretas. La mayor parte se marchita bajo el resplandor del estudio y el desdén, pero otras consiguen florecer y sobrevivir lo suficiente como para que dentro de uno o dos siglos se las mencione como fuentes de males que hoy no podemos imaginar. Un ejemplo casi contemporáneo ilustra el origen de las sociedades secretas, los hechos que abonan su crecimiento y los individuos que cultivan su terreno.

El descubrimiento de restos en un rancho abierto cerca de Roswell, Nuevo México, en 1947, demostró ser un incidente de gran importancia entre aquellos que sostienen la existencia de conspiraciones gubernamentales y de sociedades secretas que las fomentan. Más de medio siglo después del hecho, millones de ciudadanos norteamericanos siguen creyendo que los restos hallados pertenecen o a una nave espacial de otro planeta o a una nave militar ultrasecreta. Ambas teorías, postulan sus adherentes, explican la firme negativa de su gobierno a revelar detalles. La verdad concreta, como la evidencia disponible y la lógica afirman, es que un globo meteorológico militar, diseñado para tomar muestras de temperatura, medir la fuerza del viento y otros factores climáticos, descendió a tierra, como lo hacen siempre todos esos aparatos. El apuro de los militares por recuperar el material y el equipo antes que un novillo curioso lo enterrara en el suelo de un pisotón o que un peón de rancho se lo llevara para mostrar su tesoro en la barraca es comprensible. La mente militar es grandiosa para crear ficciones encubiertas en nombre de la seguridad, pero esa historia le sonó verosímil mucho tiempo a la mayor parte de la gente.

Surgieron leyendas alrededor de ese hecho por lo demás rutinario, y aparecieron relatos descabellados para explicar cómo y por qué no se habían dado mayores explicaciones. Eso condujo a la suposición de que una sociedad secreta vigila el grado de curiosidad del público, mantiene el secreto necesario, protege las pruebas y desvía cualquier investigación pública que se acerque demasiado a «la verdad». En este caso, el grupo clandestino se conoce como la sociedad JASON, supuestamente creada para ocultar las pruebas de la entrada de alienígenas en Estados Unidos, incluida la caída del «platillo volante» en Roswell.

Instituida por el presidente Eisenhower, continúa la fábula, la sociedad JASON está formada por treinta y dos hombres prominentes, muchos de ellos conectados con la CIA, responsables de evitar que los ciudadanos estadounidenses y el mundo en general descubran los hechos verdaderos acerca de Roswell, incluido el «dato» de que entre los restos fueron hallados los cuerpos de dos alienígenas. Doce miembros de JASON, identificados por el código MJ-12, administran los ingresos del grupo, que se obtienen manejando gran parte del tráfico internacional de drogas; de esa manera, JASON se oculta de los miembros del Congreso que podrían ser alertados de su existencia por las asignaciones de presupuesto. Como una derivación de esta financiación por medio de los narcóticos, la organización puede identificar y eliminar, si es necesario, elementos débiles de la sociedad estadounidense.

4 de julio de 1947: se divisa un platillo volante y nace una nueva conspiración.

El resto de las supuestas acciones y atributos de JASON es una clase práctica de cómo unir elementos de múltiples teorías conspirativas para crear una conclusión que no sólo es más grande que la suma de sus partes, sino que es decididamente diferente.

Quienes creen en JASON sostienen que el presidente John Kennedy descubrió la organización y que ese hecho motivó su asesinato por miembros del MJ-12 pertenecientes a la CIA. Esos agentes de la CIA estaban en desacuerdo con los planes del presidente de revelarle al público norteamericano la presencia de alienígenas, junto con muestras de sus armas y materiales, una jugada que acabaría con los fondos del grupo. JASON determinó que el presidente de Estados Unidos debía ser asesinado, y oculta en las bóvedas de JASON hay una filmación que muestra al conductor de la limusina de Kennedy girando en su asiento con una pistola en la mano para darle el tiro de gracia mientras guiaba el vehículo por las calles de Dallas. ¿Raro? Por supuesto. Pero ¿cuánto más raro que la idea de descendientes de Jesucristo manipulando los acontecimientos mundiales durante dos mil años mientras se las arreglan para ocultar su existencia? La rareza es relativa, después de todo.

Las sociedades secretas prosperan cuando sus creyentes pueden unirse alrededor de un individuo cuyos poderes singulares de percepción les sirven de faro a sus seguidores. Cuando ese líder se convierte en un mártir, cuya muerte violenta sirve como prueba de que poseía información que le costó la vida, tanto mejor. En el caso de JASON, ese papel fue interpretado con gran eficiencia por Milton William Cooper, quien decía poseer un inmenso tesoro de secretos gubernamentales relacionados con Roswell y otros hechos, incluido el asesinato de John F. Kennedy a manos de su chófer. Cooper había examinado pruebas de esos hechos mientras prestaba servicio como oficial de inteligencia de la marina estadounidense, con acceso a archivos ultrasecretos.

Los creyentes situados en la extrema derecha de la sociedad norteamericana, especialmente aquellos que sintonizaban diariamente el programa radial de Cooper o que leyeron su libro de 1991, *Behold a Pale Horse [Contemplad un caballo pálido]*, lo llamaban «el patriota más grande de América», un honor conferido incluso después de que sostuvo que los *Protocolos de los sabios de Sión* eran auténticos (aunque les sugirió a sus oyentes reemplazar «judíos» por «Illuminati»). Cooper respaldaba muchas de sus afirmaciones diciendo que en el pasado había sido miembro de la Orden de De Molay, lo que le permitió conocer los poderes secretos de la masonería.

Arremetía constantemente contra una letanía de sociedades secretas, siempre jactándose de tener pruebas concluyentes de su existencia y su influencia maligna. Es una lástima que no tuviera un atlas del mundo. Al atacar al Grupo Bilderberg, sostuvo que sus cuarteles generales estaban situados en «La Haya, en Suiza» y señaló que Suiza era el único país europeo que escapó a la invasión y los bombardeos durante la Segunda Guerra Mundial, atribuyendo el hecho (que no es totalmente cierto) a la influencia de los participantes Bilderberg. Tal vez debió haber adquirido también un calendario, ya que el Grupo Bilderberg no se constituyó sino casi diez años después de terminada la Segunda Guerra.

Cualesquiera que fuesen sus credenciales masónicas, Cooper no era ningún experto en inteligencia de la marina. Según los registros militares oficiales, no era más que un suboficial de marina de segunda clase cuando le dieron de baja en 1975. Veinticinco años más tarde, viviendo como un recluso en un rincón alejado de Arizona, Cooper fue muerto durante un tiroteo con varios ayudantes del alguacil que trataban de entregarle una orden judicial por, entre otras cosas, evasión de impuestos y asalto con el agravante de un arma letal.

Desde ese día de noviembre de 2000, se cristalizaron leyendas en torno a Cooper y sus revelaciones. Fue muerto, dicen las historias, porque sabía demasiados secretos del gobierno. Sus registros militares, sostienen sus seguidores, fueron alterados para eliminar toda evidencia de su trabajo de inteligencia. La verdad sobre Roswell, el asesinato de Kennedy, los ataques del 11 de septiembre, el grupo

JASON, las verdaderas razones de la renuncia de Nixon y otros hechos manipulados por sociedades secretas fueron enterrados con él, insisten.

No es difícil imaginar la muerte «como mártir» de Cooper y su pretendido conocimiento de oscuros secretos y peligrosas conspiraciones transformándose al cabo de algunas generaciones en un fundamento para proclamar la existencia de planes clandestinos y actividades siniestras, todo basado en «datos irrefutables». La leyenda indudablemente atraerá individuos que preferirán creer que los defectos de este mundo en general, y su suerte personal en particular, son el resultado no de defectos de nuestro sistema económico o de su propia falta de iniciativa, sino de los planes llevados a la práctica de aquelarres y de grupos que usan juramentos y rituales secretos. Se basarán en actividades no comprobadas de sociedades secretas en las que querrán —o necesitarán incluso— creer. Y hallarán alivio en una certeza que existirá pura y exclusivamente en su propia imaginación.

Milton William Cooper aseguró que existían los platillos volantes, que los alienígenas habían aterrizado y que sería asesinado por el gobierno. Sólo esta última parte se ha demostrado cierta.

Epílogo

De demonios y tonterías

Me puse a escribir este libro con la esperanza, si no la expectativa, de descubrir conspiraciones centenarias entre la élite del poder mundial. Esperaba encontrar hombres oscuros en cavernas subterráneas manipulando las monedas del mundo, ocultando pruebas de visitantes extraterrestres o confirmando el sitio donde se encuentran los huesos de Cristo. En un espectro temporal y geográfico amplio, busqué evidencia de mentes brillantes enfrentándose a las eternas preguntas del cosmos o dedicándose a acumular riqueza y poder. En su mayor parte, todo lo que encontré fue una paranoia mal definida, expresada en un balbuceo juvenil, apoyada por historias esporádicas en los medios convencionales, historias concebidas para despertar el interés de los lectores y generar circulación antes que para presentar verdaderas noticias o conocimientos.

El mal y los poderes invisibles son el centro de todas las teorías conspirativas, que demasiado a menudo exponen las historias con verdades a medias, ficción pura y una absurda mezcla de hechos históricos e imaginarios. Esas afirmaciones descabelladas tienen peso porque, sobre todo en las culturas avanzadas e industrializadas, explotan la generalizada ansiedad por nuestra potencial pérdida de control e identidad como individuos. Abordan los miedos que muchos de nosotros tenemos y las explicaciones de su existencia, no importa cuán fantásticas sean, en cierta medida son un alivio.

Concluí que enredarse en esas teorías sin ejercer la lógica y el razonamiento es peligroso, porque distrae la atención de los riesgos concretos. Demasiados de nosotros pasamos excesivo tiempo luchando contra explicaciones fantásticas basadas en sociedades secretas y no suficiente tiempo analizando la validez de presunciones falsas que conducen a hechos catastróficos... ¿o hemos olvidado aquellas armas de destrucción masiva? En lugar de concienciar a lectores crédulos sobre riesgos reales y proporcionarles un medio para hacerles frentes, como afirman hacer los teóricos de la conspiración, sus historias agravan la sensación de impotencia al mismo tiempo que disminuyen la capacidad de enfrentarse a situaciones sociales y políticas serias.

En medio de los mitos, de cuando en cuando aparecen algunos destellos de realidad. La conexión lineal entre los *asesinos* y Al Qaeda, por ejemplo, es obvia, aunque todavía debemos ver si la comprensión de los métodos y la estructura de los *asesinos* ayudarán en la batalla contra el terrorismo extremista musulmán. La influencia del NSC se extiende mucho más allá de las fronteras de Estados Unidos, y su tendencia a actuar unilateralmente a favor de los intereses norteamericanos sigue siendo una razón para ejercer algún tipo de supervisión sobre su poder. Más allá de estas excepciones, nuestra fascinación por las sociedades secretas parece más arraigada en el valor que tienen como entretenimiento que en la amenaza global que sugieren.

Le correspondió al respetado científico Carl Sagan, en su libro *The Demon-Haunted World: Science as a Candle in the Dark [El mundo acechado por demonios: la ciencia como una vela en la oscuridad]*, apuntar su dedo al núcleo del fenómeno de las sociedades secretas. El tópico principal de Sagan era la persistente fascinación por los platillos volantes en su país y por los demonios extraterrestres que los manejan, a propósito de lo cual señaló que el 95 por ciento de los norteamericanos son científicamente iletrados y buscan explicaciones extrañas para hechos naturales.

En vez de buscar detrás de muchas sociedades antiguas historias de alquimistas y maestros ocultos basadas en supersticiones, sugiere Sagan, deberíamos prestar atención a cosas aún más impresionantes y absolutas que están a nuestro alrededor y esperan ser exploradas, descifradas y apreciadas. «Deseamos mucho ser despertados de nuestra vida rutinaria», escribe Sagan, «para volver a reavivar esa sensación de asombro que recordamos de la infancia». Las sociedades secretas proporcionan un vínculo con esa etapa de asombro infantil, pero al mismo tiempo que nos internamos en su atractivo corremos el riesgo de aceptar como verdaderas las leyendas de su existencia y de no aplicar la lógica y la razón. Con demasiada frecuencia nos inclinamos a la superstición en lugar de al análisis científico.

Sagan desaprueba especialmente la «celebración de la ignorancia» entre aquellos que privilegian el dogma rígido sobre la deducción razonada. «Tarde o temprano», advierte, «esa mezcla combustible de ignorancia y poder va a explotar delante de nuestra cara. Cuando los gobiernos y las sociedades pierden la capacidad de pensar críticamente, los resultados pueden ser catastróficos, por tolerantes que podamos ser con los que se tragaron las tonterías».

Me pareció, mientras revisaba y evaluaba todas las fuentes, puntos de vista, pruebas y opiniones relacionadas con las sociedades secretas, que de un tiempo a esta parte ha habido un exceso de oferta en el mercado de las tonterías.

15 de diciembre, 2005

333

Agradecimientos

La inspiración para este libro surgió con Anna Porter y la claridad de su visión como editora. Anna marcó la ruta, estableció los caminos y puso el motor en marcha para que realizara el viaje; le agradezco esta y otras oportunidades.

Clare McKeon ayudó a darle forma al proyecto. Su calidez y su capacidad editorial para recortar lo innecesario y alargar las ideas, cuando resultaba apropiado, fueron ejemplares y siempre apreciadas.

He apelado a muchas fuentes para el contenido y, dada la naturaleza del libro y la ocupación de esas personas, no puedo revelar su identidad. Cada una de ellas sabe de mi aprecio, y confío en que todas estén satisfechas con el uso que hice de los datos que tan gentilmente me proporcionaron.

Por último, todo autor honesto (en particular si es hombre, curiosamente) está obligado a admitir que su trabajo nunca habría pasado de la inspiración a la consumación sin la ayuda y el aliento de dos personas: su agente y su esposa. Una vez más, mi sentido agradecimiento y afecto a Hillary MacMahon y a Judy.